GW01605458

Relaciones Públicas.
La Eficacia de la Influencia

Madrid 2012

Octavio Isaac Rojas Orduña

Relaciones Públicas. La Eficacia de la Influencia

3ª edición

1.ª Edición: Septiembre 2005
2.ª Edición: Septiembre 2008
3.ª Edición: Noviembre 2012

Avda. de Valdenigrales, s/n. 28223 Pozuelo de Alarcón (Madrid)
Tel. 91 452 41 00 - Fax 91 352 85 34
www.esic.es

ISBN: 978-84-7356-877-7
Depósito Legal: M. 34759-2012
Portada: Gerardo Domínguez

Fotocomposición y Fotomecánica: ANORMI, S.L.
Doña Mencía, 39
28011 Madrid

Imprime: Gráficas Dehon
La Morera, 23-25
28850 Torrejón de Ardoz (Madrid)

Impreso en España

A mi familia: Mirthea, mi madre;
Mirthea, mi hermana; Héctor, mi hermano.
A mi padre, Héctor, en el recuerdo.

Índice

Recomendaciones

En mi experiencia con Octavio Rojas he reconocido en él a un profesional de las RRPP con un conocimiento profundo de cómo las relaciones públicas pueden trabajar eficazmente para ti.

Walter Hellebrand - **BBC Worldwide Press & PR Manager Europe/Middle East/India/Africa (Reino Unido)**

Bajo su apariencia de absoluta tranquilidad, que transmite a quien le rodea, se esconde una metódica organización en la que nada queda al azar. Exhaustivo, claro y resuelto, cualidades que aseguran el éxito y la satisfacción cuando tu trabajo como periodista está en sus manos. Octavio es todo un profesional de las RRPP.

Pepa Barnusell Coronado - **Redactora jefe de Vogue Colecciones, Vogue Complementos, Vogue Joyas, Vogue Niños y Vogue Novias (España)**

Un libro clave que para todos los que quieran conocer una profesión apasionante, que además de exponer el porqué de la creciente necesidad de las relaciones públicas para las empresas y la sociedad actual, revela cómo hacer uso de las técnicas a la hora de comunicarse con sus diferentes públicos.

Fátima Sánchez - **Directora de Comunicación y Marketing de Trucco (España)**

Por primera vez se presenta en español un libro que revela todos los secretos para tener éxito en las relaciones públicas. Octavio Isaac Rojas Orduña escribe desde el corazón de las RRPP. Su libro es tan práctico como reflexivo, tan táctico como estratégico, tan local como global. Querido lector: has tenido suerte, no todos los días te encuentras con una joya como ésta.

Antonio Di Genova - **Editor del portal especializado RedRRPP (Argentina)**

Este libro de Octavio Isaac Rojas Orduña es un libro de consulta esencial para todas aquellas personas que quieran saber cómo funcionan las relaciones públicas del siglo XXI, ya sean empresas privadas u organismos públicos. Este libro nos proporciona una práctica «caja de herramientas» que permitirá al lector comprender estos nuevos conceptos e incorporar estos nuevos instrumentos en sus estrategias de comunicación.

Javier Celaya - **Editor de la Revista de Comunicación Dosdoce (España)**

El libro de Octavio Isaac Rojas Orduña representa no sólo la colección de estrategias, experiencias y reflexiones de varios años de dedicación y entrega al apasionante mundo de las relaciones públicas a nivel corporativo internacional, sino la ingeniosa posibilidad de hacer de éstas una forma de hacer trascender a las organizaciones más allá de su área local de influencia. El actual estado de la «aldea global» demanda que las instituciones, tanto públicas como privadas, reparen en la necesidad de crear y ejercer un plan integral de comunicación que las coloque verdaderamente cerca de sus públicos a todos los niveles. El libro de Octavio Isaac Rojas Orduña encara esta necesidad con suma habilidad y conocimiento.

Alejandro Ocampo - **Editor de Razón y Palabra (México)**

Una perspectiva global es importante para cualquier profesional. ¿Por qué leer el libro de Octavio Isaac Rojas Orduña? Porque Octavio tiene esta perspectiva. Para el beneficio de mis alumnos, el descubrimiento de un consultor internacional de las relaciones públicas que aporta sus conocimientos sobre las mejores prácticas en dos continentes ha sido un regalo caído del cielo.

Las reflexiones de Octavio ofrecen una mirada brillante sobre la comunicación. Sus observaciones son positivas para los estudiantes de comunicación corporativa, quienes pueden confirmar que las mejores prácticas de RRPP son globales.

Cada profesional de las relaciones públicas debe dominar las herramientas de RRPP. El libro de Octavio Isaac Rojas Orduña beneficiará a cualquier aspirante a formar parte de este dinámico sector con mayores posibilidades de éxito. Tener acceso a este conocimiento desde una perspectiva global no estaba al alcance de muchos. Octavio está cambiando eso.

Robert French - **Department of Communication and Journalism. Auburn University (EE.UU.)**

Los cambios vertiginosos que caracterizan el mundo actual obligan a las organizaciones a introducir nuevas perspectivas teórica/practicas que refresquen la acción en la comunicación empresarial y las relaciones públicas. Octavio Isaac Rojas Orduña entrega una visión con ideas para la acción. Ojalá que este libro, tan esperado como necesario, contribuya a tender un puente entre las ideas y los hechos, entre la acción y la teoría, entre lo sabido y lo que queda por conocer.

Gustavo G. Coppola - **Editor de la Revista Dircom (Argentina)**

La diferencia que hay entre los profesionales de las relaciones públicas es dada por la posibilidad que tienen de interactuar exitosamente en situaciones concretas. Y capitalizar esa experiencia, convirtiéndola en una ventaja competitiva, es lo que hace que algunos sean mejores que otros.

Normalmente, nadie comparte esas experiencias porque en el mundo laboral una ventaja competitiva hace que un profesional sea mejor pagado que otro. Ojalá el lector sepa apreciar la oportunidad única que le brinda Octavio Rojas con su libro al ser tan generoso con sus conocimientos adquiridos a lo largo de años de entrega a esta profesión.

Klaus Lange - **Editor del portal especializado Comunicar.info (Argentina)**

Agradecimientos

Para la tercera edición de este libro me gustaría agradecer brevemente a las organizaciones que me han acompañado en la etapa más reciente de mi carrera.

Desde la fundación de mi agencia, túatú social media & pr, he contado con la generosidad de clientes como Digital Assets Deployment, Sigojoven.com, Coleman, Campingaz, Sevylor, Aerobed, Tejas Cobert, PeopleMatters, Alices.es, ADTZ, Trading Room-Estrategias de Inversión, Viadeo.com, Unitronics, BlackBerry, Samsung, Amstel, Cruzcampo, BFGoodrich, Yoigo, Coalición Canaria, Cinemavip-Adtriboo, Chaxpert.com, Quieru.com, Ran Networks, Santillana, Webtools, Ideas4all, snom, Embajada de Ecuador en España, Inviptus, Grupo Tragsa, entre otros.

Asimismo, me gustaría agradecer a los casi 400 alumnos a quienes he intentado trasmitir mi conocimiento y experiencia en las aulas de ESIC y de otros centros de formación, y a quienes este libro les ha ayudado a aumentar su conocimiento sobre las relaciones públicas, llevando a algunos de ellos a formar parte del sector de una forma destacada.

Gracias a ESIC que, como institución, siempre me ha brindado todas las posibilidades para desarrollar mi labor formativa y de divulgación editorial.

Mención especial merecen María Paola Sánchez y Lisandro Caravaca, quienes me ayudaron a actualizar los Anexos Generales: «Glosario de términos sobre relaciones públicas, social media y marketing» y «Páginas web sobre relaciones públicas, comunicación, periodismo y marketing»», respectivamente.

Mi agradecimiento profundo a todos.

OCTAVIO ISAAC ROJAS ORDUÑA
14 de octubre de 2012
Madrid, España

Prefacio a la tercera edición

Hasta la preparación de la Tercera Edición de «Relaciones Públicas. La eficacia de la influencia» que tienes en tus manos, la profesión ha sufrido una auténtica revolución a causa de la irrupción de los medios sociales de internet.

Si bien desde las mismas páginas de la primera edición en 2006, se observaba la importancia para las relaciones públicas de los blogs, los wikis e internet en general, los social media han progresado a una velocidad tan grande que han ido más allá de lo que se pudo haber pensado.

Los social media han venido a generar nuevas dinámicas en las que el modelo tradicional de comunicación se ha transformado y ha establecido nuevas formas de informar e influir a los diferentes stakeholders de una organización.

Asimismo, han contribuido a generar una desintermediación entre las organizaciones y los individuos, obligando a revisar la labor que venían realizando tradicionalmente los periodistas y, en última instancia, los propios profesionales de las relaciones públicas.

Ahora, las organizaciones tienen que considerar incluso lo que dicen personas a nivel individual, quienes, con tan sólo un puñado de caracteres críticos, pueden dañar o ensalzar su reputación de manera significativa.

Todo lo anterior no significa que haya que dejar de lado la relación con los medios de comunicación ni ninguna de las estrategias, tácticas y herramientas de las que se han servido los profesionales de las relaciones públicas en el pasado, sino que ahora hay que ponerlas al día y complementarlas con las novedades que conllevan los social media.

De hecho, en este libro se agregan apartados en los capítulos 5 y 6 que intentarán dar pautas genéricas para reconocer la importancia de los medios sociales de internet, así como sus posibles usos en el ámbito de las relaciones públicas.

Se trata de un nuevo y necesario impulso para la profesión cuya actualización constante es una de sus necesidades intrínsecas y que es uno de los valores con los que nació y pervive hoy el libro «Relaciones Públicas. La Eficacia de la Influencia».

OCTAVIO ISAAC ROJAS ORDUÑA
14 de octubre de 2012
Madrid, España

Introducción

Todas las organizaciones tienen el derecho y el deber de comunicarse eficaz y éticamente con el público. Este libro nace de esta premisa.

Pero cuando se utiliza la palabra «organizaciones» no se hace referencia únicamente a grandes multinacionales ni a partidos políticos con miles de afiliados. Las relaciones públicas están al alcance de pequeñas y medianas empresas, de organizaciones no gubernamentales y hasta de emprendedores individuales que reconocen la importancia de la comunicación para alcanzar sus objetivos con éxito y necesitan tener a mano herramientas que les permitan entrar en contacto eficazmente con sus «stakeholders».

Las RRPP tienen el poder para influir en la percepción, las actitudes y el comportamiento de las audiencias de una organización.

Este libro identifica esta oportunidad, propone una serie de tácticas y herramientas para su uso inmediato en el marco de una estrategia de comunicación y busca establecer algunos parámetros de buenas prácticas que ayuden al lector en su afán de relacionarse adecuadamente con su público.

Este no es un libro para iniciados. Desea ser un texto de consulta para aquellos que aspiran a incorporarse al dinámico mundo de las relaciones públicas.

También es un libro para quienes, sin tener estudios especializados en comunicación, necesitan saber cómo dirigirse adecuadamente a su público, requieren contratar los servicios de una consultora y necesitan saber cómo obtener el mayor provecho de las relaciones públicas.

Para los profesionales del sector, este libro les permitirá conocer las últimas tendencias en las RRPP y así poder realizar, si cabe, un mejor trabajo para sus clientes.

Este no es un libro sobre teorías de la comunicación. Hay verdaderos expertos que han escrito ampliamente sobre el tema.

En cambio, este libro presenta la realidad de las relaciones públicas e intenta sistematizar la experiencia recogida durante años de intenso ejercicio profesional en dos mercados, España y México. Lo anterior demuestra que las buenas prácticas de las RRPP son auténticamente globales.

Este libro da importancia a los medios de comunicación porque son fundamentales para alcanzar y persuadir masivamente a millones de personas. Muchas de las herramientas están dirigidas a establecer relaciones profesionales y enriquecedoras con los periodistas.

Las peores RRPP son las que no llegan al público, pero eso no quiere decir que haya que hacer lo que sea para estar «en los papeles». También hay otras formas de comunicarse con diferentes audiencias a través de tácticas de relaciones públicas que el lector podrá encontrar en estas páginas.

Asimismo, se ofrece una guía para diseñar una campaña de relaciones públicas: desde la investigación hasta la evaluación de los resultados.

Es más, el libro hace especial hincapié en la evaluación para demostrar a propios y extraños el verdadero poder que encierra una campaña de RRPP estratégicamente bien planteada y correctamente implementada.

Aunque existan diferencias entre unos y otros, este no es un libro contra la publicidad ni contra el periodismo, sino a favor de una comunicación eficaz.

No escapa a nadie que en los últimos años ha surgido entre los ciudadanos de todo el mundo una desconfianza creciente ante lo que leen, escuchan y ven en los medios, independientemente de si se trata de contenidos editoriales o publicitarios. Tampoco hay que descontar que la saturación informativa no necesariamente ha desembocado en sociedades mejor informadas.

En medio del escepticismo que parece imperar en nuestros días, han surgido pequeños e influyentes grupos que están ocupando posiciones determinantes de la esfera pública con sorprendente rapidez. Estos nuevos movimientos sociales buscan establecer relaciones de igualdad con las organizaciones, como intentando establecer una «conversación» con éstas, dejando claro que sólo de esta manera podrán recuperar su maltrecha reputación.

La utilización de los medios sociales de internet, tanto por parte de grupos e individuos, debe encontrar eco en respuestas e iniciativas de comunicación por parte de las organizaciones, más allá de la atención al cliente o con mensajes de marketing.

En este sentido, las relaciones públicas tienen que aportar su flexibilidad para dirigirse a audiencias concretas, su verdadera capacidad de ayudar a las organizaciones a comunicarse con su público de una forma relevante, dinámica y cada vez más transparente, ética y comprometida.

«Relaciones Públicas. La Eficacia de la Influencia» se ha impuesto un gran reto y espera que el lector encuentre en estas páginas que ha cumplido su objetivo.

OCTAVIO ISAAC ROJAS ORDUÑA
14 de octubre de 2012
Madrid, España

Capítulo 1

La profesión de las relaciones públicas, una introducción

1. Diferencias entre relaciones públicas y publicidad.
2. Diferencias entre relaciones públicas y periodismo.
3. ¿Qué hacen exactamente los profesionales de las relaciones públicas?
4. Definiciones de relaciones públicas.
5. ¿Quiénes pueden utilizar las relaciones públicas?

Resumen capítulo 1.

Nunca como hasta ahora la comunicación había sido tan importante para las organizaciones. En un mundo en constante evolución, en el que la competencia por la atención del público es cada vez más feroz, en el que las tecnologías han revolucionado la manera en que nos informamos, las relaciones públicas tienen un papel fundamental por cumplir.

No importa si la organización es pública o privada, si es multinacional o local, si emplea a miles de personas o sólo la lidera una persona. No importa si tiene que enfrentarse a grandes grupos activos, a las autoridades, a los consumidores organizados, a los inversores o a sus propios empleados. Las relaciones públicas tienen que ayudar a una organización en todas y cada una de las actividades que realiza independientemente de si sus fines son comerciales o puramente ideológicos.

No es sorprendente que las RRPP vayan ganando en importancia y que influyan, por derecho propio, en todas las tareas que implican mantener contacto con diferentes públicos, tanto hacia dentro como hacia fuera de la organización.

Las relaciones públicas tienen que ver con la reputación y con la confianza; sólo apoyadas en estos dos pilares estarán las organizaciones en posición de distinguirse y lograr la atención del público para comunicarse de una manera eficaz.

Únicamente las organizaciones con mejor reputación y en las que la gente deposita su confianza lograrán captar el mayor número de clientes, atraer a los mejores talentos, conseguir los mejores socios y persuadir para ganarse las mentes y los corazones de la gente para llevar adelante una causa.

Las RRPP no sólo funcionan en el corto plazo, sino que más bien son las armas de los «corredores de fondo», cuya estrategia es construir relaciones sólidas con la intención de obtener éxito de manera continua y perdurar en el tiempo acompañando las transformaciones y demandas de su cambiante entorno.

Algunas veces es más fácil explicar algo diciendo lo que no es en lugar de decir lo que es. Puede ser una buena fórmula para exponer en qué consisten las RRPP.

1. Diferencias entre relaciones públicas y publicidad

La primera confusión entre las dos actividades quizás resida en que en inglés la palabra «publicist» se refiere a los profesionales de las RRPP, y algunos libros especializados han hecho una traducción errónea al castellano llamando publicistas a los consultores de las relaciones públicas.

Entre ambas profesiones existen grandes contrastes y más de una vez los publicistas no saben exactamente a lo que se dedican los profesionales de las RRPP. Enseguida se presentan algunas diferencias[1].

En publicidad, una organización paga por un espacio en un medio determinado y sabe exactamente dónde y cuándo se difundirá su anuncio.

En contraste, parte de las actividades de relaciones públicas consiste en obtener cobertura mediática para su cliente sin mediar ningún pago. Esto se puede hacer a través de la distribución de notas de prensa, organización de eventos y pruebas de producto, entre otras muchas acciones.

En publicidad, el control creativo de la empresa es total y, por tanto, sabe exactamente cómo se difundirá su mensaje. Su problema es que la gente le da menos credibilidad a los anuncios pagados que a los contenidos editoriales de los medios. El público puede pasar rápidamente las páginas de anuncios de una revista, bloquear los pop-ups que aparecen cuando visita una página web o hacer zapping para evitar los spots televisivos o de radio, pero pondrá atención cuando comience el programa que estaba esperando ver o leerá completo un reportaje de un periódico o de su sitio de internet preferido.

En relaciones públicas no se tiene un control completo de si la información que se envía a los medios finalmente se publicará, ni de cómo se difundirá si obtiene cobertura mediática, pero su credibilidad y poder de persuasión son mayores.

En publicidad, como se paga por los espacios en los medios, el mismo anuncio puede repetirse cuantas veces se desee, mientras que informaciones puntuales de relaciones públicas tienen generalmente una vida más breve, ya que podrán obtener amplia cobertura mediática, pero en espacios de tiempo determinados.

Merece la pena destacar que, en la mayoría de las ocasiones, las RRPP ofrecen la gran ventaja de poder generar una mayor cantidad de información con una menor inver-

---

1 Duncan, Apryl: *10 differences between advertising and public relations.* Web About.com. http://advertising.about.com/od/careersource/a/10advpr.htm 9 de agosto de 2004.

sión si se las compara con la publicidad. Por ejemplo, preparar y publicar una nota de prensa tiene un coste bastante menor que la producción de un anuncio de televisión.

Otra diferencia entre ambas actividades es que, mientras que para los publicitarios sus contactos principales son con personas de su propio ámbito y con sus clientes, para que los profesionales de las RRPP realicen exitosamente sus actividades tienen que establecer relaciones con personas y públicos con perfiles e intereses muy diversos, como periodistas, autoridades, expertos en diversas especialidades, líderes de opinión, asociaciones de consumidores y usuarios, entre otros.

Los profesionales de las relaciones públicas están hombro con hombro con sus clientes en la gestión de una crisis, llegando incluso a ocupar visibilidad pública en su representación. Mientras tanto, los publicitarios, en la mayoría de los casos, se enterarán en segundo término del aprieto de las organizaciones para las que trabajan y quizás ni les sean de ayuda para afrontarla y resolverla de forma directa.

En publicidad casi todo está permitido. En el texto del anuncio se puede solicitar una acción inmediata del público, casi siempre para comprar un producto, solicitar un servicio o movilizarse por alguna causa. Se pueden utilizar palabras rimbombantes o, incluso, inventar un lenguaje propio con fines comerciales.

En contraste, las relaciones públicas tienen que ceñirse a los hechos con un lenguaje claro y preciso. En RRPP cualquier expresión directamente comercial suscitará el desinterés o incluso el rechazo de los periodistas y de otros públicos.

En la serie de televisión Mad Men, se representa la adopción de un nombre ya existente para un nuevo producto de la compañía Kodak (Imagen: http://www.youtube.com)

Una diferencia superficial estriba en que a los publicitarios se les atribuye un cierto «glamour», gracias al aura creativa de su actividad, mientras que los profesionales de las relaciones públicas son consultores que tienen que presentarse igual ante el presidente de una gran empresa que ante el líder de una organización de consumidores de una pequeña localidad, por lo que tienen que ser flexibles, abiertos y mostrar empatía para entrar en contacto con todas las audiencias de una organización.

Al Ries, uno de los autores de
"La caída de la publicidad y el auge de las relaciones públicas"
(Imagen: http://www.ries.com/)

Al y Laura Ries, reconocidos gurús del mundo de las marcas, han dicho que la publicidad está «cayendo», mientras que las relaciones públicas están en pleno «auge». Indican que desde hace unos años y en el futuro las marcas se construirán a partir de *publicity* y no de anuncios pagados[2].

Si bien se han dado casos en los que importantes marcas se han construido a base de una cobertura mediática sólida y consistente, lo cierto es que tanto la publicidad como las RRPP, así como todas las demás actividades que se encargan de promover un producto, servicio o idea, tienen que complementarse estratégicamente para lograr captar la atención del público con la intención de persuadirlo e influir en su comportamiento.

La construcción de una marca o la protección de una reputación requiere soluciones multidimensionales y no unidimensionales en las que se aprovechen las sinergias de la publicidad, las relaciones públicas y todas las actividades below y above the line[3].

[2] Ries, Al y Laura: *La caída de la publicidad y el auge de las RRPP.* Editorial Empresa Activa. 2003. Barcelona.

[3] García, Pancho: *Nada se destruye, solamente se transforma.* Web Ugap.com. http://www.ugap.com/noticias_detallen.asp?Id=65 27 de agosto de 2004.

2. Diferencias entre relaciones públicas y periodismo

Un periodista y un profesional de las relaciones públicas tienen varios puntos en común (Imagen: http://www.punjabilok.com/)

Se ha dejado atrás la época en que un relaciones públicas era un periodista venido a menos[4]. Desde hace años, ambas profesiones son identificadas de manera independiente, respetadas por igual, y han creado sinergias en beneficio del público que obtiene, gracias a su trabajo conjunto, información oportuna y de calidad sobre los temas que más le interesan.

Si bien los profesionales de las RRPP deben poseer un fino olfato periodístico para identificar los ángulos noticiosos de la información de sus clientes con el fin de alcanzar notoriedad pública, sus actividades abarcan un ámbito más amplio que el de los informadores.

Se puede decir que, a diferencia de con un publicista, un periodista tiene más puntos en común con un relaciones públicas.

A grandes rasgos, los periodistas buscan las noticias, mientras que los RRPP les ayudan legítimamente a detectarlas y a crearlas, por el interés que puedan tener para el público que ve la televisión, escucha la radio, lee un periódico o los contenidos de un portal en internet.

Tan estrecha es la relación entre ambas profesiones que muchos periodistas cruzan el umbral y se convierten en profesionales de las relaciones públicas, y también sucede lo mismo en sentido contrario.

---

4 Gibbons, Terence: *Cross-over*. Web Ideasfactory. http://www.ideasfactory.com/writing/features/ writ_feature36.htm# 9 de agosto de 2004.

Lo recomendable es que una persona que pueda ejercer ambas profesiones cuide que sus actividades no lo sitúen en un conflicto de intereses de difícil solución.

Por desgracia, hay ocasiones en que algunos periodistas[5] que también son relaciones públicas, faltando claramente a la ética de su profesión y pasando por encima de los principios básicos de las RRPP, utilizan su posición para conseguir algún beneficio personal al promover en el medio en el que trabajan a una organización, sus productos, servicios o intereses. Esto es inaceptable desde cualquier punto de vista.

Colin Powell, exsecretario de estado de EE.UU., durante una intervención en la ONU, que se enmarcó en la que se ha considerado una de las mayores campañas de relaciones públicas emprendida por el gobierno de aquel país para justificar la guerra de Irak (Imagen: http://independentnewshub.com)

Cabe decir que la relativa juventud de la profesión y sobre todo la reciente incorporación de las RRPP a los estudios universitarios han sido las causas principales que han hecho que los periodistas ocuparan una gran cantidad de puestos en agencias especializadas, así como en empresas e instituciones. Hoy en día podemos ver a informadores como directores de relaciones públicas, comunicación o de relaciones externas en las principales organizaciones haciendo un buen trabajo basado en la experiencia.

Otra diferencia entre ambas profesiones es que, en principio, los periodistas sólo dependen de la opinión de su redactor jefe para la aprobación de sus notas, al tiempo que los RRPP deben obtener la conformidad de la organización para la que trabajan, en la que pueden opinar responsables de diversas áreas como legal, producción, seguridad, además de los de comunicación y marketing. Eso, sin contar que en muchas ocasiones hay terceras partes involucradas que también tienen que hacer sus comentarios y dar su consentimiento sobre la información que difunden.

---

5 HARLOW, Rex: *Building a public relations definition.* Public Relations Review 2, nº. 4, 1976, p. 36.

Los relaciones públicas, además de su labor de consultoría en comunicación estratégica, tienen que saber no sólo escribir y expresarse bien, sino también de temas de diseño y producción de materiales, de publicidad y compra de medios, de organización de eventos y gestión de proveedores, entre muchos conocimientos específicos más.

Asimismo, los RRPP deben conocer el día a día, los tiempos y limitaciones de los periodistas para realizar una parte fundamental de su actividad. En comparación, más de un informador se sorprende con la enorme gama de actividades que tiene que dominar un relaciones públicas para la realización eficaz de su trabajo.

En suma, los periodistas y los RRPP comparten el objetivo de informar al público. Los primeros sólo pueden utilizar sus medios para hacerlo, mientras que los segundos cuentan con una enorme gama de herramientas para conseguirlo.

Ambos profesionales se necesitan, se complementan y, aunque es cierto que los RRPP requieren de los medios para difundir sus mensaje, siempre debe privar un respeto mutuo frente a la obligación de informar responsablemente a la sociedad.

3. ¿Qué hacen exactamente los profesionales de las relaciones públicas?

Sabiendo en qué se diferencian las relaciones públicas de otras profesiones paralelas, se puede comenzar a aclarar las actividades que sí comprenden las RRPP.

Todos los profesionales de las relaciones públicas realizan un número cada vez mayor de actividades, y tiene sentido que lideren o influyan de manera determinante en la comunicación de las organizaciones, aun en ámbitos en los que antes no era tan evidente su relación, como la publicidad, o en acciones ligadas hasta hace poco a ámbitos financieros, medioambientales o de compromiso con la comunidad.

En este sentido, las principales actividades de estos profesionales son:

- Consultoría en estrategias y campañas de comunicación.
- Investigación (auditoría de comunicación, estudios de opinión, issues management, etc.).
- Relaciones con los medios de comunicación (gabinete y ruedas de prensa, viajes de medios, gestión de entrevistas, seguimiento de medios, etc.).
- Comunicación interna (convenciones, intranet, focus group, revistas internas, etc.).
- Comunicación integral de marketing (lanzamiento de productos, explotación de esponsoring y mecenazgo, publicidad corporativa, etc.).
- Relaciones corporativas y financieras (reuniones con analistas, encuentros de accionistas, etc.).

Gestión de entrevistas, actividad de RRPP (Imagen: http://www.naz.nevada.edu/)

- Relaciones con la comunidad (autoridades locales, asociaciones de consumidores y usuarios, etc.).
- Diseño, gestión y realización de eventos (aniversarios, presentaciones, galas, cenas, degustaciones, etc.).
- Comunicación de crisis (retiradas de producto, huelgas, atentados, etc.).
- Campañas de responsabilidad social corporativa (transparencia financiera, medio ambiente, apoyo a proyectos sociales, etc.).
- Comunicación electrónica (páginas web, salas de prensa online, notas y convocatorias de prnes en html, blogs, etc.).
- Lobby y relaciones institucionales (contactos institucionales, seguimiento de iniciativas legislativas y reglamentarias, etc.).
- Formación de portavoces (introducción al mundo de los medios de comunicación, preparación para entrevistas, discursos o presentaciones, etc.).

Para realizar estas actividades, los profesionales de las relaciones públicas se sirven de algunas de las herramientas que se presentarán en detalle en este libro, como son: bases de datos, notas y dossieres de prensa, videos y radiocomunicados, materiales impresos, publicidad institucional, comunicación electrónica, entre muchas otras.

Se ha indicado que los profesionales de las RRPP ofrecen el servicio de comunicación integral de marketing, pero desde la perspectiva de las relaciones públicas. Pueden realizar un anuncio publicitario, encargarse de la compra de medios esporádicamente o realizar alguna campaña, pero todo esto lo harán coordinando a otros especialistas en estas actividades.

Si una organización solicita un servicio que se encuentra fuera de las capacidades de un profesional de las RRPP, su responsabilidad es indicarle a un tercero que pueda hacer el trabajo de la manera más adecuada y profesional. Esta es una posición seria que hará que gane credibilidad a los ojos de su cliente.

Sin lugar a dudas, un verdadero profesional de las relaciones públicas podrá brindar una serie importante de servicios, pero algunas veces tendrá que apoyarse en otros para la realización eficaz de su trabajo.

4. Definiciones de relaciones públicas

Una de las grandes críticas que se hacen al sector de las RRPP radica en que no es posible encontrar una sola definición que tenga la aceptación unánime de todos los profesionales que las practican. Esto también puede ser un problema para posibles clientes que pueden sentirse defraudados al esperar un tipo de servicio que en realidad los profesionales de relaciones públicas no pueden ofrecerles directamente.

Hay definiciones muy antiguas de las RRPP que han perdido actualidad en nuestros días. Por ejemplo, una definición clásica es la de «Hacerlo bien y hacerlo saber», pero se queda muy corta para dar una idea precisa al gran público de lo que realmente significan las relaciones públicas.

El concepto mismo de RRPP ha ido evolucionando con el tiempo debido al desarrollo de la profesión y a su cada vez mayor peso en la dirección de las organizaciones.

Una de las primeras definiciones internacionalmente aceptada surgió en 1975, cuando la Fundación para la Educación e Investigación de las Relaciones Públicas, liderada por Rex Harlow[6], estudió 472 propuestas y, en un intento por compilarlas todas, enunció la siguiente: «Las relaciones públicas son una función directiva específica que ayuda a establecer y a mantener líneas de comunicación, comprensión, aceptación y cooperación mutuas entre una organización y sus públicos; implica la resolución de problemas y cuestiones; define y destaca la responsabilidad de los directivos para servir al interés general; ayuda a la dirección a mantenerse al tanto de los cambios y a utilizarlos eficazmente sirviendo como un sistema de alerta inmediata para ayudar a anticipar tendencias; y utiliza la investigación y las técnicas de comunicación éticas y sensatas como herramientas principales».

Años más tarde, en agosto de 1978, varias asociaciones de RRPP de todo el mundo adoptaron la *Declaración de México,* en la que se propuso la siguiente definición: «La práctica de las relaciones públicas es el arte y la ciencia social de analizar tendencias, predecir sus consecuencias, asesorar a los líderes de organizaciones y poner en práctica programas planes de acción que servirán a los intereses de la organización y del público»[7].

En 1980, la Public Relations Society of America (PRSA) ofreció la siguiente definición: «Las relaciones públicas ayudan a una organización y a sus públicos a adaptarse mutuamente»[8].

---

6 Harlow, Rex: *Building a public relations definition.* Public Relations Review 2, nº 4, 1976, p. 36.

7 Martini, Natalia: *Qué son las relaciones públicas.* Web RRPPnet.com.ar. http://www.rrppnet.com.ar/defrrpp.htm. 27 de agosto de 2004.

8 PRSA: *About Public Relations.* Web PRSA.org. http://www.prsa.org/_Resources/Profession/index. asp?ident=prof1 27 de agosto de 2004.

En 1978, la Ciudad de México sirvió como escenario para la adopción de una definición de RRPP (Imagen: http://www.steinmandl.de/)

Y luego explica que en este enunciado están implícitas las funciones esenciales de las RRPP: investigación, planificación, comunicación bidireccional y evaluación. Además, otras palabras clave son «organización», que sustituye a «empresa» o «negocio», y «públicos», con la que se reconoce que todas las organizaciones tienen múltiples audiencias con las que se tiene que comunicar y de las que tienen que obtener simpatía y apoyo.

Más a nivel europeo, el Instituto de las Relaciones Públicas y la Asociación de Consultores de RRPP del Reino Unido (IPR[9] y PRCA[10], respectivamente) se han puesto de acuerdo en establecer una sola definición para las dos organizaciones: «Las relaciones públicas tratan de la reputación: el resultado de lo que haces, lo que dices y lo que otros dicen de ti. Las relaciones públicas son la disciplina que se preocupa por la reputación, con el objetivo de ganar comprensión, apoyo y opinión que influya en el comportamiento. Es el esfuerzo planificado y sostenido para establecer y mantener buena voluntad y entendimiento mutuo entre una organización y sus públicos».

Por su parte, la Confederación Europea de Relaciones Públicas ofrece su propia definición: «Las relaciones públicas son la comunicación consciente de la organización. (Las) RRPP son una función directiva y su tarea es conseguir comprensión mutua y establecer una relación beneficiosa, entre la organización con sus públicos y su ambiente, a través de una comunicación bidireccional»[11].

---

9 IPR: *What is PR?* Web IPR.org.uk http://www.ipr.org.uk/looking/index.htm 28 de agosto de 2004.

10 PRCA: *What is PR?* Web PRCA.org.uk. http://www.prca.org.uk/sites/prca.nsf/PagesBySection/WhatsPR_WhatsPRIntro 28 de agosto de 2004.

11 CERP: *Public relations definition.* Web CERP.org. http://www.cerp.org/definition/ index.htm 28 de agosto de 2004.

En España, la Asociación de Empresas Consultoras de Relaciones Públicas y Comunicación (ADECEC) establece que las RRPP son: «Las estrategias para generar confianza entre la empresa y sus públicos y, así, predisponer de forma positiva»[12].

En 2000, el profesor Melvin Sharpe, de la Universidad Estatal de Ball, EE.UU. y presidente del «College of Fellows» de la PRSA, el órgano más reputado de la asociación sectorial norteamericana de las RRPP, indicó que las relaciones públicas tienen tres problemas[13]. El primero, que al no controlar su propia definición permite que otros la definan a partir de sus propias visiones y necesidades, lo que ha conducido a que se tenga una visión errónea y hasta negativa de las RRPP.

El segundo, la ausencia de una definición que incluya el comportamiento de los profesionales ha perjudicado a la profesión, sobre todo después de los escándalos políticos y empresariales más recientes.

En tercer lugar, abogó por que la definición se refiera más al comportamiento que a las propias actividades de las RRPP.

Señaló que dará mucho trabajo proponer una definición que contemple el comportamiento de los profesionales de las relaciones públicas (testándola, analizándola, defendiéndola y comunicándola), antes de que aumente el respeto por estas actividades.

La reflexión de Sharpe es pertinente en el momento actual dado que, por desgracia, los escándalos mundiales a nivel político y empresarial con los que ha comenzado el siglo XXI han venido acompañados de grandiosos montajes de propaganda y desinformación en los que se han utilizado espuriamente técnicas de relaciones públicas, confundiendo al público y dañando profundamente la reputación de la profesión.

En resumen, más que una sola definición de las relaciones públicas, lo que se puede ofrecer en estas páginas son las palabras clave con las que se las identifica para establecer un marco de referencia conceptual:

- Organización (empresa, negocio, institución o persona).
- Públicos o *Stakeholders* (diversas audiencias relevantes con las que se relaciona la organización).
- Comunicación consciente (programas de acción aprobados y apoyados por la organización).
- Acción planificada (investigación, estrategia, objetivos, planificación, comunicación bidireccional y evaluación).
- Función directiva específica (realizada por un grupo determinado de profesionales que forman parte de la dirección de la organización o con total acceso a ésta).

[12] ADECEC: *Datos básicos del sector.* Web ADECEC.com. http://www.adecec.com/web/ sec_sector.php 28 de agosto de 2004.

[13] Sharpe, Melvin: *Behavioral paradigm for public relations.* Public Relations Review. Vol. 26, nº 3, 2000, pp. 345-361.

- Reputación (comprensión, ayuda, simpatía, apoyo, confianza, predisposición positiva, buena voluntad, lo que se dice de la organización).
- Anticipa tendencias (por su cercanía con el público, conoce la realidad sobre el terreno y puede prever situaciones).
- Comunicación ética (apoyando la actuación positiva de la organización con mensajes fieles a la realidad y aceptando los errores que pudieran cometerse con igual apertura y transparencia).

5. ¿Quiénes pueden utilizar las relaciones públicas?

Esta pregunta es recurrente entre responsables de marketing, entre directores de comunicación y de relaciones institucionales, entre directores generales y consejeros delegados, entre políticos que aspiran a obtener el poder y entre quienes ya lo detentan.

Todos pueden aprovecharse de las ventajas que ofrecen las relaciones públicas. Incluso se puede decir más, porque las RRPP pueden ser utilizadas por pequeños y medianos empresarios, organizaciones de todo tipo y tamaño, y hasta por individuos.

El único requisito que hay que cubrir para emprender una campaña de relaciones públicas es tener algo que decir que sea novedoso, relevante y atractivo para diversas audiencias que puedan comprar un producto, solicitar un servicio o apoyar una causa política. Siempre habrá un público abierto a escuchar los mensajes que se le puedan ofrecer, siempre y cuando éstos le parezcan atractivos e importantes.

En principio, no son necesarios enormes presupuestos para tener unos resultados exitosos de RRPP. La flexibilidad de esta actividad hace que sea asequible –hasta cierto punto– a organizaciones con una capacidad de inversión muy diversa. Sin embargo, como con todo en la vida, lo mejor es dejarse aconsejar por verdaderos especialistas, quienes, gracias a su experiencia y recursos, ayudarán a alcanzar unos objetivos determinados.

Puede parecer que existe una contradicción en este planteamiento. Por eso, la mejor manera de solucionar esta aparente paradoja es poniendo ejemplos que abarquen dos casos muy diferentes.

Un restaurante brasileño ubicado en Madrid y con cinco años de antigüedad se sostiene gracias a una clientela fiel, pero su objetivo es atraer nuevos comensales para aumentar su facturación. La responsable de relaciones públicas organiza un evento cultural sobre el país sudamericano e invita a la prensa al acontecimiento. Al día siguiente, la noticia aparece publicada en algunos medios y cuando pregunta a un grupo de clientes que vienen por primera vez cómo se enteraron de la existencia del local, éstos responden: «Lo vimos en los medios».

Por otro lado, dos grandes empresas multinacionales están a punto de fusionarse y ambas tienen que comunicar este cambio a un gran número de audiencias, desde autoridades bursátiles, clientes, empleados, sindicatos, etc. Contratan a una agencia de relaciones públicas multinacional para que les ayude a ponerse en contacto con todos sus públicos en todo el mundo.

La agencia se encarga de organizar toda la comunicación de una manera clara, coherente y oportuna, mediante el envío de cartas, presentaciones con los comités de empresa, reuniones con representantes de los organismos reguladores, envío de notas de prensa, entre otras actividades.

De esta forma, los clientes no se preocupan por la entrega de sus pedidos, los empleados por la viabilidad de sus puestos de trabajo, ni las autoridades bursátiles por la transparencia de la operación.

Estas historias, contadas en grandes líneas, están basadas en hechos reales.

Como se ha visto en ambos casos, las relaciones públicas han sido eficaces para cumplir los objetivos de las empresas involucradas, independientemente de su envergadura.

Nunca hay organización demasiado pequeña, lo que puede haber es falta de creatividad y sentido de lo que puede ser tema para su explotación a través de las relaciones públicas.

Las empresas grandes necesitarán mayores despliegues de RRPP porque el número y la complejidad de sus audiencias, sus necesidades y exigencias, así como una infinidad de ángulos noticiosos requerirán de una dedicación y un esfuerzo de acuerdo con su tamaño.

Además, como se verá a lo largo de este libro, hay un buen número de actividades y herramientas que necesitan un conocimiento específico y ciertas inversiones para obtener resultados razonables.

Por estos motivos, dado que la necesidad de mantenerse en contacto con sus públicos es inherente a cualquier organización, más allá de la cantidad de sus empleados o el número de ceros en su facturación, las relaciones públicas siempre ofrecerán la posibilidad de gestionar la comunicación de una manera oportuna, eficaz y con alta rentabilidad para quien quiera sacarles el máximo provecho.

RESUMEN CAPÍTULO 1

Se ha confundido a los profesionales de las RRPP con periodistas y publicitarios, pero cada uno realiza una serie de actividades específicas que los diferencian entre sí.

Hay más puntos en común entre los periodistas y los RRPP. Sin embargo, entre éstos debe existir una relación estrictamente profesional y una separación exquisita entre sus actividades por razones éticas y de credibilidad, con el fin de incidir positivamente en la creciente desconfianza que tienen los ciudadanos ante los contenidos de los medios de comunicación.

Los profesionales de las relaciones públicas realizan una gran cantidad de actividades específicas que ayudan a las organizaciones a comunicarse exitosamente con todas sus audiencias.

Uno de los retos de las RRPP es encontrar una definición que sea adoptada de manera global para que esta profesión sea entendida cabalmente por todos los sectores, identificada como una auténtica función directiva y reconocida en su ámbito de comunicación como forma de relacionarse directamente con diversos públicos.

Gracias a su flexibilidad, organizaciones de todo tipo y tamaño pueden sacar el máximo provecho de las relaciones públicas. Aunque siempre es aconsejable ponerse en manos de expertos para alcanzar los objetivos con la mayor eficacia.

Capítulo 2

El papel de las relaciones públicas en las organizaciones

1. Agencia de RRPP.
2. Departamento interno de comunicación y relaciones públicas.
3. Director de comunicación y relaciones públicas.
4. ¿Agencia, departamento interno, director de relaciones públicas?

Resumen capítulo 3.

Hace relativamente pocos años se cuestionaba la conveniencia de incluir las relaciones públicas como un servicio complementario para la comunicación externa de las organizaciones, ya fuera a nivel corporativo, político o institucional.

Hoy en día, las organizaciones han dejado de cuestionar la importancia de las relaciones públicas. En España, en concreto, un gran porcentaje de altos directivos considera que la comunicación y las RRPP son ahora mucho más importantes que antes.

Ahora la gran pregunta que se hacen las organizaciones de todo el mundo es cómo adoptarlas para que sean lo más eficaces posible en el momento de cumplir los objetivos de comunicación, tanto a nivel interno como externo, de una forma profesional y con un coste que justifique la inversión realizada.

No se trata de un tema sin importancia, ya que una comunicación eficaz es un elemento diferenciador en un mundo cada vez más competitivo e hipercomunicado, donde los grandes partidos políticos buscan el centro ideológico, donde la calidad de los productos se da por sentada.

La comunicación eficaz es fundamental en un momento en que la reputación de las organizaciones se encuentra severamente contestada por grupos críticos capaces de movilizar rápida y masivamente a la sociedad.

Existen tres opciones para gestionar la comunicación de las organizaciones: la contratación de una agencia de RRPP, la creación de un departamento interno y el fichaje de un director de relaciones públicas y comunicación.

Las tres opciones tienen sus ventajas y sus inconvenientes, y es deber de los máximos responsables de la organización encontrar la fórmula más apropiada para sacar todo el provecho de las relaciones públicas.

1. Agencia de RRPP

Una agencia de relaciones públicas es una empresa que no sólo ofrece consultoría estratégica sobre comunicación, tanto a nivel interno como externo, sino que también puede y suele ser la encargada de llevar a cabo el programa que ofrece a sus clientes por unos honorarios determinados.

Las agencias de relaciones públicas llaman «cuentas» de forma genérica a los proyectos de comunicación que realizan para sus clientes.

Son varias las ventajas que conlleva contratar los servicios de una consultora externa. En primer lugar, se tiene la certeza de que la comunicación está siendo gestionada por expertos, lo que hace factible esperar una implementación adecuada que dé lugar a buenos resultados.

Estos consultores, al estar fuera de la organización, tienen una visión más clara y sin prejuicios de las áreas a mejorar, de la información susceptible de ser explotada en los medios, así como de proponer las herramientas más adecuadas para cumplir los objetivos planteados por su cliente.

En segundo término, las sinergias que pueden existir entre los clientes de una misma agencia ofrecen oportunidades que no deben ser menospreciadas, como la realización de acciones conjuntas, la negociación unificada con proveedores, etc.

Por lo general, las organizaciones no deben sentirse incómodas con la idea de que su equipo también sea el de otros, siempre y cuando el nivel del servicio sea siempre óptimo. Cuando un grupo gestiona cuentas con perfiles parecidos (productos de gran consumo, por ejemplo) existe la posibilidad de que se encuentren sinergias positivas entre dos o más clientes.

Por ejemplo, un festival de cine necesita el apoyo de varios patrocinadores. Después de contratar a una agencia de RRPP, los responsables del evento cinematográfico preguntan a los responsables de la gestión de su cuenta si en su cartera de clientes habría alguno que pudiera estar interesado en apoyarlos económicamente. Para su sorpresa, en pocos días se reúnen con algunas empresas que podrían estar interesadas en invertir en el acontecimiento.

Un equipo de relaciones públicas eficaz tiene que lograr que todos sus clientes se sientan únicos, independientemente de si tienen bajo su responsabilidad la comunicación de varias organizaciones.

Por otro lado, los equipos que trabajan en exclusiva para una organización tienen una gran ventaja que radica en el grado de especialización que pueden alcanzar, lo que se traducirá en un mayor conocimiento del ámbito de actividad del cliente (medios sectoriales, líderes de opinión, autoridades, reglamentación, situación del mercado, etc.) y es de esperar que eso redunde en mejores resultados.

En este caso existe un peligro claro para las agencias, ya que dependen demasiado de la continuidad de ese cliente para mantener al grupo de consultores que lo atiende en exclusiva. Por lo general, ese riesgo se asume si el nivel de honorarios lo justifica.

Cabe destacar que las empresas de RRPP tienen el deber ético de no aceptar cuentas que pueden ser competitivas entre sí, aunque hay ocasiones en que es a los mismos clientes a los que no les importa ser atendidos por la misma agencia, porque saben que no se compartirá información internamente contra sus intereses y prefieren dar la cuenta a una consultora de su confianza.

Para asegurar que toda la información que se maneja dentro de la agencia no pueda ser utilizada para otros fines fuera de su campaña de RRPP, algunas organizaciones solicitan que todos sus consultores firmen una acuerdo de confidencialidad que prevé implicaciones a nivel legal en caso de incumplimiento.

Las agencias ofrecen las ventajas de una economía a escala que reduce los costes de producción de distintos servicios y materiales, lo que puede hacer que las organizaciones hagan más rentable su inversión en RRPP.

Las agencias encargan y recomiendan a sus proveedores habituales la realización de los trabajos de sus cuentas, lo que las coloca en posición de negociar mejores precios por volumen.

Otra de las ventajas que ofrecen las agencias reside en el conocimiento que tienen sobre los grandes sucesos del mundo y de las tendencias del sector en el que la organización desarrolla su actividad. Esto se debe a que la materia prima de las relaciones públicas es la información.

La designación de la fecha de un evento, por ejemplo, obedece en gran medida a una investigación previa de la agencia, que procura que no exista otro acontecimiento paralelo que pueda robarle protagonismo al suyo. De esta forma, con una sola actividad prevista, aumentan las posibilidades de que la acción del cliente obtenga la mayor notoriedad pública.

Otra ventaja reside en que la relación con la agencia externa puede ser por proyectos o por periodos de tiempo determinados, lo que evita que las organizaciones incurran en compromisos laborales que incrementen sus costes.

Lo ideal, tanto para la agencia como para sus clientes, es que sus relaciones tengan una continuidad que permita desarrollar el trabajo de una manera ordenada y consistente. Las RRPP pueden funcionar a corto plazo, pero sus mejores frutos se cosechan después de un tiempo.

Esta es una de las desventajas que, según algunos altos responsables, tiene trabajar con consultoras externas. El hecho de no conocer por dentro la organización, los periodos de adaptación, el trasiego de información confidencial y sentir que no controlan por completo su comunicación, son las principales preocupaciones de las organizaciones ante la opción de contratar los servicios de una agencia de relaciones públicas.

1.1. Recomendaciones para sacar el mayor provecho de las agencias de RRPP

La confianza es fundamental para sacar el mayor provecho de las agencias de RRPP (Imagen: http://portal.aullox.com/)

Si hay algo fundamental en las relaciones públicas es la confianza. Sin ésta, es imposible formar o estrechar lazos con las distintas audiencias de una organización, sean asociaciones de consumidores, sindicatos, grupos de periodistas especializados o autoridades locales.

Pero esta misma confianza debe darse desde la misma relación organización-agencia.

Esto tiene que traducirse en apertura y honestidad con los consultores, en acceso y exposición del trabajo de la agencia ante los máximos responsables de la organización y sobre todo en el reconocimiento por la labor bien realizada.

Si la agencia tiene acceso limitado a las altas esferas de la organización, significará que la comunicación no está en las prioridades de la dirección. Si bien puede y debe haber responsables que sean los encargados de mantener el contacto diario con los consultores externos, es importante para ambas partes conocer las expectativas de la cúpula directiva en todo momento.

Lo que puede ser un cambio estratégico decidido sobre la marcha por el interlocutor designado de RRPP, puede convertirse en un giro sorpresivo que no cuente con el apoyo de la dirección de la organización, y eso repercutirá negativamente en la relación cliente-agencia.

A nivel de trabajo[1], una organización que se toma realmente en serio las relaciones públicas tiene que dedicar no sólo recursos financieros, sino también tiempo, e

[1] BARRY, Amanda: *PR power. Inside secrets from the world of spin.* Virgin Books. London, 2002, pp. 87 a 89.

interesarse verdaderamente por el trabajo de los profesionales contratados para obtener los mejores resultados.

Por ejemplo, no atender una llamada de la agencia a tiempo puede hacer que se pierda la oportunidad de conseguir una entrevista en un medio importante o la ocasión de sostener un encuentro con un legislador que está preparando una reglamentación fundamental para el sector de la organización. A esto se refiere tener tiempo e interés por el trabajo de los profesionales de las RRPP.

También hay que ser flexible y escuchar las recomendaciones de la agencia. Después de todo, ese es el principal motivo por el que ha sido contratada. No hay que minusvalorar los consejos que se reciban de las consultores externos, aunque éstos impliquen realizar una mayor inversión.

Si se desconfía de las intenciones de la agencia y se teme que lo único que le interesa es aumentar su facturación, lo mejor es reflexionar seriamente si la organización está preparada para llevar a cabo una campaña de RRPP o si se tiene la suficiente confianza en la consultora contratada para realizar el trabajo.

Habría que ir más allá, habría que fomentar un debate que pudiera enriquecer estratégicamente una campaña con nuevas ideas o afinar las tácticas originalmente pensadas. Siempre debe buscarse un equilibrio entre el control presupuestario y la obsesión por replantear continuamente una campaña en busca de obtener los mejores resultados.

Por este motivo, es imprescindible establecer desde el principio las expectativas de la organización en torno a su programa de RRPP y encontrar conjuntamente con la agencia la forma óptima de dar seguimiento a su campaña, definiendo claramente responsables, tiempos y recursos destinados.

Sin lugar a dudas, la base de una relación fructífera entre una organización y su agencia de relaciones públicas está en la definición de los objetivos del programa de RRPP, así como de los métodos de medición de los resultados obtenidos.

Si se tiene claro a dónde se quiere ir, será más fácil encontrar el camino que conduzca al éxito con el menor esfuerzo y la inversión más adecuada.

Todo lo anterior también se puede lograr si la organización decide confiar sus comunicaciones a un profesional independiente o *freelance*, quien podrá ofrecer servicios similares a los de las agencias con decenas de empleados de una forma más limitada, pero también más económica.

También hay otro modelo intermedio para sacar el máximo provecho a los servicios de una agencia de relaciones públicas, y se trata de tener uno o más miembros de la misma trabajando de forma permanente en la sede de la organización.

De esta forma, los *inplants*, que es como se les conoce a los profesionales que trabajan en las instalaciones de la organización pero que forman parte de la plantilla de un proveedor externo, en este caso una agencia de RRPP, tienen un gran compromiso con su cliente, al que atienden *in situ* y con el que existe una relación y una involucración especiales.

La ventaja de esta forma de trabajar para la organización es que cuenta con un recurso especializado y tiene acceso permanente a la información sin que tenga que circular fuera de sus instalaciones, pero con el que no tiene una relación laboral que incremente sus costes.

La desventaja es que el *inplant* tiene que atender a dos interlocutores situados en dos lugares diferentes, pudiendo generarse conflictos que afecten a la gestión de la comunicación.

En el capítulo 7 se expondrá la mejor manera de encontrar una agencia de relaciones públicas, cómo contratarla y una aproximación de la inversión que se tendría que realizar para disfrutar de sus servicios.

2. Departamento interno de comunicación y relaciones públicas

Los responsables de algunas organizaciones prefieren contar con un equipo que gestione desde dentro toda su comunicación, tanto a nivel interno como con sus audiencias externas.

En España, la penetración de los departamentos de comunicación entre grandes y medianas empresas es generalizada, ya que el 91,3 por ciento de las empresas cuentan con uno en su organigrama[2].

Este departamento interno puede denominarse de comunicación, de relaciones externas, de relaciones públicas, de prensa, de relaciones institucionales, por mencionar algunos nombres, aunque en realidad realicen un trabajo similar. En los países anglosajones es conocido como *in-house communication department* o *press office*.

Al igual que los grupos de una agencia que trabajan en exclusiva para un cliente, la gran ventaja que tiene el departamento interno es que conoce en profundidad el mercado de su organización y responde así con gran eficacia a sus necesidades de comunicación.

Que exista un departamento interno de comunicación y relaciones públicas lo agradecerán los *stakeholders*, ya sean periodistas u otros líderes de opinión, puesto que tendrán acceso directo a personas de la organización en lugar de contactar con un intermediario que no puede hablar en nombre de la entidad porque no forma parte de ésta.

---

[2] DIRCOM «El Estado de la comunicación en España 2010». Web Dircom.org. http://www.dircom.org/images/stories/news/Noticias/ActualidadDircom/presentacionestadodelacomunicacione%20espaa2010.pdf. 26 de febrero de 2012.

Otra ventaja es que un departamento interno de RRPP puede obtener gran cantidad de información de primera mano que algunas veces es difícil trasmitir a personas que vienen de fuera.

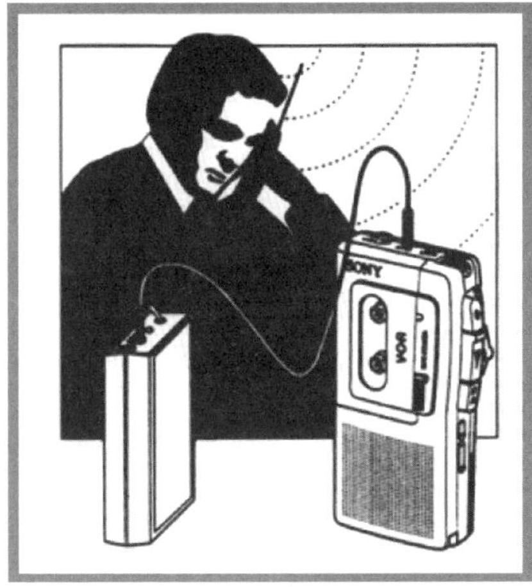

Los máximos responsables de las organizaciones optan por un equipo interno de RRPP por temor a un posible espionaje industrial (Imagen: http://www.spytaps.com/)

Por ejemplo, el desarrollo de un producto. Desde dentro se conocerán todos los pasos que éste ha implicado, pudiendo explicar con mayor conocimiento los detalles del proceso y así destacar aquello que sea realmente importante y diferenciador, es decir, su carácter noticioso.

Con un departamento interno de comunicación y relaciones públicas se limita la circulación de datos sensibles cuyo manejo externo preocupa a los responsables de la organización, entre otras cosas por la inseguridad de algunas plataformas tecnológicas y por un posible espionaje industrial.

Una de las desventajas del equipo interno es la dificultad de encontrar suficiente perspectiva para fijar puntos a mejorar en su política de comunicación. Esto sea dicho no por falta de autocrítica de este grupo de profesionales, sino por la dinámica interna que genera inercias que en algunas ocasiones son difíciles de superar.

El número de personas que puede formar un equipo de RRPP interno es variable y depende de las necesidades de la organización. Por ejemplo, hay empresas que, al igual que cuentan con jefes de producto, también tienen equipos de relaciones públicas para determinados grupos de productos, y, por otro lado, gente encargada de la comunicación corporativa y otras personas responsables de la comunicación interna.

Otras organizaciones deciden separar su comunicación interna de la externa, con el objetivo de que ninguna esté por encima de la otra, porque reconocen el valor de ambas y están decididos a destinarle los recursos adecuados para hacerlas más productivas.

Las empresas han optado por reducir el número de personas que gestionan internamente la comunicación, aunque su participación es cada vez más estratégica y ejecutiva, ya que un 75 por ciento depende del primer nivel ejecutivo[3].

Esto no quiere decir que ambos departamentos deban actuar de espaldas buscando objetivos distintos[4]. Todo lo contrario. Lo ideal es que coordinen sus actividades para aprovechar sinergias y logren, de una manera ordenada y coherente, comunicarse con sus audiencias con la mayor eficacia.

Aun contando con un departamento interno de RRPP, es posible y hasta deseable tener el apoyo de una consultora externa, que puede ser puntual o de manera continuada, con el objetivo de poner a punto algunas áreas que necesiten reforzarse, como consultoría especializada en comunicación electrónica, o para realizar un papel que tiene que protagonizar una persona que no integra la organización, como el papel del entrevistador en un curso de formación de portavoces.

Una de las ventajas indiscutibles de contar con un grupo especializado en relaciones públicas que forme parte de la organización es que el conocimiento y la experiencia adquiridos a lo largo del tiempo se quedan en el seno de ésta.

Mientras que los consultores externos devuelven todos los documentos y materiales producto del servicio a sus clientes, el activo más importante se queda con ellos, siendo imposible trasladarlos íntegramente a las organizaciones.

El activo más importante es la creación de relaciones con personas clave en el mercado, como líderes de opinión, periodistas, autoridades, etc., así como el conocimiento en profundidad de las actividades de la organización, a su manera de hacer las cosas y a la dinámica de trabajo.

Quizás estos sean los motivos principales que empujen a las organizaciones a contar con un departamento interno de comunicación y relaciones públicas.

3. Director de comunicación y relaciones públicas

Un director de comunicación y RRPP tiene la ventaja de compartir a tiempo completo los objetivos, proyectos, preocupaciones y el espíritu de la organización. Este roce diario con la vida interna le hará entender una serie de detalles que difícilmente un consultor externo podría captar. Esto se reflejará necesariamente en la calidad de su trabajo y, por consiguiente, en sus resultados.

---

3 DIRCOM. Op. cit.

4 Seitel, Frasier P.: *Teoría y práctica de las relaciones públicas*. Pearson Educación. Madrid, 2002, p. 188.

Frente a un departamento interno de comunicación, un director de relaciones públicas representará un coste menor para las organizaciones de hoy, tan obsesionadas en la reducción de gastos y la tercerización de la mayor cantidad de actividades.

Al igual que el departamento interno, el director de comunicación y RRPP puede denominarse de relaciones externas, de relaciones públicas, de prensa, de relaciones institucionales, etc. También es conocido popularmente como Dircom.

Logotipo de la Asociación Directivos de Comunicación-Dircom, que agrupa a los directivos de comunicación de las organizaciones más importantes de España (Imagen: Dircom)

Según un estudio de la Asociación de Directivos de Comunicación, en España hay hasta 76 denominaciones diferentes para referirse al responsable de la comunicación dentro de una organización[5], lo que puede jugar en contra por la indefinición de su papel.

El director de relaciones públicas deberá tener la visión de la entidad a la que pertenece, pero sin dejar de considerar la realidad de su entorno. Sin lugar a dudas, tiene que cumplir una función vital al convertirse en los ojos y, a veces, en la conciencia de la organización.

Por este motivo, se espera del director de relaciones públicas que no sólo sepa de su área natural de conocimiento, sino que también cuente con habilidades directivas y, aunque no cuente con un equipo de manera permanente, pueda ejercer un liderazgo, por ejemplo en momentos de crisis que pongan en peligro la reputación y la imagen de la organización.

El director de RRPP ha ido adquiriendo este perfil en los años recientes, confirmando la indiscutible importancia de realizar una gestión de la comunicación oportuna, con visión a largo plazo y de manera consistente desde el corazón mismo de la organización.

Asimismo, el director de relaciones públicas tiene que unir sus esfuerzos con otras personas que tengan contacto con las audiencias, tanto internas como externas de la organización, como pueden ser los responsables de marketing, ventas, servicio al cliente, recursos humanos, entre otros.

Todos juntos deben coordinar los mensajes que planean emitir al exterior, para que guarden coherencia y no confundan al público al que están destinados.

---

5 DIRCOM. Op. cit.

La inconsistencia en los mensajes de una organización producen confusión en las audiencias externas y frustración en las internas. La solución a este problema es una coherencia exquisita en los mensajes que se lancen a través de la publicidad, las relaciones públicas, el marketing directo y, en sí, mediante cualquier otra disciplina que se emplee para entrar en contacto con el público.

El presidente de la aerolínea de bajo coste, Ryan O'Leary, utiliza la provocación como una herramienta de relaciones públicas, aunque su reputación y la de su compañía también se han visto afectadas
Imagen: http://www.diariodeavisos.com/)

Los directores de RRPP también tienen la responsabilidad de asesorar a los máximos responsables, ya sean presidentes o consejeros delegados, ya que ahora más que nunca están jugando un papel cada vez más importante, no sólo como gestores sino también como portavoces de los mensajes de la entidad, convirtiéndose en la cara visible de algunas organizaciones.

No habría que perder de vista que la reputación de una organización con un líder de gran carisma puede ser una oportunidad o una amenaza, y que su correcta gestión es un punto más a considerar entre las responsabilidades de un director de RRPP.

Por otro lado, una desventaja a tener en cuenta por las organizaciones es que un director de comunicación en solitario tendrá que involucrarse en la gestión que normalmente correría a cargo de un equipo de apoyo (gestión de proveedores, creación de base de datos, entre otras), lo que podría quitarle un tiempo considerable en la realización de tareas que aporten verdadero valor.

Una organización que haya optado por un director de RRPP para que gestione estratégicamente la cantidad ingente de información que tiene que trasmitir a sus audiencias, necesita contar con los servicios de una agencia de relaciones públicas. Esto puede ser un recurso para atender proyectos concretos o un apoyo continuado durante un periodo de tiempo indeterminado.

No se trata de que unos hagan el «trabajo sucio», como actualización de bases de datos, relaciones con los medios o la gestión de proveedores, sino de encontrar áreas en las que se complementen y generen el máximo valor para la organización.

El papel del director de RRPP es muy complejo, ya que tiene que encontrar equilibrios con un amplio número de audiencias, lo que le exige flexibilidad, y al mismo tiempo tiene que mantenerse firme para alcanzar los objetivos de comunicación, encajándolos en la estrategia global de la organización.

Debe tener los suficientes conocimientos técnicos para la realización de su actividad y las habilidades directivas para gestionar sus recursos y jugar un papel determinante en la cúpula de la organización.

Por este motivo, cada vez más los directores de comunicación y relaciones públicas están requiriendo una formación y una experiencia específicas para poder hacer frente a los retos que conllevan sus responsabilidades[6].

3.1. Formación del director de comunicación y relaciones públicas

Dependiendo del país, una persona podrá encontrar titulaciones universitarias que incluyan materias de relaciones públicas o títulos de formación específica en RRPP.

Los estudios de ciencias de la información o comunicación, los programas de publicidad o periodismo, o incluso los mismos títulos de relaciones públicas adolecen de una formación más completa que abarque temas específicos de RRPP y sólidos conocimientos de gestión empresarial.

Es imprescindible que el director de relaciones públicas complete su formación para hacer frente a los retos a los que se enfrentará en su puesto. En definitiva, sus responsabilidades tendrán que convertirlo en un «todoterreno».

La formación periodística de un director de RRPP podrá ser de mucha ayuda para entender a una de las audiencias más importantes de una organización: los informadores. Pero será insuficiente si no se complementa con otros estudios específicos.

---

[6] Cervera Fantoni, Ángel Luis: *Comunicación total.* Editorial ESIC. Madrid. 2004, p. 29.

Por ejemplo, la comunicación de temas financieros, tecnológicos o de salud será realizada con mayor eficacia si el director de RRPP tiene conocimientos en estas áreas.

No son pocos los casos en que las organizaciones desconfían en contratar a un profesional con formación en publicidad y RRPP para gestionar su comunicación por el hecho de que no cuenta con el conocimiento para realizar su trabajo. Esta es la razón por la que se ve a médicos, ingenieros, abogados o economistas en los puestos de Dircom.

Sin embargo, esta formación dota de conocimientos básicos para el correcto ejercicio de la profesión, que bien puede y debe complementarse con otros estudios.

Un dircom debe estar atento a las tendencias e innovaciones del mercado para reciclarse y desempeñar el mejor trabajo para la organización en la que trabaja. (Imagen: http://www.halired.ca)

En España, la formación de los responsables de comunicación y relaciones públicas es la siguiente[7]:

- 32,6 por ciento tiene titulación académica de máster/doctorado.
- 33,5 por ciento tiene titulación en periodismo.
- 10,1 por ciento tiene titulación en ciencias económicas/empresariales.
- 7,5 por ciento tiene titulación en derecho/ciencias jurídicas.

7 DIRCOM. Op. cit.

Como cualquier otro profesional, un director de RRPP debe buscar constantemente cursos de reciclaje para mantenerse al día de las últimas novedades y tendencias en el sector.

No solamente se trata de prepararse continuamente en las áreas en las que no fue formado. Un director de relaciones públicas no debe descuidarse de los conocimientos disponibles que le pueden ayudar a hacer mejor su trabajo y por eso siempre debe estar atento a lo que le ofrece el mercado, en cuanto a nuevas herramientas y formación para reciclarse oportunamente en beneficio propio y de la organización que le confía la comunicación.

4. ¿Agencia, departamento interno, director de relaciones públicas?

Los responsables que intuyan la importancia de la comunicación en sus organizaciones tienen ante sí una difícil decisión que puede tener repercusiones estratégicas, tanto positivas como negativas, en la gestión de su imagen y su reputación.

La reflexión que tienen que hacer puede estar limitada por su falta de conocimiento o por la poca experiencia que tienen en la materia. En este sentido, podrían comenzar por recibir una consultoría externa que les haga ver las posibilidades que le ofrece una gestión profesional de la comunicación. La experiencia les ayudará a tener un conocimiento más certero de lo que necesitan y de lo que pueden esperar de las relaciones públicas.

Incluso hay algunas organizaciones que aprovechan este periodo de consultoría externa para «formar» a los responsables que posteriormente se harán cargo internamente de esta área, ya sea como directores de comunicación o como un equipo interno de RRPP.

En lo que todos los responsables están de acuerdo es en la necesidad de profesionalizar la gestión de su área de comunicación y relaciones públicas.

La forma de obtener el mayor provecho de las actividades de relaciones públicas dependerá no sólo de sus recursos, sino también de una valoración estratégica que les lleve a tomar decisiones de fondo, y esto sólo lo podrán hacer con una formación y una experiencia específicas.

RESUMEN CAPÍTULO 2

Las relaciones públicas se han vuelto fundamentales para las organizaciones en un mundo cada vez más competitivo e hipercomunicado, ya que gracias a la comunicación logran diferenciarse y mostrar un perfil propio ante todas sus audiencias.

Asimismo, son primordiales para la reputación en una época en que ciertos colectivos pueden movilizar rápida y masivamente a la sociedad para protestar contra las actuaciones de algunas organizaciones.

Para sacar el mayor provecho de las relaciones públicas, las organizaciones tienen tres opciones: contratar a una agencia especializada, montar un departamento interno o fichar a un director de comunicación.

Cada una de estas opciones tiene sus ventajas e inconvenientes. En unos casos, la necesidad de contar con expertos con una visión más amplia llevan a contratar a una agencia. En otros, la necesidad de evitar el trasiego de información confidencial y conservar el valor dentro de la organización llevan a montar un departamento interno de RRPP.

Un director de comunicación requerirá el apoyo de una agencia externa para dejarle tiempo para la gestión estratégica de la comunicación de la organización.

Un «dircom» necesitará una formación específica y un reciclaje constante para realizar sus actividades con eficacia, ya que en ocasiones deberá gestionar y liderar procesos complejos o asumir el liderazgo en momentos de crisis.

Los máximos responsables de la organización tendrían que contar con el asesoramiento de consultores externos de RRPP para definir cuál es la opción más adecuada entre todas las que ofrece el mercado para obtener todo el provecho de las relaciones públicas.

Capítulo 3
Diseño de una campaña de relaciones públicas

1. Investigación.
2. Objetivos de relaciones públicas.
3. Estrategia.
4. Plan o programa de RRPP.
5. Implementación.
6. Seguimiento.
7. Evaluación.

Anexo capítulo 4.

Resumen capítulo 4.

Cuando una organización decide llevar a cabo una campaña de relaciones públicas, antes de su realización tiene que dar una serie de pasos que la llevarán a definir la mejor estrategia y el programa más adecuado a sus características, ayudándole a establecer los recursos, tanto humanos como materiales, y el tiempo de ejecución que llevará, así como a dilucidar los resultados que podrá obtener.

Las organizaciones que tienen la vaga idea de «hacer algo de relaciones públicas» sin una preparación previa a fondo, suelen ser también las que se desilusionan con los resultados que obtienen y, por ende, acaban menospreciando el poder de las RRPP.

No se trata sólo de comunicar a destajo y sin una estrategia previa. Al igual que el resto de las actividades de una organización, las relaciones públicas necesitan una correcta planificación, un tiempo de preparación y la flexibilidad en la toma de decisiones para funcionar con la mayor eficacia.

También habría que tener en cuenta que las buenas ideas que pueden implementarse en un programa de relaciones públicas necesitan tiempo para su maduración y para su correcta implementación en el marco de la estrategia de la organización.

Hay responsables que se quedan maravillados por una acción brillante de RRPP y quieren realizarla en su organización a toda costa, sin haber reflexionado si es coherente con sus objetivos, si es consistente con su imagen y reputación y si le añadirá algo verdaderamente positivo y valioso.

Resulta indispensable conocer el entorno que rodeará la ejecución de la campaña de relaciones públicas. No sólo es importante saber esto para desarrollar el programa más adecuado, sino para evitar errores que pueden ser muy graves y que podrán causar justo el efecto contrario al que se busca.

Existen dos maneras generalmente aceptadas por el sector para diseñar una campaña de RRPP[1]. La primera de ellas es conocida por las siglas RACE, que correspon-

[1] Seitel, Frasier: *Teoría y práctica de las relaciones públicas*. Pearson Educación. Madrid, 2002, p. 13.

den a las palabras en inglés Research (investigación), Action (acción), Communication (comunicación) y Evaluation (evaluación).

La segunda, más completa, es conocida como ROSIE, equivalente a las primeras letras de Research (investigación), Objectives (objetivos), Strategy (estrategia), Implementation (implementación) y Evaluation (evaluación).

Desde este libro también se ofrece una tercera forma, que incluye dos fases más y que efectivamente se llevan a cabo en una campaña de RRPP:

- Investigación (que incluya los resultados de los estudios de opinión, de la auditoría de medios y un análisis DAFO –debilidades, amenazas, fortalezas y oportunidades–).
- Objetivos (de la organización y de comunicación, coordinados y cuantificables).
- Estrategia (cómo se pretende cumplir los objetivos).

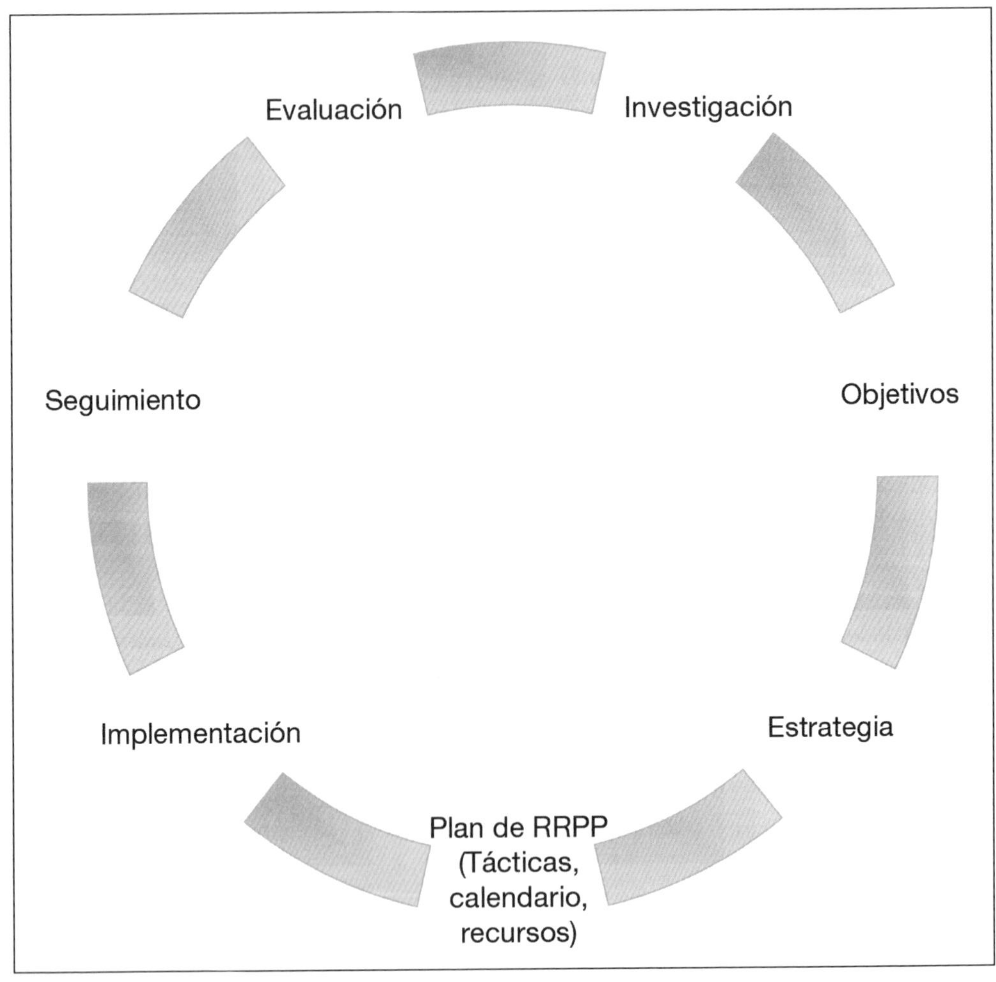

- Plan o programa de RRPP (las tácticas a utilizar para la implementación de la estrategia –relaciones de prensa, encuentros con analistas y autoridades, publicidad institucional, etc.–; un calendario en el que se establezca un espacio temporal así como los hitos en los que la campaña debe realizarse paso a paso; y los recursos, tanto financieros y humanos, y de acceso a la información de la organización y compromiso de la alta dirección).
- Implementación (realización propiamente del programa de RRPP, contando con los recursos adecuados y llevándolo a cabo en los momentos precisos).
- Seguimiento (de la utilización de recursos, cumpliendo plazos, al tiempo que se rastrean y compilan los resultados).
- Evaluación (de los resultados y en relación al cumplimiento de los objetivos).

A continuación se presenta cada fase de una forma más extendida.

1. Investigación

Es fundamental que la organización sitúe el lugar que ocupa en la actualidad, que sepa a dónde quiere llegar, cómo piensa hacerlo, los recursos que podrá destinar, el tiempo que le llevará hacerlo y cómo valorará los resultados obtenidos.

El primer paso que debe darse antes de lanzarse a la realización de una campaña de relaciones públicas exige una profunda investigación.

Aunque la investigación aplicada a relaciones públicas es un tema en el que el sector tiene mucho camino por recorrer, hay ejemplos de buenas prácticas que no sólo demuestran la necesidad de su aplicación sino que sirven para exponer claramente el poder y verdadero alcance de las RRPP.

En primer lugar, la investigación tiene que servir para establecer el punto en donde se encuentra la organización, su credibilidad y reputación, para conocer sus flancos débiles y apoyarse en aquellos atributos en los que tiene una demostrada fortaleza.

La investigación dará información más precisa sobre las audiencias a las que va dirigida la campaña de RRPP, la situación de la competencia y las tendencias que pueden influir en el entorno general en el que una organización realiza sus actividades, que son en definitiva el marco del plan estratégico de relaciones públicas.

1.1. Estudios de opinión

Los estudios de opinión aportan datos sobre las actitudes y percepciones de las audiencias que pueden determinar modelos de comportamiento. La capacidad persuasiva de las relaciones públicas tendría que ser medida con este tipo de investigación.

Los estudios de opinión pueden ser cuantitativos o cualitativos[2]. Los primeros se realizan a un número amplio de personas, cuyas respuestas indican niveles de conocimiento o de aprobación en torno a un tema. Por ejemplo, 3 de cada 10 conocen los productos de una empresa, pero sólo 1 de esos 3 estaría dispuesto a comprarlos.

Por lo general, este tipo de estudios se hacen a medida para cada organización y pueden realizarse por teléfono, en entrevistas personales, por correo tradicional o, cada vez más, a través de internet.

También hay una manera más económica de obtener esta información, aunque tiene más limitaciones, y es conocida como estudio Omnibus[3]. Este consiste en que varias organizaciones pagan conjuntamente una investigación y, dependiendo de la inversión realizada, pueden incluir preguntas en un cuestionario que se plantea a un determinado número de personas.

Por otro lado, los estudios cualitativos obtienen información más precisa sobre la actitud de personas concretas que forman parte de diversas audiencias, pero cuya representatividad es más limitada debido a que se investiga a un número más reducido de individuos.

Los estudios cualitativos se utilizan, por ejemplo, para obtener retroalimentación abierta, directa y verbalizada de los consumidores sobre determinado producto o servicio, o para conocer la percepción de posibles votantes sobre un política inédita.

El estudio de opinión cualitativo más conocido es el grupo de enfoque –focus group, en inglés–, que consiste en una discusión guiada por un moderador, quien sigue una estructura que no es completamente rígida porque está abierta a las aportaciones que puedan hacer los participantes sobre la marcha.

Realización del estudio de opinión conocido como "grupo de enfoque"
(Imagen: http://www.firstmarket.com/)

---

2 Consulta Mitofsky: *Servicios.* México. http://www.consulta.com.mx/interiores/01_perfil/servicios.html. 28 de diciembre de 2004

3 Barry, Amanda: *PR power. Inside secrets from the world of spin.* Virgin Books. London, 2002, pp. 87, 89, 109 y 110.

En estos grupos participan de 7 a 10 personas, a quienes se les pide que hablen libremente sobre una serie de temas determinados. El papel del moderador es el de acotar la participación de quienes quieran acaparar la conversación, también se encargan de guardar la continuidad y de proponer los temas una vez que se agote la discusión.

Otro estudio cualitativo es la entrevista en profundidad, que se puede realizar entre líderes de opinión o con personas de un cierto perfil sociodemográfico, que bien puedan formar parte de una de las audiencias actuales de la organización o que sean susceptibles de serlo en el futuro.

Los resultados de estas investigaciones también sirven como base para la elaboración de los cuestionarios de los estudios de opinión cuantitativos.

Entre los especialistas, los resultados de los estudios cuantitativos son conocidos como «datos duros», puesto que determinan «qué» siente o piensa una determinada audiencia, mientras que los cualitativos ofrecen «datos suaves» que explican «por qué» los miembros de un público sienten o piensan de una manera y no de otra.

1.2. Aplicación de los resultados de los estudios de opinión

Con los resultados de estas investigaciones puede comenzar a enfocarse estratégicamente la campaña de relaciones públicas.

Por ejemplo, si una empresa de comida congelada da por sentado que sus clientes estaban contentos con la calidad de sus productos y los estudios demuestran lo contrario, sería conveniente redefinir los mensajes para destacar el origen de sus materias primas, la preocupación por mantener en todo momento la cadena del frío y consejos para conservar sus productos en el hogar.

Asimismo, con los resultados de los estudios de opinión se pueden establecer objetivos cuantificables para la campañas de relaciones públicas.

Por ejemplo, una empresa de productos de consumo que sobresale por un par de referencias busca que el resto de su portafolio sea cada vez más conocido y demandado por los consumidores. Un objetivo de RRPP puede ser que se destaque en los medios de comunicación que esta firma también ofrece una amplia variedad de productos que atienden todas las necesidades de los consumidores.

Con los resultados de los estudios de opinión se conoce con mayor exactitud el perfil de las audiencias a las que se dirige la campaña de relaciones públicas. Se sabe la variación del comportamiento de los individuos, por ejemplo, si viven en un entorno rural o en ciudad, o la diferencia de actitud entre personas con estudios universitarios frente a otros que no completaron la enseñanza básica.

El comportamiento de los individuos varía si viven en un entorno rural y eso se refleja en los resultados de los estudios de opinión (Imagen: http://cosmos.oninetspeed.pt/)

Los resultados de los grupos de enfoque también son útiles para conocer las actitudes de los empleados antes de establecer la forma más eficaz de plantear una campañas de comunicación interna.

Las organizaciones deben saber si los medios que han decidido utilizar para difundir sus mensajes son los más adecuados según el perfil de sus audiencias. Por eso, si se trata de jóvenes de 18 a 30 años, quizás sea más eficaz la utilización de internet y la radio, mientras que para los mayores los canales más adecuados sean la televisión y ciertos periódicos.

El desconocimiento de esta información puede significar una pérdida de tiempo y dinero para la organización, porque perjudica el poder persuasivo de la comunicación con sus audiencias.

Los profesionales de relaciones públicas deberían exigir que sus clientes destinaran mayores presupuestos para la investigación, porque su aplicación sería una aliada en el momento de defender la eficacia de su trabajo y el valor de sus propios resultados.

1.3. Auditoría de comunicación

La materialización de la labor de relaciones públicas son las herramientas (folletos, otras publicaciones, vídeos, publicidad institucional, página web, etc.) con las que intenta entrar en contacto con distintas audiencias, la organización de actos en los que se expone una marca, un producto, un servicio o una idea, las reuniones internas que se celebran e incluso las políticas de comunicación, tanto hacia dentro como externamente[4].

Las auditorías se realizan para conocer la eficacia e incrementar la productividad y la competitividad de los esfuerzos de comunicación, para hacer mejor uso de las herramientas disponibles y para descubrir fuentes de información no explotadas[5].

Además, también sirven para conocer a fondo:

- Las políticas y filosofía de comunicación (qué, quién, cuándo y cómo se comunica).
- Objetivos (si son a corto, medio o largo plazo).
- Conocimiento general sobre la organización (estructura, responsabilidades, niveles jerárquicos, etc.).
- Programas existentes de comunicación (métodos formales para comunicarse horizontal o verticalmente y técnicas utilizadas –intranet, reuniones grupales, convenciones–, etc.).
- Herramientas de comunicación (publicaciones impresas, llamadas telefónicas, notas de prensa, correos electrónicos, tablón de anuncios, vídeos institucionales o de circuito cerrado de televisión, etc.).
- Comunicación personal (cantidad, calidad y confianza en la información, incluyendo la relación con personas de diferentes niveles y hasta con públicos externos como periodistas, analistas y autoridades).
- Reuniones (frecuencia, contenido, formato, eficacia, duración e integrantes –si pertenecen al mismo grupo de trabajo o son interdepartamentales–, etc.).
- Actitudes en torno a la comunicación actual (internamente, sobre los programas formales e informales, y externamente, sobre la percepción de los públicos con los que la organización se relaciona en torno a temas de interés).
- Necesidades y expectativas (a nivel departamental, incluyendo consideraciones según sexo, edad, nivel formativo y áreas de especial interés).

Una auditoría de comunicación puede realizarse tanto interna como externamente, teniendo objetivos y hasta metodologías diferentes.

A nivel interno, es recomendable hacerla cuando la organización esté envuelta en una serie de cambios profundos como fusiones, restructuraciones, transformaciones de una empresa familiar a una privada, o cuando se adapten nuevas tecnologías para la realización del trabajo cotidiano.

---

4 BNET: *Learn to conduct an internal communication audit.* EEUU. http://store2.esellerate.net/store/Trial.aspx?StoreIDC=STR9100767469&SkuIDC=SKU81043018888&pc=. 18 de septiembre de 2004.

5 PRSA: *Tips & Techniques: The communications audit.* EEUU. http://www.prsa.org/_Resources/resources/commaudit.asp?ident=rsrc3. 18 de septiembre de 2004.

A nivel externo, es importante emprenderla previa al lanzamiento de una campaña de RRPP, que implique, por ejemplo, el lanzamiento de una nueva línea de productos al mercado, cuando se acometa una acción especial en donde se exponga la participación de la organización –como un patrocinio– o se decida alterar la identidad corporativa de alguna forma.

Los pasos para la realización de una auditoría de comunicación son:

- Establecer los objetivos de la auditoría, así como sus necesidades y alcance (qué se busca, qué se tendrá que hacer, será interna o externa, etc.).
- Determinar un calendario para su realización.
- Identificar, recopilar y analizar las herramientas de comunicación existentes.
- Establecer los temas a tratar, diseñar los cuestionarios, realizar los estudios de opinión (entrevistas individuales, grupos de enfoque o investigación cuantitativa).
- Elaborar un análisis integral con los resultados de toda la auditoría.
- Presentar los resultados a la dirección.

Cuando se trata de una auditoría interna resulta altamente recomendable que la organización sea informada previamente de su realización, para evitar suspicacias o malos entendidos entre los responsables y empleados, quienes podrán sentirse ignorados y no cooperar con ésta adecuadamente, lo que pondrá en peligro su validez.

La manera de analizar las herramientas de comunicación existentes es mediante la comparación de los objetivos que se persiguen con cada una, frente a los resultados que se obtienen y la percepción de las audiencias a las que van dirigidas.

Por ejemplo, si se quiere informar de las novedades de una organización a sus miembros y se ha venido utilizando el correo electrónico para tal fin, habría que revisar si todos tienen acceso a internet, si comparten el mismo sistema operativo y si su servidor tiene capacidad para recibir los mensajes sin problemas.

Se conocen casos en los que algunos empleados estaban constantemente fuera de la sede de la organización y sin acceso a internet, por lo que nunca recibían los mensajes que se les remitían.

A nivel externo, se da el caso de que una organización piense que la gente la reconoce por unas cualidades determinadas, pero que al interrogar a un grupo de personas resulte que se la asocia con una serie de atributos completamente diferentes.

Aunque lo ideal es que cuando se realice una auditoría de comunicación se incluyan todas las herramientas de comunicación, también se pueden hacer estudios especializados sobre determinados instrumentos de manera independiente.

Por ejemplo, una intranet puede ser muy atractiva visualmente, pero no es actualizada con asiduidad y ofrece poca interactividad con los usuarios. Sólo se puede esperar que no sea visitada ni identificada como un vehículo eficaz para la comunicación hacia el interior de la organización.

La presentación de los resultados tiene que evadir ambigüedades, ser directa y objetiva en las deficiencias, pero también destacar las bondades y defender las buenas prácticas que la organización haya logrado a lo largo del tiempo. No se trata de hacer inventario para tener un pretexto y acabar con todo lo que se haya hecho hasta el momento, sino de mejorar lo que sea perfectible y recuperar lo que ha demostrado ser eficaz y valioso.

(Ver anexos al final del capítulo).

1.4. Análisis DAFO

Habiendo explicado los estudios de opinión y la auditoría de medios, conviene detenerse en el análisis DAFO, que consiste en un estudio sobre los recursos y capacidades de la organización enfrentado a sus debilidades y amenazas en un ambiente competitivo[6].

Para que un análisis DAFO se realice correctamente lo mejor es que cada una de las valoraciones sea enfocada globalmente.

Debilidades - Se refiere a aquellas áreas en las que las actuaciones de la organización son deficientes. (¿Qué hace mal la organización? ¿Se tiene un servicio al cliente eficaz? ¿Qué productos tiene la competencia que la empresa no ofrezca al mercado?).

Amenazas: - Trata tanto los temas internos como externos que pueden acabar afectando a la organización si no se prevé un plan de actuación para atajarlos a tiempo. (¿La tecnología que se usa está obsoleta?, ¿se está atrayendo a los mejores empleados?, ¿la economía marcha bien o se avecina una crisis?).

Fortalezas - Son los aspectos más positivos de la organización, el motor que la impulsa y la base donde se apoya para seguir avanzando. (¿Se ofrece algo único al mercado?, ¿se cuenta con los mejores colaboradores?, ¿la gente apoya de forma entusiasta a la organización?).

Oportunidades - Se refiere a situaciones externas que pueden ser aprovechadas para el beneficio de la organización. (¿Existe una nueva tecnología que puede hacer la labor de la organización más eficaz y productiva?, ¿se están recibiendo multitud de currículos de candidatos altamente cualificados?, ¿la actividad económica está repuntando?).

El análisis DAFO normalmente se presenta en un eje de coordenadas donde cada cuadrante ocupa una valoración.

---

6 BNET: *Learn to conduct a SWOT analysis.* EEUU. http://store5.esellerate.net/store/Trial.aspx?StoreIDC=STR9100767469&SkuIDC=SKU5920718989&pc=. 18 de septiembre de 2004.

PRESENTACIÓN DEL ANÁLISIS DAFO

Debilidades	Amenazas
Fortalezas	Oportunidades

2. Objetivos de relaciones públicas

Si la investigación indica el punto de partida, los objetivos representan la meta a donde la organización quiere llegar.

Habrá que insistir en que los objetivos de RRPP tienen que estar en línea con los de la organización, de otra manera el valor que puedan aportar será siempre limitado y puesto en duda por los jerarcas de la misma.

Por ejemplo, si el objetivo principal de una empresa pasa por la consolidación y el incremento de sus ventas, y las RRPP no pueden aportar algo en este sentido, más temprano que tarde se revisará su eficacia y tendrán pocas probabilidades de salir airosas de dicho examen.

Por este motivo, también es imprescindible que los objetivos de relaciones públicas puedan cuantificarse, aunque, como se explicará en el capítulo 7, ningún profesional de las RRPP podrá asegurarse unos resultados específicos sin estar incurriendo en promesas no siempre fáciles de sostener.

Como ejemplo, unos objetivos de comunicación pueden enunciarse de la siguiente manera:

- Aumentar el conocimiento de la actividades de la organización entre líderes de opinión.
- Conseguir el apoyo público de las autoridades en torno a una iniciativa de la organización sobre la protección del medio ambiente.
- Aportar el punto de vista de la organización en el debate sobre la seguridad en el trabajo.

Otra razón para procurar que los objetivos de comunicación vayan en línea con los de la organización es que si se coordinan todos sus esfuerzos con un mismo fin, éstos serán más productivos y eficaces.

Unos objetivos de comunicación claramente expuestos ayudan a establecer una base común de expectativas entre la organización y los profesionales de RRPP.

3. Estrategia

Quizás existe una confusión entre la enunciación de los objetivos, la estrategia y el plan de relaciones públicas. Esta se puede despejar con la siguiente metáfora:

- Objetivos: «Quiero ir ahí».
- Estrategia: «Tomaré este camino».
- Plan: «Iré en coche, necesitaré gasolina y tardaré dos horas en completar el recorrido».

La estrategia es el "camino" que tiene que tomar la organización (Imagen: http://www.nyetwork.org/wiki/)

Una vez que se sabe de qué punto se parte y a dónde se quiere ir exactamente, lo que sigue es establecer el camino más adecuado para alcanzar la meta. Esa senda es la estrategia.

A manera de ejemplo, algunas estrategias de comunicación podrían enunciarse de la siguiente forma:

- Apoyarse en los medios de comunicación para difundir masivamente los mensajes de la organización.

- Buscar el apoyo de portavoces independientes para que los mensajes de la organización lleguen al público con mayor credibilidad.
- Acercar la realidad de la organización al público mediante acciones de transparencia.

En el mundo hipercomunicado de hoy el pensamiento estratégico aplicado en relaciones públicas es donde realmente reside el valor de las RRPP. De aquí proviene su eficacia y su verdadera capacidad de influencia y persuasión.

Un acertado enfoque estratégico, si no asegura, sí aumenta decididamente las posibilidades de éxito de una campaña de RRPP. Por este motivo, las tácticas y herramientas de relaciones públicas tienen que surgir porque la estrategia así lo requiere, y no al revés.

Una estrategia acertada podrá ahorrar tiempo, dinero y esfuerzos a una organización, ya que pensando estratégicamente se pueden encontrar las formas más adecuadas para difundir los mensajes, sin necesidad de incurrir en grandes gastos y llegando rápida y eficazmente a las audiencias deseadas.

Una estrategia afortunada puede desencadenar un efecto multiplicador de los mensajes de una organización, tal y como si se tratara de una «epidemia»[7], y alcanzar rápidamente una gran notoriedad pública que, de otra manera, hubiera implicado una gran inversión haciéndolo de la forma tradicional.

La diferencia entre las organizaciones que tienen que gastar mucho dinero para ser conocidas y aquellas que son reconocidas sin grandes inversiones reside en gran medida en la capacidad estratégica de su comunicación.

Cuando se revisan las campañas de RRPP que no han sido exitosas, se constata que es debido a que no han enfocado correctamente sus estrategias, lo que finalmente ha dado lugar a resultados mediocres.

Unas tácticas espectaculares podrán llenar los ojos de un directivo despistado, pero difícilmente serán capaces de lograr ningún objetivo si no están enmarcadas en una estrategia en línea con los objetivos de la organización.

Por ejemplo, las galas a las que asisten «celebridades» que poco tienen que ver con los valores de una marca, de un producto o de una organización. Quizás la asistencia de periodistas al evento sea masiva y la cobertura ocupe varios minutos de televisión e innumerables columnas de las revistas semanales, pero ¿se habló de la marca?, ¿se promovió el producto? En definitiva, ¿se trasmitieron los mensajes de la organización? Probablemente la respuesta a todas estas preguntas sea no.

Toda táctica de RRPP tiene que obedecer a una estrategia que dé coherencia, consistencia y eficacia al programa de relaciones públicas.

---

[7] GLADWELL, Malcom: *The tipping point.* Abacus. Reino Unido, 2000.

Una estrategia equivocada es como construir una casa sin cimientos. Si no se plantea correctamente, no se podrá esperar mucho de la campaña de RRPP.

4. Plan o programa de RRPP

Hablar del plan o programa de relaciones públicas es hablar de las tácticas, los tiempos y los recursos que se utilizarán para implementar la estrategia de comunicación de una organización.

Conferencia de Prensa, táctica clásica de RRPP
(Imagen: http://www.iol.ie)

Las tácticas son las acciones que realizarán los profesionales de RRPP utilizando herramientas del sector, como notas y dossieres de prensa, encuentros con autoridades, publicidad institucional, eventos, comunicación a través de internet, entre muchos otros instrumentos.

Algunas tácticas podrían ser enunciadas de la siguiente forma:

- Preparar a los portavoces de la organización para su participación en un debate televisivo.
- Gestionar entrevistas uno-a-uno con periodistas especializados.
- Realizar una serie de encuentros con analistas del sector.
- Organizar una rueda de prensa.

El calendario de un plan de RRPP determina los momentos en los que cada táctica tiene que realizarse. Su seguimiento asegura que todas las actividades tengan suficiente tiempo de preparación y, sobre todo, evita que se deje algo a la improvisación.

Un calendario tiene que ser realista y flexible. Realista, en cuanto a los tiempos que implica la correcta preparación y realización de todas las tácticas previstas en el plan. Flexible, para poder aprovecharse de las oportunidades que puedan surgir inesperadamente para la organización.

Una nota de prensa puede escribirse rápidamente, pero la preparación de una convención de empleados puede requerir días, incluso semanas, si se quiere tener todo perfectamente organizado.

Más de una vez un calendario mal planteado es el principal culpable de que los resultados de una campaña de comunicación no sean alcanzados.

Por ejemplo, una empresa de juguetes quiere aparecer en los especiales que los medios preparan de cara a Navidad y Reyes, pero decide comenzar su campaña la primera semana de diciembre. Craso error. Ya es demasiado tarde, puesto que los periodistas encargados de dichos especiales comienzan la recopilación del material habitualmente desde septiembre y para entonces las revistas de diciembre estarán en los quioscos y las de enero estarán a punto de entrar en imprenta, y ya no habrá nada que hacer.

Por otro lado, cuando se piensa en recursos, automáticamente se asocia a la inversión que las organizaciones tendrán que hacer para realizar un programa de relaciones públicas. Pero también tiene que considerarse a las personas que serán las encargadas de llevar a cabo el plan, así como el acceso, disponibilidad y compromiso de los directivos que tomarán las decisiones sobre el trabajo de RRPP.

Resulta desconcertante cuando los directivos de una organización quieren apoyarse en una campaña de RRPP, pero que, una vez definido el programa, abandonan a quienes tienen que sacar adelante el trabajo, ya sea un equipo interno o profesionales contratados especialmente para tal fin.

Como ya se ha dicho anteriormente, las relaciones públicas, como cualquier otra actividad estratégica, necesitan el apoyo de la dirección, más aún cuando se trata de la gestión de la imagen y la reputación de la organización.

Por lo que se refiere al presupuesto, cabe destacar que, además de la inversión que se tiene que destinar a los recursos humanos que lleven a cabo el plan, hay que prever los gastos que deben realizarse en la producción de materiales y en la participación de otros proveedores (folletos, vídeos, servicios de catering, azafatas, presentadores invitados, etc.).

5. Implementación

Es la fase en la que todo ocurre, cuando el programa se aplica con los recursos disponibles según los tiempos establecidos, entrando en contacto con las audiencias y difundiendo los mensajes de la organización, intentando establecer una comunicación activa que logre influir en su percepción y, por ende, en su comportamiento.

Es un periodo delicado para la organización, puesto que se encuentra expuesta al público y una mala implementación puede tener consecuencias nefastas para su imagen y reputación.

Por la naturaleza de las relaciones públicas, la implementación debe ser llevada a cabo cuidadosamente, porque las posibilidades de tener éxito se circunscriben a un período de tiempo determinado que bajo ninguna circunstancia podrá ser reeditado.

Durante la implementación del programa de RRPP deben participar las mismas personas que han estado presentes desde el inicio del proceso. De esta forma se evitarán malos entendidos y se realizarán las tácticas según lo planeado.

Si bien los directivos de una agencia de comunicación participan en los inicios de una cuenta, son los consultores designados los que se encargarán directamente de llevar a cabo el programa. Por eso es importante que todos estén involucrados desde el principio en la preparación del plan y en su puesta en marcha.

Durante este periodo es imprescindible establecer una relación continua entre los responsables de la organización y quienes estén llevándo a cabo el trabajo. Sólo de esta manera se podrán conocer los avances de la campaña, se podrán hacer las correcciones que se consideren oportunas y podrán tomarse nuevas decisiones estratégicas que se estimen convenientes.

En el momento de la implementación no hay que descuidar los detalles, ya que cosas que pueden parecer anecdóticas llegan a cobrar una importancia sorprendente que posiblemente acabe perjudicando a un programa perfectamente planteado. Incluso a nivel presupuestario habría que destinar una partida para imprevistos que pudiera ser utilizada en un momento determinado.

Si unos objetivos, una estrategia y un programa bien concebidos son el germen de un éxito de relaciones públicas, una correcta implementación es la base material de ese buscado triunfo.

6. Seguimiento

El seguimiento de un programa de RRPP se refiere a la forma como se están utilizando los recursos, a la realización de las tácticas en los tiempos acordados y a la recopilación de resultados que servirán para hacer una evaluación posterior.

Por ejemplo, se lanza la convocatoria de una cena para la que se contrata un espacio para 100 comensales, pero se invita a 250 personas con la intención de cubrir el aforo. Se habilita un número de teléfono para confirmar asistencia y se reciben 150 llamadas. Sería conveniente adecuar el espacio y estipular las necesidades reales a partir del número definitivo de asistentes para la correcta realización del evento.

Para poder tomar este tipo de decisiones es imprescindible realizar un seguimiento serio y profesional de todo lo que se haya acordado en el programa de RRPP.

La falta de personas con poder ejecutivo puede ralentizar algunos procesos decisorios, que, de ser la nota dominante, acabarán perjudicando a la campaña en su totalidad. Por este motivo el seguimiento debe involucrar a los responsables de la organización.

Para otras actividades a las que no es conveniente dedicar demasiado tiempo, es aconsejable contratar servicios que puedan hacer el seguimiento de los resultados de una forma profesional, como es el caso del seguimiento de medios, telemarketing, manipulados, etc.

Tratándose de aspectos presupuestarios, el seguimiento tiene que hacerse continuamente para evitar cualquier sorpresa. Para este fin debe elaborarse un estadillo que demuestre de la manera más actualizada posible la situación de las cuentas: lo que se ha gastado, lo que queda por gastar y otros montos que sea necesario cubrir.

A nivel interno, algunas agencias de comunicación establecen, como sucede con otros consultores o profesionales liberales, un conteo de horas de dedicación a sus clientes. De esta manera se ve si la relación con una organización es productiva o si se tendrían que ajustar los honorarios en función de las necesidades reales de una campaña determinada.

Un férreo seguimiento del plan de relaciones públicas evita sorpresas desagradables que pueden dar al traste con la campaña, aporta información para tomar las mejores decisiones y consigue ordenar los resultados que determinarán el éxito o fracaso de toda la campaña de RRPP.

(Ver anexo al final del capítulo).

7. Evaluación

La evaluación de una campaña de relaciones públicas es, sin duda, uno de los aspectos en los que el sector en su conjunto tiene aún que trabajar a fondo. No porque no se puedan cuantificar los resultados, sino por lo arduo que puede resultar en unos casos separar el impacto de las RRPP de todos los esfuerzos de comunicación que realiza una organización.

Si, por poner un ejemplo, el valor de la marca Microsoft alcanzó los 65 mil millones de dólares[8], es difícil establecer qué porcentaje de esta cantidad se debe a las relaciones públicas, qué a la publicidad, qué a su presencia en internet, qué a sus propios productos, etc.

Lo fundamental de la evaluación es poder comparar lo alcanzado con los objetivos que se establecieron al principio de la campaña.

---

[8] MEKATE: *Cómo se cotizan las marcas*. Web Mekate. http://www.mekate.com/detrasde-2003globalbrandscoreboard.html. 25 de septiembre de 2004.

En el capítulo 6 se hará un extenso repaso de las formas de medición de los resultados. Lo que se puede decir en este punto es que si al principio del todo se partió de la investigación, la evaluación misma es otra investigación que requiere unos instrumentos específicos para demostrar la eficacia y el verdadero poder de las relaciones públicas.

Una correcta evaluación de unos resultados exitosos y relevantes es la llave para conseguir una mayor credibilidad para las RRPP a los ojos de directivos de cualquier sector, independientemente del conocimiento que tengan de la verdadera naturaleza de las relaciones públicas.

RESUMEN CAPÍTULO 3

El diseño de una campaña de relaciones públicas tiene que ser el resultado de una serie de pasos previos que ayudarán a enfocarla correctamente. No se trata de comunicar a destajo, sino de hacerlo de una forma coherente con el perfil y las necesidades de la organización.

El primer paso es la investigación, que ayudará a determinar la situación real de la organización en los momentos previos a la campaña de RRPP.

La investigación ayudará a definir la mejor estrategia y el programa más adecuado para alcanzar los objetivos de comunicación.

Estos fines tienen que ir en línea con las necesidades y los requerimientos de la organización. De otra manera, no aportarán valor y más temprano que tarde serán cuestionados por los máximos responsables.

El programa de RRPP que finalmente se plantee tiene que establecer las herramientas y las tácticas que se utilizarán en una secuencia y en un tiempo determinados. Asimismo, debe considerar todos los recursos, tanto humanos como materiales, y el acceso a las altas instancias de la organización.

Durante la implementación es importante no descuidar el seguimiento de todos los recursos, de cumplir los plazos establecidos y de recopilar todos los resultados.

Como último paso, la evaluación es clave para demostrar el verdadero poder de las relaciones públicas al comparar los objetivos originalmente planteados con los resultados finalmente alcanzados.

Todos los pasos de una campaña de relaciones públicas tienen su razón de ser y una secuencia determinada. Un fallo en cualquiera de éstos puede dar al traste con los resultados del conjunto, por lo que es fundamental establecer previamente una metodología con la dirección de la organización para que conozca el proceso en profundidad.

Anexo capítulo 3. Auditoría de comunicación

Misión, objetivos de comunicación y objetivos de la organización

Misión:

(Escribir la misión de la organización)

Objetivos de comunicación:

(Enumerar los objetivos de comunicación de la organización)

1.
2.
3.
4.
5.

Objetivos de la organización:

(Enumerar los objetivos de la organización)

1.
2.
3.
4.
5.

Inventario de herramientas de comunicación

(Sin ánimo de ser exhaustivo, se podrían incluir: Notas y dossier de prensa, fotografías, vídeo corporativo, folletos, memoria anual, publicidad institucional, papelería –carpetas, folios, sobres–, página web, mensaje del contestador de centralita, firmas de correo electrónico…)

Herramienta de comunicación	**Inversión realizada**	**Audiencias a las que va dirigido**	**Alcance (en número de personas)**

Análisis individual por herramienta

(Usar un folio por cada herramienta).

Nombre o tipo de la herramienta de comunicación:

La herramienta de comunicación cumple con la misión y los objetivos de la organización:

(Cumple satisfactoriamente, cumple pobremente, no cumple en absoluto. Justificar calificación)

Estándares de calidad de la herramienta de comunicación:

(Alta calidad, media calidad, baja calidad. Justificar calificación)

Situaciones en las que se utiliza la herramienta de comunicación para entrar en conctacto con las audiencias de la organización:

(Sin ánimo de ser exhaustivos, se podrían destacar: distribución en puntos de venta, difusión en medios impresos y/o electrónicos, reuniones con periodistas, analistas, autoridades y/o otros líderes de opinión, presencia en internet...).

Función que cumple la herramienta de comunicación en relación con las audiencias:

(Sin ánimo de ser exhaustivo, pueden incluirse: información especializada para audiencias específicas, datos genéricos de la organización para cualquier interesado, campaña estacional que se repite cada año, gestión de comentarios, quejas y sugerencias de clientes…).

Recomendaciones:

Cuestionario cualitativo de control

(Establecer la audiencia a la que pertenece el entrevistado)

1. ¿Cree que la organización X establece una buena comunicación con (indicar audiencia)?

2. ¿Cree que la organización X establece una buena comunicación con otras audiencias? (citar algunas)

3. ¿Cuáles son los mensajes que transmite la organización X a través de sus herramientas de comunicación?

4. En su opinión, ¿cuál de las herramientas de la comunicación de la organización X cumple mejor su función?

5. Si pudiera hacer una sugerencia a la organización X para mejorar su comunicación, ¿cuál sería?

Anexo capítulo 3. Seguimiento de un plan o programa de comunicación y relaciones públicas

(Ejemplo: Relación agencia de comunicación y RRPP con una organización. Proyecto: presentación de resultados anuales ante los medios de comunicación).

Tácticas	Fecha de realización	Responsables	Avance	Presupuesto
Realización de auditoría de comunicación	Noviembre	Elaboración: Consultor X Aprobación: Director X	Terminado. Pendiente presentación resultados	000 €
Contratación de servicio de seguimiento de medios	Última quincena de diciembre	Empresa de seguimiento	Contratado. Comenzará 1º de enero	000 €
Preparación nota de prensa	Primera semana de enero	Elaboración: Consultor X Aprobación: Director X	Aprobada y lista para su distribución	000 €
Realización de fotografías de directivos	Segunda semana de enero	Elaboración: Fotógrafo X Aprobación: Director X	Aprobadas y listas para su distribución	000 €
Preparación dossier de prensa	Segunda semana de enero	Elaboración: Consultor X Aprobación: Director X	Aprobadas y listas para su distribución	000 €
Preparación de contenidos para memoria anual	Segunda quincena de enero y primera de febrero	Elaboración: Consultor X Revisión: Director financiero Aprobación: Director X	En revisión con el director financiero	000 €
Diseño de memoria anual	Segunda quincena de febrero	Elaboración: Diseñador Aprobación: Director X	Pendiente	000 €
Producción memoria anual	Primera quincena de febrero	Elaboración: Imprenta	Pendiente	000 €
Preparación de convocatoria de prensa	Tercera semana de febrero	Elaboración: Consultor X Aprobación: Director X	Pendiente	000 €

Tácticas	Fecha de realización	Responsables	Avance	Presupuesto
Presentación	Cuarta semana de febrero	Elaboración: Consultor X Aprobación: director financiero y consejero delegado	Pendiente	000 €
Seguimiento de cobertura de medios	Primera quincena de marzo	Empresa de seguimiento de medios	Pendiente	000 €
Presentación de resultados de RRPP	Segunda quincena de marzo	Elaboración: Consultor X	Pendiente	000 €

Capítulo 4
Herramientas y tácticas de relaciones públicas

1. Seguimiento de medios.
2. Bases de datos.
3. Mensajes clave.
4. Nota de prensa.
5. Dossier de prensa.
6. Otros documentos de prensa.
7. Fotografías, videos y radiocomunicados.
8. Medios impresos de relaciones públicas.
9. Relaciones con los medios.
10. Cartas al director y otros espacios de participación del público.
11. Curso de formación de portavoces.
12. Ruedas de prensa.
13. Entrevistas.
14. Viajes de prensa.
15. Gira por los medios.
16. Eventos y regalos.
17. Pruebas de producto.
18. Showrooms.
19. Publicidad institucional e infomercial.
20. Líneas de atención telefónica.
21. Patrocinio y mecenazgo.
22. Relaciones con analistas sectoriales.
23. Speaking opportunities.
24. Campañas con las bases y creación de grupos de presión.
25. Mapas institucionales.
26. Herramientas de comunicación interna.
27. Herramientas de comunicación electrónica.

Anexos capítulo 5.
Resumen capítulo 5.

Una vez que se tienen establecidos los objetivos, la estrategia y el plan de RRPP, sólo entonces se podrá echar mano de diferentes herramientas y se pondrán en marcha diversas tácticas de relaciones públicas.

Algunas herramientas pertenecen originalmente a las RRPP, mientras que otras han sido adaptadas de otros sectores, como la publicidad y otras especialidades del marketing, la política y el periodismo.

De la misma forma, otros sectores intentan adoptar instrumentos de las relaciones públicas para ser más eficaces en la difusión de sus mensajes. Por eso se ve cada vez más publicidad que presenta información comercial como si se tratara de las noticias de un telediario.

A diferencia de los grandes presupuestos que se destinan a la producción de anuncios publicitarios –eso sin añadir los enormes montos que se tienen que sufragar por la compra de medios–, las herramientas y tácticas de las RRPP pueden realizarse con inversiones acotadas, pero de alta eficacia y un excelente retorno en la inversión.

Cabe insistir en que las herramientas y las tácticas, por muy poderosas que hayan sido en una situación determinada, no necesariamente tienen que funcionar para todas las organizaciones ante cualquier circunstancia. Para obtener los mejores resultados en su utilización, tendrían que haber sido concebidas en el marco de una estrategia clara y consistente.

A continuación se presentan una serie herramientas de relaciones públicas que se han utilizado con éxito. Dependerá de las necesidades y de la estrategia de cada organización que unas u otras puedan dar los mejores resultados en un momento y en una situación determinados.

1. Seguimiento de medios

Cualquier organización ha tomado plena conciencia de la importancia de saber qué información dan los medios al público sobre el entorno general, sobre su sector en específico, sus competidores y particularmente sobre sí misma y sus propios temas.

Si no se sabe lo que dicen los medios, no se podrá gestionar eficazmente la imagen y la reputación de la organización. Pero tanto como conocer la «opinión publicada» es fundamental compilarla con coherencia, transmitirla con rapidez y evaluarla con agilidad para dotar de elementos de valor que permitan a los profesionales de relaciones públicas tomar las decisiones más convenientes en el marco de una estrategia de comunicación.

Como el mercado genera una cantidad enorme de información, resulta imprescindible instaurar un mecanismo de seguimiento de medios que cuente con el mayor alcance posible de soportes en sus diversos formatos (radio, televisión, prensa, internet) que pueda identificar y discriminar sólo la información de interés para la organización, y que asimismo sea capaz de ordenarla y recopilarla en un formato que pueda ser distribuido con protintud y facilidad.

Aunque algunos seguimientos se continúan distribuyendo en papel y en CD, cada vez es más común enviarlos electrónicamente a través de internet, ya sea por medio de un correo electrónico o una página web desde donde se descargan las noticias en formato PDF o TIF.

También se está utilizando el lenguaje XML para que las noticias más relevantes para la organización se carguen en una página web de uso interno, como la intranet o los sitios dedicados a temas de crisis.

La periodicidad del envío depende de las necesidades de la organización pudiendo ser diarias, semanales o mensuales. El servicio más común es el que se entrega diariamente por la mañana. Sin embargo, los servicios de seguimiento tendrán que responder cada vez más a los ciclos de noticias más que a razones de producción.

Si los ciclos de noticias se acortan rápidamente debido a la proliferación de medios en internet o a los canales de televisión por cable que emiten informativos las 24 horas del día, los servicios de seguimiento deben adaptarse para actuar con prontitud y oportunidad.

La labor de seguimiento tiene que ser realizada por documentalistas especializados que puedan sistematizar el trabajo y que a la vez sean capaces de agregarle valor a la información enriqueciéndola con datos de diversa índole.

La realización de este trabajo de forma interna implica un esfuerzo para la organización que no se justifica en términos de tiempo y recursos, porque las personas dedicadas a esta labor implicarán un coste, el gasto en compra de medios será alto, mientras que el número de soportes monitorizados será siempre menor que el de un servicio especializado, dando al final resultados mediocres.

El seguimiento de prensa conviene contratarlo a una empresa especializada, ya que, por una economía de escala, puede ofrecer un servicio sistematizado y profesional, a la vez que más económico.

Gracias a la tecnología, el seguimiento ha reducido la posibilidad de errores humanos, algo vital cuando se trata de monitorizar cientos y hasta miles de medios.

De cualquier manera, el control y gestión de la información debe contar siempre con el concurso de personas que se aseguren de la calidad del servicio, adaptándolo a las necesidades específicas de cada organización.

Aceleran el paso ataques cibernéticos

De acuerdo con Symantec, en el futuro no habrá tiempo entre la detección de una vulnerabilidad y la propagación de un virus

POR JORGE TABOADA

Entérate

Conéctate

Se tiene que dar seguimiento a lo que se publica en la prensa escrita sobre la organización (Imagen: Zulema Jureidini)

[1] Presseplus: *Dossier de prensa*. Presseplus.com. España, 2002, p. 9.

1.1. Tipos de servicio de seguimiento de medios

Entre los servicios de seguimiento de prensa que ofrece el mercado se encuentran[1]:

- Panorama de medios: Este seguimiento es muy útil para que las organizaciones tengan una visión amplia de lo que acontece en el mundo y en el país y no se fijen exclusivamente en temas sectoriales.
- Seguimiento de prensa escrita: Se trata de un servicio individualizado que se adapta a las necesidades del cliente en cuanto a los medios a leer y a la temática a seguir a través de palabras o expresiones clave. Este seguimiento se entrega normalmente a primera hora de la mañana e incluye los medios nacionales, y con uno o dos días de retraso para las ediciones regionales. Cada noticia también es conocida como *clipping* o recorte de prensa.
- Seguimiento de radio y televisión: Es un servicio que detecta cuándo una palabra o una expresión claves son mencionadas en un espacio informativo de radio o televisión. Cuando esto sucede, se prepara una «alerta» que incluye fecha y hora de transmisión, cadena y programa, duración y resumen de la noticia, indicando si participó algún portavoz.
- Cortes de radio y televisión: Por lo general, los profesionales de relaciones públicas deciden si una noticia es relevante en función de la alerta informativa que reciben, en la que se indica el canal o emisora, programa, hora y resumen de la mención. Si consideran importante tener la información grabada, entonces solicitan el corte a su servicio de seguimiento, que puede remitírselo, normalmente a través de internet en formato avi, mp3, mpeg, entre otros.
- Transcripciones, traducciones y subtitulaciones: Con la intención de tener la información por escrito se transcriben las noticias más importantes y, en el caso de organizaciones multinacionales, pueden hasta traducirse y subtitularse en otro idioma.
- Seguimiento de internet: Se trata de realizar una búsqueda de palabras o expresiones clave en diversos espacios de internet, como portales verticales, página web, confidenciales, foros, blogs, microblogs y redes sociales tipo Facebook, Linkedin, entre otros. La capacidad de trasmitir cualquier mensaje en tiempo real, a través de multiplataformas y de manera audiovisual ha incrementado notablemente la influencia de este tipo de medios.
- Seguimiento de medios regionales: Cuando una situación que sucede fuera de las grandes capitales necesita una respuesta ágil de parte de la organización es conveniente contratar este tipo de servicio de seguimiento, tanto de prensa, de radio o de televisión, para evitar el retraso en la entrega de la información difundida por los medios locales.
- Ranking de protagonistas y de temas de la agenda informativa: Este servicio consiste en establecer cuáles organizaciones y asuntos de interés público han obteni-

do mayor cobertura mediática durante un tiempo determinado. Este resultado es puramente cuantitativo, pero resulta indicativo de la influencia que algunos temas hayan podido tener.

- Retrospectivas: Se trata de realizar una recopilación histórica de la información publicada durante un periodo de tiempo sobre un tema estipulado. Puede servir para detectar errores en la comunicación que se hayan cometido en el pasado con el fin de enfocar correctamente una nueva estrategia de relaciones públicas.
- Análisis: Pueden ser cuantitativos, midiendo y comparando variables como número de noticias, audiencia alcanzada, tiempo y espacio en los medios, valor publicitario equivalente, etc., o bien cualitativos, estudiando el discurso con un enfoque semiótico para establecer las tendencias de percepción o estableciendo el tono de las noticias en positivas, negativas o neutras.
- Archivo: Este servicio consiste en guardar las noticias de forma ordenada para facilitar su consulta y utilización cuando tenga que hacer una búsqueda determinada. La aplicación de programas informáticos permite realizar rastreos de información intuitivos, precisos y rápidos para ayudar en la labor de documentación.

Valga aclarar que para los profesionales de las relaciones públicas una mención se refiere indistintamente a los clippings de prensa o internet y a las alertas de radio o televisión en las que se toca un tema determinado o se habla sobre la organización.

El seguimiento es uno de los servicios en los que se apoya un profesional de las RRPP para conocer el avance de parte de sus resultados, sobre todo en lo que tiene que ver con las relaciones con los medios de comunicación.

Asimismo, es un instrumento fundamental para la gestión de posibles conflictos, como huelgas, boicots, retiradas de producto, etc., también conocida como *issues management*, que permitirá anticipar futuras crisis y preparar respuestas adecuadas para los diferentes "stakeholders", con el objetivo de proteger la imagen y la reputación de la organización, su presencia y continuidad en el mercado, así como mantener la tranquilidad de sus miembros.

La organización que conozca la agenda informativa al minuto tendrá mayores posibilidades de insertarse en ella, amplificando su voz, protegiendo su reputación y, por ende, logrando una mayor influencia en el público que forma sus opiniones a partir de lo que lee, escucha y ve en los medios de comunicación.

(Ver anexos al final del capítulo).

2. Bases de datos

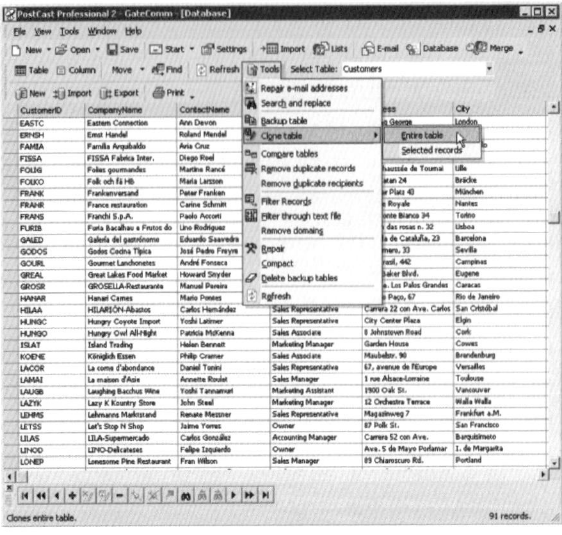

Una base de datos es una herramienta fundamental para la labor de RRPP.
(Imagen: http://www.ingenieriadetransito.cl/)

La labor de las relaciones públicas tiene mucho de intermediadora entre un enorme número de públicos con orígenes y objetivos distintos, lo que determina también que éstos no puedan ser abordados de manera uniforme, sino específica. Incluso dentro de los mismos grupos existen individualidades que tienen que ser atendidas de una forma especial.

Por este motivo es necesario contar con instrumentos que recojan toda la información de los públicos de una manera rápida, asequible y eficaz. Estas herramientas son las bases de datos.

Hay muchas organizaciones que consideran que una agencia o un profesional de las relaciones públicas tiene que contar con bases de datos para cualquier fin. Esto no es exactamente cierto, puesto que muchas de éstas tienen que ser creadas *ex profeso* a partir de unas necesidades específicas.

De hecho, existen consultoras especializadas en el desarrollo, creación y gestión de bases de datos (BBDD) que cobran altos honorarios por sus servicios.

Una BBDD tiene que plantearse como la base de trabajo en la que se apoyará el resto de las actividades de relaciones públicas. Se podrá tener la mejor estrategia, unas tácticas excelentes y magníficas herramientas de RRPP, pero si la base de datos fue mal concebida y creada erróneamente, la información nunca llegará a sus destinatarios y será como si nada se hubiera hecho. En resumen, un auténtico fracaso.

2.1. Tipología y datos básicos

De forma genérica las bases de datos pueden ser:

- De medios.
- De autoridades.
- De asociaciones.
- De clientes actuales y potenciales.
- De líderes de opinión, entre muchos otros.

Los datos básicos que tienen que incluir son:

- Nombre de la organización. (Bien si se trata de un medio, de alguna asociación o empresa, etc.).
- Contacto. (Persona a quien va dirigida la comunicación. Hay que considerar incluir un espacio para el tratamiento del individuo al que se trate: don, doña, excelentísimo, licenciado, doctor, etc.).
- Cargo. (Si se trata de un redactor jefe, un director general de un Ministerio o el presidente de una asociación de consumidores, etc.).
- Dirección postal. (En el que también se incluirá el código postal, la provincia, la Comunidad Autónoma o el país del que se trate).
- Teléfono y fax. (Móvil, sólo con el permiso explícito del contacto).
- Correo electrónico.
- Página web y blog. (Si las tuviera).
- Perfil en Twitter, Linkedin, Facebook y otras redes sociales, siempre y cuando fuera relevante.

Para efectos prácticos, es conveniente centrarse en las bases de datos de medios, en las que también habría que incluir:

- Tipo de medio. (Si se trata de radio, televisión, revista, etc.).
- Periodicidad. (Cada cuándo se trasmite o se distribuye).
- Programa o sección. (Para definir si cubre información nacional, económica, de salud, etc.).
- Fecha de cierre. (Para conocer la dinámica de los medios y organizar las actividades de manera que se obtenga la mayor atención del periodista).
- Publicación. (Si ha publicado o no, espacio, si incluye foto, etc.).
- Información enviada al medio/periodista. (Nota de prensa, dossier, imágenes, etc.).
- Posición del periodista. (Positiva, negativa o neutra con respecto a la comunicación que ha recibido de la organización).

- Entrevista. (Por si alguna vez ha entrevistado a algún portavoz).
- Comentarios. (Para incluir cualquier información especial, como cumpleaños del periodista, si se le ha hecho algún envío especial, etc.).

Seguro que se podrán incluir montones de datos más, como grupo de empresas de comunicación al que pertenece un medio (Prisa, Vocento, etc.), altos cargos, tarifas de publicidad, informes de audiencia, etc.

Incluir como categoría la posición del periodista no se hace con la intención de crear una «lista negra» de detractores de la organización. Para un profesional de las relaciones públicas esta información tan sólo indicará la necesidad de trabajar de una forma más intensa con un informador determinado con la intención de que conozca la realidad de la organización y elabore sus contenidos (noticias, reportajes, etc.) con objetividad y de manera equilibrada.

Todas las bases de datos tienen que ser muy respetuosas con el tratamiento de datos personales, las libertades públicas y los derechos fundamentales de las personas físicas, y especialmente de su honor e intimidad personal y familiar, tal y como establece la ley[2].

Si bien hay voces que se han pronunciado para ser más rigurosos con las bases de datos de periodistas, es verdad que el contacto que se establece con los medios de comunicación es estrictamente profesional y siempre se realiza en el sobreentendido de la buena fe de las dos partes (medios y profesionales de la comunicación).

Sería necesario sacar todo el provecho de la información que ofrecen las BBDD, no pensar que son un trabajo para aprendices y becarios, sino punto de partida para la modernización de un área de actividad dentro de las RRPP, cuyas posibilidades son aún inexploradas.

Una gestión de las bases de datos más compleja, pero no necesariamente más difícil, ofrecería un valor añadido que bien podría ser un producto por sí mismo.

(Ver anexo al final del capítulo).

3. Mensajes clave

Se trata de enunciados que sintetizan los mensajes de la organización presentados de una forma clara y sencilla caracterizados sobre todo por su concreción.

Los mensajes clave son enunciados que tienen la intención de comunicar sólo un tema (una idea, un concepto, un hecho, una indicación, etc.). También se les denomina Mensajes Blindados o *Key Messages*.

---

2 *Ley Orgánica 15/99 de 13 de Diciembre, Ley Orgánica de Protección de Datos de Carácter Personal.* Web Ingenieros en informática. http://ingenieroseninformatica.org/miscelanea/legislacion/esp/leyorganica99/titulo1.php. 24 abril 2004.

Un mensaje clave efectivo no puede dejar lugar a interpretaciones o a segundas lecturas, ni tiene que ser tan resumido que no explique nada, ni tan extenso que pueda confundir al público.

Los mensajes clave efectivos no pueden ser editados por los medios, puesto que son información en estado puro.

Por ejemplo, las frases crípticas o los discursos retóricos e interminables de algunos políticos pueden ser buen material para analistas o incondicionales, pero distan mucho de ser eficaces en cuanto a la transmisión de mensajes clave para el gran público.

Es vital que los mensajes clave tengan contenido, es decir, que huyan de la mera retórica, ya que de otra forma no concitarán el interés de nadie y no cumplirán con su objetivo de comunicación. Esto, que puede parecer una obviedad, es un error que se comete con frecuencia cuando se presenta un discurso lleno de frases efectistas pero detrás de ellas no hay ningún contenido relevante para el público.

La inclusión de referencias emocionales sí puede ser considerada en la elaboración de mensajes clave, siempre que no se haga de forma gratuita o superficial y tenga una razón de contenido para hacerlo.

La dinámica de los medios deja poco espacio para la preparación de todas las noticias que determinan la actualidad del día. Por este motivo, cuando la difusión de los mensajes la hace un portavoz de manera clara, concisa, ordenada y atractiva, facilitará la labor de los informadores, quienes seguramente mantendrán sus declaraciones con el mínimo de cortes.

La técnica de preparar mensajes clave puede ser utilizada por todo portavoz y también es válida para ayudar a elaborar cualquier tipo de discurso. De esta forma, los mensajes clave son un ejercicio que ayuda a aquellos que no necesariamente tienen que ser oradores natos, pero que tienen el deber de comunicarse con el público a través de los medios.

Se está hablando de responsables de diversas organizaciones que no se han preparado para enfrentarse a una comparecencia pública o a una entrevista.

Los periodistas buscan la concreción en las palabras de un individuo y agradecen cuando éstos son capaces de transmitir sus ideas de una manera escueta y rica en contenido. Un portavoz con las ideas claras y un lenguaje certero crea más afinidad en quien lo escucha que otro que maneja un discurso difuso y redundante.

A continuación se repasarán dos ejemplos de cómo se han utilizado correctamente la técnica de mensajes claves.

Cuando comunicar es vital

«Conserven la calma y evacuen la parte baja de Manhattan. Mi corazón está con vosotros. Nunca había visto nada semejante. (...) Sólo puedo deciros que vamos a utilizar todos los recursos para intentar rescatar a la mayor cantidad de personas posible. (...) Los responsables de la ciudad estamos vivos y nos encontramos haciendo frente a la situación»[3], fueron las palabras que Rudolph Giuliani, en ese momento alcalde de Nueva York, dijo después de los atentados del 11 de septiembre de 2001.

Frases sencillas pero cargadas de contenido y entereza que, en medio de la grandísima catástrofe y la confusión, ayudaron a la gente de Manhattan a mantener la calma, a actuar de una manera ordenada y a confiar en que las cosas volverían a estar bajo control.

Rudolph Giuliani aprovechó todos las oportunidades en que tuvo cerca a un periodista para dirigirse a los neoyorkinos y trasmitirles estos mensajes.

Los mensajes clave son el eje de toda campaña de relaciones públicas, por lo que deben impregnar los documentos que se entregan a la prensa (notas y dossieres), los discursos de los portavoces, la publicidad institucional y, en sí, toda la información que difunde una organización.

Rudolph Giuliani, ex alcalde de la ciudad de Nueva York, repitió varias veces los mismos mensajes en las horas posteriores del atentado del 11 de septiembre de 2001 (Imagen: http://www.keren-hayessod.de/)

4. Nota de prensa

La nota de prensa es la herramienta básica del trabajo de RRPP (Imagen: http://www.wagingpeace.org/)

3 GIULIANI, Rudolph: *Liderazgo*. Editorial Plaza & Janés. España. 2002, p. 37.

La nota o comunicado de prensa es la herramienta básica del trabajo de relaciones públicas en el aspecto de relaciones con los medios. Es un escrito que reúne la información fundamental sobre un tema, que se distribuye entre los periodistas para que éstos se encarguen de difundirla, si la consideran noticiosa y relevante, a través de los medios de comunicación.

También es conocida como *news* o *press release* en inglés, y como gacetilla de prensa en algunos países de Latinoamérica.

Es uno de los documentos clave de las relaciones públicas y su dominio es básico para desarrollar correcta y eficazmente las labores de RRPP.

4.1. Características de la nota de prensa

La nota de prensa es también el más versátil de todos los documentos que se puedan distribuir entre los medios de comunicación, ya que responde a un acontecimiento de actualidad, pudiendo ser el lanzamiento de un producto, el posicionamiento de un líder de opinión frente al tema del día o la situación sobre una catástrofe.

Por este mismo motivo, la nota de prensa tiene una vida útil muy breve y concreta. Esto debe tenerlo presente quien la elabore, para eliminar datos inútiles o redundantes, informaciones ajenas al tema central del comunicado, mensajes antiguos, etc.

En el caso de la nota de prensa se puede aplicar el dicho «lo bueno, si breve, dos veces bueno». Esta herramienta de comunicación debe ser concisa, clara y directa.

Se recomienda no utilizar adjetivos en la redacción de una nota de prensa. Frente al lenguaje publicitario, con sus estrategias de persuasión e impacto en el público, el de relaciones públicas tiene que basarse en la credibilidad de la fuente y en la posibilidad de contrastar los datos que se aportan.

Por ejemplo, los mensajes comerciales, elaborados en primera instancia por personas de los departamentos de marketing y publicidad, pueden ser grandilocuentes y demasiado entusiastas con respecto a la realidad de un producto. El deber del profesional de relaciones públicas está en adaptar estos mensajes antes de remitir la nota de prensa a los periodistas, resaltando la fiabilidad de la fuente y la credibilidad de los datos expuestos.

Decir que algo es «lo mejor» será creíble en la medida en que se acompañe de una explicación clara y veraz que apoye este dicho. Por ejemplo, en el caso de un detergente, si ayuda a ahorrar más agua que ninguno, si es el que más respeta el medio ambiente, si no daña los tejidos, si deja un olor durante más tiempo, etc., y si estas características están avaladas por laboratorios reconocidos e independientes, entonces se podrá realizar dicha afirmación.

Cuando se dice que el lenguaje de la nota de prensa tiene que ser claro y conciso, también se refiere a que se debe huir de términos incomprensibles para el gran público, ya sea de carácter técnico o de temas que sean dominados por un grupo de «iniciados». Hay que intentar ser cercano, tener empatía y preguntarse si el mensaje se entiende con facilidad.

En la actualidad los líderes de algunas organizaciones presionan a los profesionales de relaciones públicas para que incluyan sus pronunciamientos en torno a cualquier acontecimiento sobre el que consideran necesario «declarar», sin que este tipo de información sea relevante para el periodista ni aporte información de valor para el hecho noticioso en sí mismo.

Para ser incluidas, las declaraciones deben ser siempre valoradas en el marco de la noticia y no incluirlas si no es realmente necesario.

Hablar de la extensión de una nota de prensa puede resultar discutible, ya que depende de la entidad del acontecimiento que la cantidad de información a incluir sea mayor o menor.

Por ejemplo, se ha cerrado un acuerdo de fusión entre dos grandes empresas de diferentes países con presencia en decenas de mercados y que cotizan en bolsa. El proceso será largo y complejo con intercambios de valores, pagos en efectivo, asunción de deuda, etc., y no estará exento de algunas complicaciones como reestructuraciones de plantilla y cierres de fábricas, nuevos enfoques estratégicos de la actividad del negocio, entre otros muchos temas.

Todo esto no es posible escribirlo en un único folio sin dar la impresión de que se está dejando fuera información de interés, lo que podría provocar la suspicacia de periodistas, analistas financieros e inversores. En casos como éste, la necesidad de dar la mayor cantidad de información prima frente a cualquier otra consideración.

También hay que tener cuidado de que la brevedad cree ambigüedades. La concisión no está peleada con la claridad.

Resumiendo, las características de la nota de prensa son:

- Debe obedecer a un hecho noticiable de actualidad.
- Vida útil breve y concreta.
- Claridad y concisión en los mensajes.
- Sin información redundante, antigua o inútil.
- Lenguaje accesible al lector.
- Sin adjetivos.
- Fuente fiable y datos contrastables.
- Declaraciones, sólo si son relevantes y aportan información de valor para el hecho noticiable.

4.2. Elementos de una nota de prensa

Las funciones de una nota de prensa pueden ser varias, pero, salvo estilos, siempre tiene que contar con las siguientes características:

- Titular.
- Lugar y fecha de edición.
- Cuerpo del comunicado.
- Información básica de la organización que promueve la información.
- Datos de contacto.

Titular

El titular o encabezado es la frase destacada que se coloca en primer lugar en la nota de prensa.

Esta frase tiene que presentar, de una forma resumida, clara e impactante, la información más importante que se quiere transmitir al periodista.

Depende del titular que la nota de prensa cumpla con mayor éxito su función, ya que si su construcción es larga, confusa y sin interés, probablemente no se la leerá con la debida atención, aunque la información del cuerpo del comunicado sea relevante para el lector.

Es recomendable que el titular se distinga desde su tipo de letra. Tendrá un tamaño mayor, estará en negrita y centrado con respecto al cuerpo del texto.

Según estilos, se pueden usar antetítulos y subtítulos –o «bullets», en su término en inglés– para apoyar al titular, situándolo, complementándolo o destacando una información que interese que el lector conozca rápidamente.

Lugar y fecha de edición

Se trata de indicar al periodista el lugar donde se originó la información, así como destacar el momento en la que fue emitida. Estos dos datos también determinarán en buena medida su interés, ya que podrá tener menor relevancia un hecho ocurrido en otro país y en días pasados que uno que ocurrió en una localidad cercana en la misma jornada.

Esto sirve tanto para el periodista que está detrás de la noticia del día como para aquellos que investiguen posteriormente un acontecimiento.

Además, también otorga mayor credibilidad saber estos datos, ya que los periodistas siempre quieren saber de dónde procede la información que van a ofrecer a su audiencia.

Dependiendo de si a una primera nota le seguirán otras, como puede ser en el caso de una catástrofe natural u otro tema en el que vaya necesitando actualizaciones constantes, será conveniente consignar también la hora de emisión del comunicado.

Cuerpo del comunicado

En este espacio de la nota de prensa se coloca de forma estructurada toda la información que ha dado lugar a la creación de este documento.

Aunque aquí se extiende la exposición del tema, sigue siendo conveniente mantener un estilo claro y conciso, mediante la utilización de frases cortas que conformen párrafos de hasta seis líneas. La economía de palabras se convierte en un reto para el profesional de las relaciones públicas, quien tiene que aprender a decir más con menos y a resumir sin dejar nada fuera.

La nota de prensa guarda relación con la nota periodística en su construcción y forma, pero no necesariamente en el fondo. La nota de prensa surge de un interés claro de una organización por difundir un mensaje.

Por su parentesco en forma, algunos consejos de la nota periodística pueden servir para el comunicado. Como dar respuesta a las clásicas 5 W:

- What? (¿Qué?).
- Who? (¿Quién?).
- When? (¿Cuándo?).
- Where? (¿Dónde?).
- Why? (¿Por qué?).

Asimismo, el cuerpo del comunicado debe seguir el mismo orden establecido en el titular de la nota, es decir, el primer párrafo deberá dedicarse al tema principal y los siguientes a lo destacado por los subtítulos.

Normalmente para establecer el orden lógico del mensaje en las notas de prensa se aconseja la utilización de la pirámide periodística tradicional. Es decir, comenzar por lo más importante del tema, dejando información relevante para los párrafos siguientes.

Aunque el lenguaje de la nota de prensa pueda determinarse desde el titular, es en el cuerpo del comunicado en el que se hace la personalización del mensaje dependiendo del público al que va dirigido.

Por ejemplo, para el lanzamiento de un producto de alta tecnología, conviene adecuar el lenguaje dependiendo de si la nota de prensa se dirige a revistas especializadas, con lectores habituados a términos técnicos, mientras que para el resto de los medios habría que explicar de una manera sencilla las ventajas de uso del artilugio.

Información básica de la organización que promueve la información

Conocido en su término en inglés como «boiler plate», es una información que expone brevemente el nombre de la organización, dirección de página web, origen, posicionamiento, características, etiqueta –caso que cotice en bolsa–, y hasta sus objetivos.

Colocado después del cuerpo del comunicado, suele escribirse en un tipo de letra diferente y a un menor tamaño para diferenciarlo.

Datos de contacto

La nota de prensa debe ayudar al periodista a hacer su trabajo, por lo que siempre hay que ofrecer los datos de contacto de algún representante de la organización para aclarar dudas o para complementar información.

Los datos de contacto incluyen:

- Nombre.
- Cargo.
- Teléfono.
- Fax.
- Correo electrónico.
- Página web o blog.

Una respuesta oportuna y ágil de la petición de un periodista ayuda de manera importante a que la información promovida por la nota de prensa sea mejor considerada y con mayores posibilidades de obtener cobertura mediática.

4.3. Diez consejos básicos para conseguir que una nota de prensa sea difundida

- Asegurarse de que la información es noticia, es decir, que sea novedosa y que tenga interés para el público. Este es el motivo principal por el que debe distribuirse entre los periodistas.
- No enviar información que no sea relevante. Si la nota tiene un tema claro de interés, incluir más cosas que no tengan la misma importancia puede confundir al periodista.
- Pensar en el perfil de los medios a los que se está enviando la información y adaptar la nota de prensa dependiendo del tipo de público al que se dirija.

- Lo importante es la noticia, quién fue el autor puede ser secundario y no al revés. Por ejemplo, un nuevo producto es la novedad y no la compañía que lo creó.
- Tener empatía con el público del medio y pensar por qué le interesa la información que se difunde y cómo le gustaría verla presentada. De esta forma se facilita el trabajo al periodista, ya que le ofrece un ángulo noticioso adecuado a la audiencia.
- Buscar «titulares». Si el primer párrafo es demasiado largo y farragoso, los periodistas no pasarán de éste, y aunque el resto de la nota sea interesante ellos nunca lo sabrán. Resumir en no más de 10 ó 12 palabras por frase y en párrafos de 5 ó 6 líneas.
- Mantener un lenguaje claro y evitar los adjetivos. Salvo que la información vaya dirigida a expertos, huir de términos técnicos. Los periodistas reciben continuamente información de muchas fuentes, pero eso no los hace expertos en todo.
- Exponer hechos contrastados y contrastables. Si se habla de las cualidades de un producto, hay que intentar establecer parámetros verificables.
- Dejar toda la información de contacto que sea posible. Nombre, dirección, teléfono, fax, correo electrónico, dirección de página web, etc. Puede ser que los periodistas quieran saber más acerca del tema de la nota de prensa para completar su información o para darle un enfoque que vaya más en línea con la audiencia de su medio.
- Ayudar al periodista a hacer su trabajo. Ya se ha mencionado anteriormente, pero no está de más recalcarlo: el primer filtro que tiene que pasar una comunicación antes de ser difundida es un «trabajador de la información». Un periodista agradecerá que se le faciliten las cosas.

4.4. Servicios de distribución de notas de prensa

Actualmente existen varios servicios de envío de notas de prensa, sobre todo en forma electrónica a través de internet.

Gracias a estos servicios, empresas, instituciones y hasta individuos que no se podían permitir contratar los servicios de una empresa de relaciones públicas están obteniendo una cobertura mediática para su producto, actividad o idea, que, de otra forma, sería difícil de conseguir.

La desventaja de este tipo de servicios es que no son los métodos ideales para establecer relaciones constructivas y personales con los periodistas que reciben la información.

Además, se corre el riesgo de que las bases de datos de contactos no incluyan a los informadores indicados para recibir la información de la organización, con lo que difícilmente se alcanzará la cobertura mediática deseada.

4.5. Notas de prensa en internet

Se ha dejado para el final el tema de las notas de prensa en internet sencillamente porque todo lo que se ha dicho sobre las notas de prensa tradicionales es válido para la elaboración de este tipo de comunicados en cuanto a sencillez, claridad y brevedad del mensaje.

Sin embargo, por las características del formato, las notas de prensa en internet ofrecen múltiples ventajas, tanto para el periodista como para el profesional de relaciones públicas, aunque también impone ciertas limitaciones para ambos colectivos.

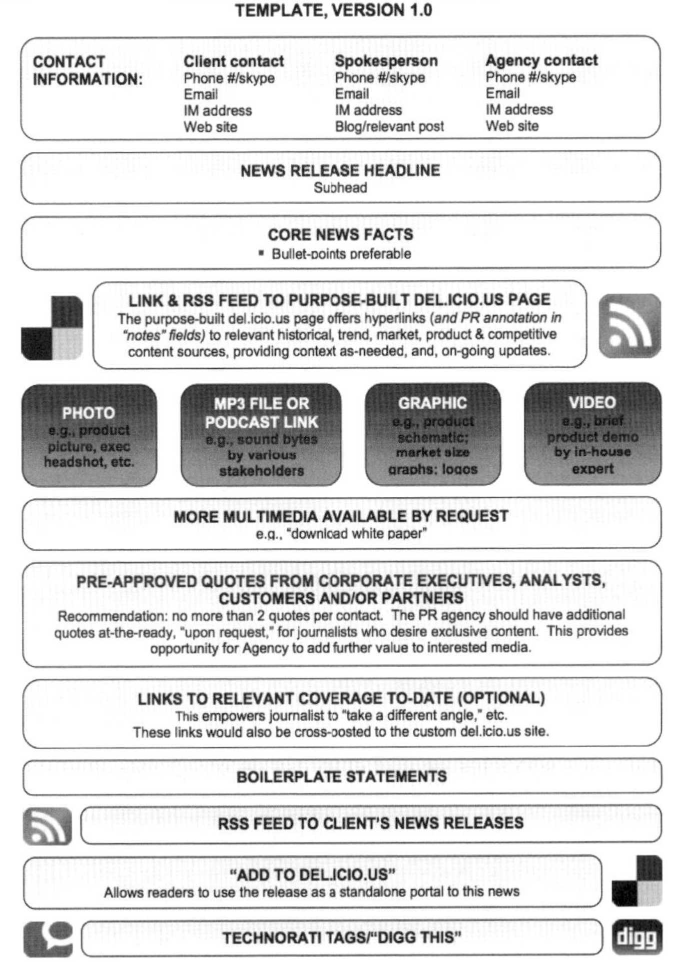

Con la creciente importancia de los diferentes canales de internet, se ha propuesta la «Social media press release – Nota de prensa con elementos de social media» (http://www.shiftcomm.com/)

Ventajas para el periodista:

- Recibe la información directa y rápidamente en su puesto de trabajo o, si tiene un webmail, desde cualquier ordenador con acceso a internet.
- El formato del comunicado es más atractivo.
- No le ocupa espacio físico.
- Facilita el almacenamiento de la información.
- Puede acceder automáticamente a más fuentes de información disponibles en la red.
- Si la nota de prensa cuenta con botones de redes sociales puede ser viralizada incluso por el mismo periodista.

Ventajas para el profesional de relaciones públicas:

- Posibilidad de enviar la información directa y rápidamente a cientos o miles de periodistas.
- Reducción de costes de distribución (se evitan impresiones, manipulaciones, sellos y mensajerías, así como todo el tiempo antes dedicado a todas estas actividades).
- No le ocupa espacio físico.
- Posibilidad de acompañar la información con imágenes de alta resolución, audio y vídeo, para descargar y utilizar posteriormente en los medios de comunicación.
- Establece interactividad con los periodistas mediante algunas sencillas funciones incluidas paralelamente al comunicado (votaciones, formularios, inscripciones, juegos, etc.).
- Permite mantener actualizada en tiempo real la base de datos de correos electrónicos de periodistas.
- Ofrece vínculos a otras fuentes de información a través de enlaces de hipertexto, también conocidos como links.
- Origina visitas de líderes de opinión a las páginas webs de las empresas o instituciones que remiten la información.

Las limitaciones, por mencionar algunas, pueden ser discutibles ante la amplia cobertura de internet entre los representantes de los medios de comunicación y porque la competencia por la atención del periodista es un reto que reside en la naturaleza misma de la actividad de relaciones públicas, con lo que se deben emprender estrategias para destacar el mensaje entre una multitud de informaciones.

Además, las notas de prensa en internet son susceptibles de ser referenciadas a través de enlaces de hipertexto en los contenidos que editen los medios y de ser reenviadas por los periodistas a otras personas, lo que los convertirá en «embajadores» de la información, pudiendo dar paso a verdaderas campañas de comunicación viral.

Las notas de prensa en internet pueden ser herramientas verdaderamente atractivas y versátiles, pero lo que en el fondo seguirá importando es la información que contenga. Una nota de prensa bien diseñada para internet, pero sin contenido, no servirá para los intereses de comunicación de la organización.

En el nuevo apartado de la tercera edición de este libro: «Comunicación en medios sociales de internet» se hablará sobre la importancia de las notas de prensa en internet como apoyo a la optimización de buscadores de una información o de una página web.

(Ver anexo al final del capítulo).

5. Dossier de prensa

Resulta cuanto menos curioso que una herramienta fundamental de las relaciones públicas tenga tantas definiciones entre los profesionales que ejercen esta actividad, ocasionando mucha confusión que puede ser origen de más de un dolor de cabeza. Es el caso del dossier de prensa.

Algunos lo asocian con un informe de cobertura de las apariciones en los medios de comunicación sobre algún tema en específico. Otros, con una suma de materiales informativos que se entregan a los periodistas. Hay quienes incluso dicen que se trata de una nota de prensa extendida, con más datos para aquellos que quieran profundizar en una cuestión determinada.

Un exceso de terminología hace aún más difícil su definición: perfil de empresa, press kit, dossier de prensa, media kit, resumen de prensa, promo-pack, fact sheet... Para ilustrar la confusión, he aquí algunas definiciones:

«Un press kit es básicamente una nota de prensa que envías a los medios (...). Tiende a contener la misma información que tu argumentario de venta, pero las notas de prensa tienen un formato diferente»[4].

«Un "press kit" y un "promo-pack" son esencialmente la misma cosa. Sin embargo, cada uno tiene su propio propósito. El press kit es más comúnmente usado para informar a los medios sobre X. Está constituido por ciertos materiales promocionales que son usados por los medios para crear reportajes interesantes o reseñas sobre X»[5].

«Un press kit es como un currículum vitae de tu compañía. Es una recopilación de información y de artículos de la empresa organizada para interesar a los medios, inversores, clientes y empleados potenciales. El objetivo es crear un press kit que atrape la

---

4 BAUGH, Anne Marie: *The Big Bang Publicity Campaign.* Web Link Promote. http://www.link-promote.com/other_articles/big_bang_publicity.html. 07/12/03.

5 CLARK, Denise M.: *The Press Kit.* Web Absolute Write. http://www.absolutewrite.com/novels/press_kit. htm. 7 de diciembre de 2003.

atención del lector, creándole una magnífica impresión, ayudándole a recordarte y provocándole deseos por conocerte más»[6].

«Un press kit es un conjunto de materiales diseñado para comunicar tu mensaje en detalle a reporteros y directores de periódicos, revistas, radios y televisión. Deberá incluirse como parte de tu campaña de relaciones públicas»[7].

«Un media kit es una carpeta de información que ayudará a los periodistas a escribir una historia precisa. Debe incluir cualquier dato que quieras que ellos sepan»[8].

«Un press kit es básicamente una nota de prensa exagerada que se convierte en un paquete. Es más complejo, dice más acerca de ti y tu compañía y se presenta en una bonita carpeta. De todas las preguntas que me hacen, la primera es: ¿qué es un press kit? Simplemente es una carpeta de información acerca de ti y tu negocio»[9].

Para los fines de este libro, el dossier de prensa es un documento básico de la campaña de relaciones públicas que contiene información que refuerza y complementa a una nota de prensa, que a diferencia de ésta tiene una importancia documental más que noticiosa, pero que también puede y debe tener valor periodístico en sí mismo.

5.1. Diferencias entre nota y dossier de prensa

Frente a la nota de prensa, la extensión de un dossier puede ser desde un par de páginas hasta más de una veintena. Se desaconseja que sea más amplio. La cuestión consiste en saber qué importancia tiene lo que se quiere comunicar, si es relevante para los periodistas y puede ofrecer un ángulo interesante para el público de los medios.

Si la nota de prensa es un escrito que reúne la información fundamental sobre algún tema, persona y/o producto, que se envía a los medios de comunicación para que éstos se encarguen de difundir su contenido, el dossier de prensa tiene que ir más allá y ofrecer datos y detalles en los que se enmarca la noticia.

La información contenida en el dossier de prensa tiene que poseer interés propio y aportar datos de valor al periodista, que, por su extensión y complejidad, no son compatibles con la concreción de la nota de prensa.

El dossier de prensa es un documento vivo que tiene que sufrir actualizaciones constantes, so pena de convertirse en un texto obsoleto por no ofrecer información reciente.

---

6 Crowther, Don: *Public relations: Media kits on a shoestring: How to create them without spending a bundle.* Web 101publicrelations. http://www.101publicrelations.com/sr8.html. 7 de diciembre de 2003.

7 JMI Publications: *How to assemble `Press kits and Promo-Packs.* Web JMI Publications. http://www.jmipub.com/press_kits.html. 8 de diciembre de 2003.

8 SBA (United States Small Business Administration): *Press Kits.* Web Online's Women Business Center. http://www.sba.gov/ test/wbc/docs/market/mk_kits_pr.html. 8 de diciembre de 2003.

9 Tamsevicius, Kristie: *The Secrets to Savvy Press Kits.* Web Kristie's Custom Design. http://www.kcustom.com/articles/savvy-press-kit.htm. 8 de diciembre de 2003.

El dossier de prensa ofrece la posibilidad de utilizar un lenguaje más técnico que el utilizado en una nota, ya que las explicaciones y puntualizaciones se pueden extender con un criterio más documental.

Justo esta característica hace que la vida útil del dossier sea mayor frente a la nota de prensa. Mientras que la segunda obedece a un hecho concreto en un momento determinado, el primero puede abundar en detalles y ser material válido para la elaboración de reportajes amplios en un marco temporal más distendido.

Aunque puede parecer contradictoria la recomendación de que el dossier y la nota de prensa vayan juntos, pero que tengan interés de manera independiente, debe entenderse por el tipo y tono de información que contienen.

Así, mientras la nota de prensa tiene que atrapar la atención del periodista desde la primera frase, para lo que tiene su propia técnica y formato, el dossier tiene la posibilidad de ir desgranando la información desde varios ángulos, con el único requisito de mantener la relevancia en todo momento.

5.2. Contenido del dossier de prensa

Para elaborar un dossier de prensa atractivo debe tenerse como criterio un eje fundamental: riqueza en los contenidos.

El contenido del dossier de prensa obedece a una finalidad. No se puede pensar en incluir lo mismo en un documento que trate sobre una empresa, un partido político, un nuevo producto, que en otro que lo haga sobre un festival de cine, un músico o un escritor, por poner unos cuantos ejemplos.

Porque hay que destacar que un dossier de prensa no es exclusivo de las grandes corporaciones, sino que es parte fundamental de toda campaña de relaciones públicas.

Un dossier de prensa no sólo tiene que estar bien escrito (eso se da por supuesto), sino que también debe organizar sus contenidos para facilitar su lectura. Esto se puede resolver incorporando un índice y numerando las hojas, sobre todo cuando se trate de documentos algo extensos.

Un dossier de prensa corporativo puede contener:

- Historia de la compañía.
- Misión y valores.
- Perfil de la alta dirección con fotografías.
- Datos financieros que incluyan tablas y gráficos, si procede.
- Numerología, es decir, número de empleados, de productos, etc.
- Preguntas frecuentes.
- Información de contacto.

Si se considera relevante, también se puede incluir:

- Carta de presentación del máximo responsable (presidente o consejero delegado).
- Proyecciones del negocio de la organización.
- Lo que dicen los medios de la organización.
- Casos de éxito.
- Algún testimonio de un líder de opinión reconocido.

Un dossier de prensa para el lanzamiento de un nuevo producto puede contener:

- Descripción y posicionamiento del producto, destacando sus novedosas características.
- Estudios que avalen el lanzamiento del producto (de mercado, científicos, etc.).
- Testimonios de consumidores y líderes de opinión.
- Datos económicos (expectativas de ventas, objetivo de cuota de mercado, etc.).
- Apoyo de marketing (campañas, inversión publicitaria, etc.).
- Historia de la organización.
- Misión y valores.
- Información de contacto.

Si se considera relevante, también se puede incluir:

- Perfil de la alta dirección con fotografías.
- Datos financieros con tablas y gráficos, si procede.
- Numerología, es decir, número de empleados, de productos, etc.

El contenido de un dossier de prensa puede variar tanto que no es posible sino establecer unas recomendaciones básicas para aquellos profesionales que quieran robustecer su campaña de relaciones públicas con esta herramienta fundamental.

Las recomendaciones son muy sencillas y tienen que ver con la necesidad de complementar la información de la nota de prensa, de ofrecer al periodista datos relevantes por sí mismos, pero sobre todo de mantener relevante todo aquello que se incluya en el dossier de prensa.

Si hay contenidos complejos, si necesitan una explicación extendida y un lenguaje más técnico del que cabe en una nota de prensa, el dossier es la herramienta ideal para llevar a cabo esta función.

5.3. Presentaciones de un dossier de prensa

Las nuevas tecnologías permiten ofrecer un dossier de prensa en una multitud de presentaciones que pueden hacerlo más atractivo e impactante, lo que resulta fundamental en esta época en la que las redacciones de todos los medios reciben cientos de documentos cada día y es necesario conseguir distinguirse de la multitud.

Tradicional. Es el dossier impreso. Puede utilizarse un papel de color o de mayor calidad para llamar la atención, pero corre el peligro de pasar desapercibido en una estresada redacción.

Interactivo en internet. Las enormes posibilidades de la navegación en internet hacen que esta presentación del dossier de prensa gane cada vez más adeptos. Ofrece posibilidades para acceder instantáneamente a otras referencias en internet a través de enlaces de hipertexto, de disfrutar de contenidos audiovisuales o de poder enviar un correo electrónico al contacto de prensa para solucionar una duda que surja en el momento.

Otras de las ventajas es que está abierto a todo el mundo que esté conectado a internet, que se puede dar seguimiento a los accesos, tener conocimiento fiable y medible de lo que más interesó al visitante, así como de derivar al periodista a otras zonas de la web que hospeda al dossier de prensa.

Se recomienda que, por comodidad del periodista, se ofrezca la posibilidad de bajar el dossier de prensa desde internet al ordenador. Hay quienes así lo prefieren y lo mejor es ayudarles a hacer el trabajo de la manera en que se sientan más cómodos. La única limitación es, obviamente, la necesidad de estar conectado a la red.

5.4. Materiales que acompañan a un dossier de prensa

No es fácil dar recetas únicas para el dossier de prensa, sólo se pueden establecer recomendaciones genéricas sobre el material que debe acompañar a este documento.

Entre éstos se encuentran:

- Una carpeta con bolsillos (para contener al propio dossier de prensa y al resto del material).
- Carta de presentación (firmada por el destinatario, para personalizar el envío).
- Una o varias notas de prensa.
- Tarjeta de visita del responsable de relaciones públicas.
- Imágenes (en diapositiva, en cd, etc.).

Dossier de prensa de la empresa Kotra
(Imagen: http://www.kotra.or.kr/)

Para el lanzamiento de un nuevo producto, si éste es de pequeñas dimensiones sería conveniente que se adjuntara.

Lo que no se recomienda que acompañe un dossier de prensa:

- Material publicitario y promocional.
- Boletines periódicos.
- Cualquier material voluminoso.
- Regalos.

5.5. ¿Cuándo lanzar un dossier de prensa?

El dossier debe acompañar a una nota de prensa, por lo que debe lanzarse paralelamente a un hecho noticioso.

Sin embargo, también puede ser un argumento perfecto para interesar a un periodista para que realice un reportaje en profundidad sobre una compañía, un partido político o cualquier institución en un momento de pocas noticias. Por eso es tan importante que el dossier de prensa tenga interés propio, independientemente de la nota.

Mientras que su lanzamiento acompañando a la nota de prensa es masivo, en el segundo caso se hace de forma estratégica con un periodista determinado o, a lo más, con un grupo reducido de informadores especializados.

Otro momento conveniente para distribuir el dossier es después de una rueda de prensa, ya que facilitarlo antes podría distraer a los periodistas durante el acto informativo.

Cabría recordar que estas recomendaciones son genéricas, pero lo que realmente debe primar es el sentido común y la experiencia del comunicador, quien finalmente tiene el conocimiento sobre lo que es más importante incluir en un dossier de prensa y la forma de hacerlo para difundir sus mensajes de la mejor manera posible.

6. Otros documentos de prensa (declaración, artículo firmado, editorial y estudio de caso)

Existen otros documentos que pueden enviarse a los periodistas o bien utilizarse como instrumentos para establecer la posición y la opinión de la organización sobre un tema determinado a través de los medios de comunicación.

Por lo general, el uso de estos documentos implica un mayor compromiso y, si se quiere, un mayor riesgo para la reputación de la organización, ya que establece de forma clara y contundente una opinión oficial.

Pero también representan una oportunidad para que la organización y sus directivos se posicionen como expertos y líderes de opinión en diversas áreas, lo que ayudará a reforzar o consolidar su buena imagen ante los ojos del público.

A continuación se presentan algunos de estos documentos:

- *Declaración (statement, en inglés):* Aunque algunas veces se le confunde con una nota de prensa, difiere con respecto a ésta en que, mientras el comunicado informa sobre un hecho noticioso, la declaración sirve para establecer la opinión o para que la organización se posicione en torno a un tema determinado. La declaración puede ser un escueto documento en el que se destaquen resumidamente los puntos más importantes sobre una cuestión conocida. Por ejemplo, se utiliza en momentos de crisis para despejar rumores o aclarar malos entendidos.
- *Artículo firmado:* Se trata de un texto revisado y firmado por un directivo sobre un tema relevante para la organización, aunque muchas veces cuenta con el apoyo de un profesional de las relaciones públicas para su preparación. Generalmente, tiene un fin más divulgativo que de opinión. Tiene la gran ventaja de posicionar a su autor como un experto en una materia y normalmente es publicado íntegramente por un medio de prestigio, asegurando el control de la imagen y la reputación. Los artículos firmados también suelen ser utilizados como herramientas de marketing, ya que una vez publicados se reproducen en otros soportes, como en la página web corporativa, impresos o como parte de mailings a clientes[10].
- *Editorial:* Es un documento de opinión y por eso difiere del artículo, aunque también sea firmado por un directivo de la organización. En estos casos, lo más recomendable es que el dirigente sea quien elabore el editorial, ya que se trata de una visión personal y un tercero difícilmente podrá captarla con precisión. Comparte muchas de las características del artículo en cuanto a publicación íntegra del texto, posicionamiento como experto, etc. Los medios pueden establecer una discusión publicando dos editoriales con opiniones encontradas, lo

---

10 Seitel, Frasier: *Teoría y práctica de las relaciones públicas.* Pearson Educación, 8ª edición, Madrid, 2002.

que hace que también se les conozca como *Op-Ed* u *Opposite Editorials*, en inglés. En España pueden verse en las ediciones dominicales en periódicos como El País.

- *Estudio de caso o casos de éxito* (*Case study,* en inglés)*:* También se le llama artículo resumen, aunque esta expresión es poco usada entre los profesionales de las RRPP. Se trata de ejemplos reales en los que se presenta una historia positiva sobre los beneficios que un producto o servicio le han significado a unos determinados usuarios. Un ejemplo clásico se ve en los tratamientos para adelgazar, en los que pacientes reales muestran los cambios experimentados en su cuerpo gracias a los métodos que han utilizado para bajar de peso en un período de tiempo determinado. El estudio de caso es utilizado normalmente por medios especializados, aunque también puede interesar a secciones concretas de medios generales.

  (Ver anexos al final del capítulo).

7. Fotografías, videos y radiocomunicados

Algunas veces la información que contienen una nota o un dossier de prensa interesa a un periodista, pero necesita de algún apoyo gráfico o sonoro para difundirla de la mejor manera posible.

En este sentido, los materiales de apoyo que acompañen a una nota de prensa deben obedecer a las necesidades de cada medio. Si se trata de una televisión, un videocomunicado con imágenes relativas a la información, con entrevistas a líderes de opinión o portavoces de la organización, serán de gran ayuda para el medio. Un radiocomunicado servirá para las emisoras de radio e imágenes en alta resolución (en formato electrónico o en diapositivas) serían ideales para los medios impresos.

También para estos apoyos lo mejor es mantener la misma estrategia que para el contenido de la nota de prensa: lo mejor es ser escueto, sencillo y claro. Demasiados materiales pueden apabullar o distraer al periodista de lo más importante: la información de la nota de prensa.

Además, aunque los materiales sean de la mayor calidad, siempre hay una posibilidad de que el periodista prefiera conseguir los suyos directamente.

En relaciones públicas no basta con decir eso de que «una imagen vale más que mil palabras», sino preguntarse: «¿Esas mil palabras son las que se tenían que decir sobre la organización?».

Resulta curioso que en el mundo moderno en el que vivimos, donde prima lo audiovisual, nos encontremos con que algunas veces no se les da la importancia debida a las fotografías y vídeos como herramienta fundamental al servicio de las RRPP.

Esto puede deberse a que el gasto que representan, normalmente alto si se quieren hacer las cosas bien, no encaja con los presupuestos que se destinan a campañas de relaciones públicas.

Más allá de la clásica imagen corporativa, o de un videocomunicado en el que se monten imágenes de archivo, lo apropiado es hacer una producción específica tanto de fotografías como de vídeos, en el marco de una estrategia de RRPP.

7.1. Fotografías

La utilización de fotografías para relaciones públicas se remonta a los inicios profesionales de esta actividad. Por ejemplo, Edward Bernays ideó una campaña en 1915 para introducir al Ballet Ruso Diaghlev entre el público norteamericano[11].

Aunque Bernays reconoció que no le interesaba la danza, tuvo que pensar en la forma de romper la idea predominante de la época sobre que los bailarines hombres eran unos «desviados» y que bailar no era «bueno».

Quiso posicionar la danza como algo que la gente pudiera entender y disfrutar. Así que envió a los periódicos de la época un boletín de cuatro páginas que contenía fotografías e historias de bailarines, sus trajes y compositores. A los suplementos dominicales envió imágenes a todo color.

Pensando en medios más conservadores, retocó algunas imágenes en donde las mujeres aparecían con faldas arriba de la rodilla, para hacerlas más recatadas. Esta estrategia tuvo un gran impacto en innumerables medios de la época, llegando a imponerse como moda.

Edward Bernays utilizó fotografías del Ballet Ruso Diaghlev para promoverlo entre el público norteamericano. (Imagen: http://www.prmuseum.com/)

[11] The Museum of Public Relations: *1915. I was positively uninterested in the dance*. Web PR Museum. http://www.prmuseum.com/bernays/bernays_1915.html. 30 de mayo de 2004.

Para otro tipo de actividades, las imágenes siguen teniendo un gran poder disuasorio que puede hacer la diferencia entre que la información de una organización pase desapercibida o logre llamar la atención de los medios y obtener cobertura mediática.

Hoy los líderes de una organización también son sus caras visibles, una imagen fundamental con la que se reconocerá el lado humano de una entidad de cientos o miles de integrantes.

Si bien no se designan consejeros delegados asistiendo a una pasarela, los directivos sí son conscientes de la importancia de proyectar una buena imagen personal para trasladarla a la organización que representan.

Después de los sonoros batacazos que llevaron a la desaparición de miles de «start-ups», los directivos que sobrevivieron al cierre masivo de los negocios de internet se han dejado fotografiar con traje y corbata.

Hay algunos consejos para tener algunas imágenes de los responsables de las organizaciones[12]:

Mark Zuckerberg, CEO de Facebook, siempre se deja ver con camisetas o sudaderas, proyectando una imagen trasmitiendo una imagen desenfadada y casual que sólo se pueden permitir los directivos de empresas que quieran trasmitir una imagen moderna e innovadora (Imagen: http://isopixel.net)

[12] SHEA, David: *Press photos.* Web Mezzoblue. http://www.mezzoblue.com/archives/2004/01/17/ press_photos/. 29 de diciembre de 2004.

- La cabeza recta. (Ladear la cara puede restar seriedad).
- Cabello, barba y bigote, bien recortados. (Si no se lleva barba o bigote, procurar un afeitado al ras. Cuidar también los pelos de la nariz, orejas o del pecho, ninguno es atractivo y tienen que cubrirse).
- Ojos rojos, no. (Las cámaras modernas ofrecen prestaciones para evitar este efecto que da una pésima imagen).
- Ojeras y manchas, no. (Se puede corregir imperfecciones faciales con un poco de maquillaje o con pequeños retoques a través de programas de ordenador).
- Sonreir o mantenerse serio. (Es conveniente tener imágenes de ambos tipos para usar en diferentes circunstancias).
- Ser creativo, pero sin excesos. (Pueden realizarse fotografías en escenarios abiertos o en algún espacio que no sea una oficina de la sede de la organización).
- Ser espontáneo, sin caer en lo ridículo.
- Actualizar las fotografías. (Se debe renovar el acervo fotográfico, porque las personas cambian con el tiempo).
- Tomar muchas fotografías para tener varias de donde escoger.
- Para las mujeres: evitar pendientes ostentosos o brillantes.
- Para los hombres: vestir corbatas y chaquetas sobrias.

Hay una serie de imágenes que también deben incluirse para su utilización en relaciones públicas. Se han mencionado las fotografías de directivos, a las que habría que agregar imágenes de logotipos y marcas, de producto o servicios que se quieran promover.

Como los medios reciben una cantidad enorme de fotografías todos los días, es imprescindible identificarlas claramente independientemente del formato en el que se envíen.

Fotografías de César Alierta, Presidente Ejecutivo de Telefónica (Imágenes: http://pressoffice.telefonica.com)

También es recomendable hacer un pie de foto para cada fotografía, sobre todo cuando en la imagen aparecen un gran número de personas y hay que identificarlas una a una. Tiene que consignarse la fecha y el lugar donde fue tomada cada foto.

Una recomendación genérica para imágenes de productos pequeños es que se hagan en fondo blanco. Muchas veces los diseñadores de los medios no quieren perder tiempo en cortar las imágenes que reciben, por lo que finalmente optan por las de otra organización. Pero esta recomendación tiene que atender a las especificaciones de cada medio.

Más de una vez los editores toman la decisión de incluir una noticia si ésta va acompañada de una buena fotografía.

Ahora bien, hay tantas imágenes que pueden ser utilizadas para relaciones públicas que resultaría muy arduo dar consejos para cada uno de los tipos. Lo que se puede decir es que hay que utilizar el sentido común, considerando la estética y el posible impacto que pueda causar una imagen a quien va dirigida.

7.2. Fondo de fotografía

En muchos eventos es común ver cómo las celebridades posan teniendo de fondo una trasera en la que se incluyen el logotipo de una o más organizaciones. De esta manera se intenta asociar la presencia de la persona conocida con una marca u organización determinadas.

Sam Palmisano, Presidente de IBM, con un fondo de fotografía (Imagen Courtesy of International Business Machines Corporation)

Esta acción es conocida como fondo de fotografía, o *photopportunity* en inglés, porque representa la oportunidad de hacer fotografías que después serán utilizadas por diversos medios. El fondo de fotografía también es conocida como trasera o *photocall,* en inglés.

Esta táctica no sólo se utiliza en eventos con personajes populares, sino en prácticamente todos los acontecimientos organizados por RRPP con la finalidad de aprovechar la presencia de fotógrafos o cámaras de televisión para promover una imagen determinada.

El tamaño de la trasera puede variar, pero generalmente debe tener una altura mínima de dos metros y medio, mientras que debe contar con un ancho de cuatro metros. Por ejemplo, es habitual verlas en las ruedas de prensa que suelen ofrecerse al final de actividades deportivas.

El tamaño del logotipo no debe ser menor de treinta centímetros de ancho y alto para que sea reconocible, y debe reproducirse varias veces hasta cubrir por completo la superficie de la trasera.

Como recibirá la luz de los flashes de las cámaras, debe utilizarse un material mate en la elaboración del *photocall.*

Es conveniente indicar a los fotógrafos y a los cámaras dónde tienen que ubicarse para coger sus imágenes para mantener un orden y, sobre todo, para asegurar que la marca de la organización será expuesta en los medios.

7.3. Videocomunicados y vídeos

Si se pone atención a los telediarios se podrá observar que hay algunas imágenes que se repiten en varias cadenas. Esto puede ser producto de un videocomunicado que

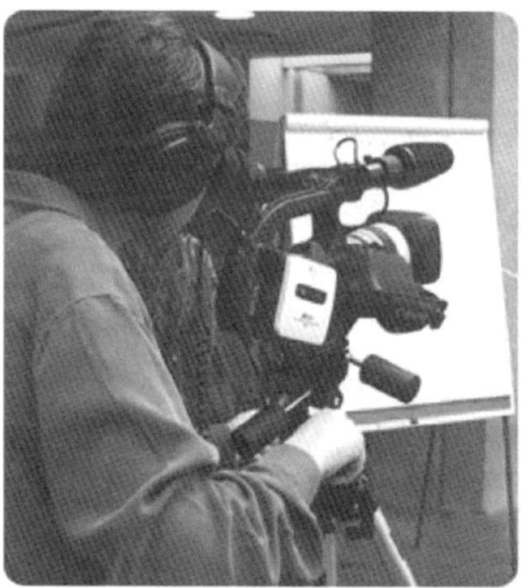

Los videocomunicados también son conocidos como B-Rolls o Video News Releases (Imagen: http://www.doit.wisc.edu/)

consiste en la elaboración de un discurso visual para ilustrar un tema específico. Los videocomunicados también son conocidos como *B-rolls*, *Video News Release* o su acrónimo *VNR*.

Generalmente, los videocomunicados son imágenes con cortes directos, minutados minuciosamente y sin música montada, pensados para facilitar la labor del editor de televisión e ilustrar de manera controlada un mensaje determinado. Normalmente, su duración puede ir de los 2 a los 5 minutos.

Además, se incluye la participación de portavoces que hacen breves exposiciones sobre el tema o responden a preguntas que pudieran ser de interés para los medios. En este caso, se quita la voz del entrevistador para que pueda ser sustituida fácilmente por la de un presentador televisivo.

Se procura que los portavoces aparezcan en un ambiente libre de distracciones o que tengan como fondo una trasera con la marca de la organización sobre la que se está hablando.

Se puede ir más allá, pero siempre recordando que aquello que se produzca debe tener un fin informativo y teniendo en cuenta que cualquier manipulación es inaceptable.

Si en un principio se puede pensar que los vídeos sólo servirán para que alguna televisión saque provecho de sus imágenes, quizás se dejen fuera otras muchas posibilidades de utilización.

Un vídeo puede tener múltiples usos si se planifica bien y se ve más allá de la mera utilización puntual en torno a un evento. De esta manera, será mucho más que un videocomunicado, pudiendo ser utilizado en una presentación, como fondo de imágenes para la posterior elaboración de un vídeo institucional o incluso para documentar un hecho, aunque habría que tener cuidado de no hacerlo muy aburrido para los invitados, ni demasiado espectacular, de tal manera que los medios descarten su utilización porque perciban que se trata de algo excesivamente comercial.

En este sentido, unas imágenes atractivas, un montaje dinámico y unos portavoces con gran capacidad para comunicar pueden ser de igual interés que una producción con música pegadiza o llamativos efectos visuales.

Ni que decir que estas mismas imágenes pueden ser utilizadas para la elaboración de nuevos vídeos o para la documentación de las actividades que se hayan realizado. De ahí que sea importante no hacer ediciones que luego dificulten que las imágenes sean cogidas directamente sin necesidad de cortar segundos por las transiciones.

En algunos mercados donde la sindicación de contenidos es una práctica habitual, las agencias de relaciones públicas se convierten en proveedores de noticias como lo serían agencias especializadas como Reuters o Efe.

En este sentido, la colaboración de conocidos presentadores y reporteros en algunos videocomunicados puede dar lugar a confusión entre los medios. Uno de los requisitos de esta herramienta audiovisual de las RRPP estriba en que su autor y la organización que financia la producción deben estar claramente identificados.

Si con la publicidad tradicional el público sabe que hay una empresa u organismo que ha pagado por un espacio determinado en un medio, en el caso de las relaciones públicas se tienen que cuidar al máximo las formas de presentación de un producto o servicio, porque el sector depende de la credibilidad que pueda obtener para sus clientes.

Y ser llamado «propagandistas a sueldo» no ayuda nada al sector.

7.4. Making off

Este vídeo se confecciona normalmente para mostrar el proceso de producción de un producto audiovisual, como una película o un programa de televisión, pero su uso se ha extendido a otros ámbitos y ahora es una herramienta muy valiosa para ilustrar la preparación de las actividades más variopintas, como sesiones de fotografía, grabaciones discográficas, eventos, anuncios, etc.

Desde una perspectiva de RRPP, el *making off* es muy utilizado para generar información previa al lanzamiento de, por ejemplo, una película. Incluso es empleado como elemento de intercambio con los medios, especialmente las cadenas de televisión, las cuales ceden un espacio de su programación para incluir estas imágenes como contenido propio.

Las imágenes del *making off* pueden ser un recurso para la preparación de un videocomunicado, al que normalmente se le añadirán entrevistas de portavoces.

El *making off* se diferencia del «trailer» de una película en que el primero retrata los entresijos de la producción, todo lo que ocurre tras bambalinas y los procesos paralelos de la creación cinematográfica. En cambio, el segundo se compone de extractos editados de lo que finalmente se proyectará en la pantalla.

El Making off es muy utilizado para crear información previa a una película (Imagen: http://www.backyardproductions.co.uk/)

El vídeo del «cómo se hizo» es un elemento audiovisual estupendo para dejar constancia de los detalles de una producción y es una forma ideal para ilustrar anécdotas de la preparación que bien pueden convertirse en oportunidades informativas que obtengan cobertura mediática.

7.5. Radiocomunicados

Un radiocomunicado se conforma con las declaraciones grabadas de uno o más portavoces sobre un tema determinado que se distribuye entre las cadenas de radio para que éstas puedan montar sus propias noticias con sonido original.

Las declaraciones pueden ser extraídas del discurso que un portavoz haya pronunciado en algún acto o también es posible confeccionarlo a partir de una entrevista. En este caso, cada programa usará únicamente las respuestas del personaje en cuestión.

Los radiocomunicados se utilizan cuando los periodistas de radio no pueden cubrir determinados eventos pero están interesados en difundir la noticia y requieren algunas declaraciones para hacerlo apropiadamente.

Por ejemplo, las cadenas de radio agradecen cuando reciben radiocomunicados antes del lanzamiento del disco de un popular cantante y pueden utilizarlo para dar la noticia sin necesidad de desplazar a un periodista.

El radiocomunicado también se puede convertir en un instrumento de comunicación masiva gracias a la tecnología, ya que permite descargar las declaraciones, discursos o ponencias de un portavoz relevante para grandes audiencias en un ordenador o en un dispositivo portátil de almacenamiento y reproducción de archivos digitales de audio.

Tanto el vídeo como el radiocomunicado nacieron como resultado de la necesidad de facilitar la labor a los informadores, quienes libremente pueden utilizarlo o no dependiendo de su criterio periodístico.

8. Medios impresos de relaciones públicas

Los medios impresos de relaciones públicas pueden ser los vehículos idóneos para los mensajes de RRPP, ya que éstos cumplen una función específica y tienen un alcance determinado que puede graduarse en función de las necesidades y las posibilidades de la organización.

No es que se renuncie a la utilización de medios de comunicación masiva, sino que su utilización obedece a diversos objetivos y limitaciones. Por ejemplo, el uso de una memoria anual o de una revista interna es la manera más adecuada para alcanzar a los accionistas de una empresa o a los empleados de una numerosa organización.

Asimismo, los medios impresos ofrecen la oportunidad de profundizar en un mensaje, mientras que los medios masivos, por su tiempo y espacio limitados, sólo pueden dar una idea general sobre todos los temas que tratan.

Con una ágil y eficaz distribución en relativamente poco tiempo se puede alcanzar a diversos públicos para difundir el mensaje de la organización, siendo además dueños de la forma y el momento en el que éste se presentará.

En un mundo en el que se esperan resultados inmediatos de cualquier servicio profesional –y las relaciones públicas están incluidas aquí–, los medios impresos son una muestra palpable de que la inversión en RRPP puede responder rápidamente a las necesidades de una organización.

8.1. Memoria anual

La memoria anual es algo más que un detallado recuento de las actividades y el seguimiento de las finanzas de la organización durante un periodo de doce meses. Desde hace algún tiempo, también es el documento en el que se plasman los avances en el compromiso en áreas como la acción social y la ecología.

Aunque los contenidos de la memoria anual pueden variar dependiendo del sector de la organización, los puntos básicos que debe contener son:

- Introducción.
- Carta o bienvenida del máximo responsable.
- Presentación de los órganos gestores.
- Presentación de la compañía y su entorno (principales productos y servicios, proveedores, ventas y distribución, patentes y marcas, tecnología, estacionalidad, competencia, regulaciones sectoriales, etc.).
- Planes futuros.
- Compendio y análisis de las actividades realizadas durante al año pasado (proyectos, productos, etc.).
- Información sobre la gestión económica (inversiones, cuenta de resultados, cash-flow, rating, etc.).
- Documentación legal (informe de auditoría, cuentas y memoria consolidada, etc.).
- Gestión de recursos humanos.
- Información para el accionista.
- Relaciones institucionales e internacionales (convenios, acuerdos, cooperación, etc.).
- Informe de compromiso social.

Portadas de las memorias anuales del Puerto de Barcelona (Imagen: http://www.apb.es/)

- Cronología.
- Glosario.
- Anexos.

Las memorias anuales se pueden distribuir en las juntas de accionistas, en las reuniones con analistas de mercado, o enviar a periodistas y otros líderes de opinión, pero también se pueden ofrecer al público a través de la página web de la organización.

Si bien las filiales de empresas multinacionales que no cotizan en un país no tienen la obligación legal de presentar una memoria anual, resulta recomendable informar a la sociedad sobre sus actividades.

(Ver anexo al final del capítulo).

8.2. Revistas

Las organizaciones se enfrentan al reto de recopilar todos sus esfuerzos de comunicación diseminados en diversos medios en un formato coherente, asequible y atractivo, tanto para el público externo como para el interno. Esta función la puede cumplir una revista, también conocida como *house organ* cuando tiene sobre todo uso interno.

Esta herramienta de comunicación puede tener una vocación independiente y, enmarcada en el plan de comunicación, proponer y promover contenidos que ningún otro instrumento haya incluido antes.

En una revista se utilizarán diversos géneros periodísticos, como editoriales, columnas, noticias, reportajes, entrevistas y crónicas.

Es evidente que, para que una revista realice más eficazmente su labor informativa, tiene que centrarse o bien en el público interno o en el externo. Un medio que intente abarcar demasiado diluirá su impacto y capacidad de influencia.

Para los empleados los detalles personales de sus compañeros pueden resultar interesantes, pero este material difícilmente será de interés para alguien que no forme parte de la organización.

De la misma manera, una promoción para el consumidor final también puede ser relevante para un empleado, pero en quienes tienen que centrarse los esfuerzos de comunicación es en los posibles compradores externos a quienes va dirigido el anuncio.

Por supuesto que habrá noticias que puedan ser compartidas tanto por el público interno como por el externo, pero lo más recomendable es que las revistas tengan bien claro sus objetivos y su público no sólo para ser más eficaces, sino sobre todo para salvaguardar información delicada fuera del ámbito de la organización.

Por ejemplo, los ascensos de los empleados. Las empresas de buscadores de talento esperan los movimientos internos para «cazar» a las personas que se ajusten a los perfiles que estén buscando y tentarlos con ofertas de otras organizaciones.

Para la preparación de los contenidos de las revistas se tienen que considerar cuestiones legales sobre el tiempo y la forma de presentar cierta información para evitar cualquier repercusión no deseada. La innovación preparada por una organización durante meses puede verse atropellada por el lanzamiento previo de un competidor o por una inesperada e inocente filtración a través de la revista interna.

8.2.1. Revista interna

easyJet | Everything that's new, important and orange | November to January 08

Fresh

Issue 7

easyJet all set to acquire GB Airways

Quite possibly the most exciting news of the year was announced at the end of October when we made known our intention to buy GB Airways - a Gatwick-based airline that currently operates as a British Airways franchise from Gatwick, Heathrow and Manchester. With around 40 routes, 15 Airbus aircraft and three million passengers, this is certainly an exciting time for easyJet.

Encouraging reaction

City reaction has been immensely positive and we saw a 10% growth in our share price in the days following the announcement. The strengths that GB Airways will bring to easyJet appealed to the City; this includes all the following:

- It makes easyJet a stronger competitor to British Airways at Gatwick by significantly increasing our slot holding at the airport
- It increases the range of our offering to customers *(and our people in relation to Staff Travel destinations)*
- It gives us the opportunity to understand the possibilities in operating a different size of aircraft *(as GB Airways operates Airbus A320 and A321 aircraft)*
- It enables us to grow at our biggest base *(Gatwick)*

Finalising the detail

The deal with GB Airways is now being finalised and we hope to obtain regulatory clearance by 10 January 2008. Although GB Airways will then be owned by easyJet, it will continue to operate as a separate entity with its BA franchise until the end of March 2008. At that point it will be integrated into our operation. More news on that when we get it.... the key point to remember is that this is a great acquisition that helps us to grow and be a better, stronger airline.

Preparing for smooth transition

Since the announcement, lots of work has been going on to prepare for the integration activity. Detailed plans are being prepared on induction, training of flight crews, branding, customer booking processes, schedules and uniforms, to name but a few, all aimed at ensuring a smooth transition for

Inside this edition

For the latest news as it breaks, check out Fresh online on the intranet

Revista interna de la compañía de bajo coste Easyjet (http://internalcomms.com.ar)

La revista para públicos internos ayuda a promover la cultura de la organización, a crear y reforzar un sentido de pertenencia de sus miembros, a favorecer la adopción de cambios en los procesos y en la misma estructura de la organización.

Las revistas internas no pueden caer en la autocomplacencia y tener como único objetivo existir. No debe ser un fin en sí mismo, sino un medio que tiene que competir en igualdad de circunstancias con lo que ofrece el mercado editorial. No se trata de una exageración, puesto que el tiempo que un miembro de una organización puede dedicar a la consulta del *house organ* entra en conflicto con otras opciones de información, ocio y formación.

Por este motivo, los contenidos de una revista interna tienen que presentarse de una forma atractiva y dinámica, pero sobre todo relevante para los públicos a los que va dirigido.

De forma genérica, se pueden apuntar los siguientes contenidos básicos para una revista interna:

- Saludo del máximo responsable.
- Novedades de la organización.
  - Nuevos productos o servicios.
  - Nuevos clientes.
  - Entrevistas con miembros de la organización en todos los niveles.
  - Incorporaciones y promociones.
  - Reuniones o visitas relevantes.
  - Cursos de formación.
- Actividades diversas y otros contenidos.
  - Responsabilidad social corporativa.
  - Apariciones importantes en la prensa.
  - Anécdotas y noticias sociales.

También podrían incluirse:

- Entrevistas a personajes conocidos.
- Reportajes en profundidad sobre temas de ocio.

8.2.2. Revista para públicos externos

Por otro lado, las revistas dirigidas a públicos externos deben reflejar, además de las actividades de la organización, otras actuaciones que tengan que ver con su contacto con la comunidad, entendiendo que las personas exigen cada vez mayor información sobre las empresas de las que son usuarias, pero que no están dispuestas a recibir de éstas únicamente anuncios publicitarios.

La revista para públicos externos tiene que reflejar la vocación de transparencia de la organización y ser un vehículo para la difusión de sus valores y de su visión. Puede ser un medio para sorprender a la sociedad, que no espera habitualmente encontrarse con información de una empresa realizando acciones diferentes a su actividad principal.

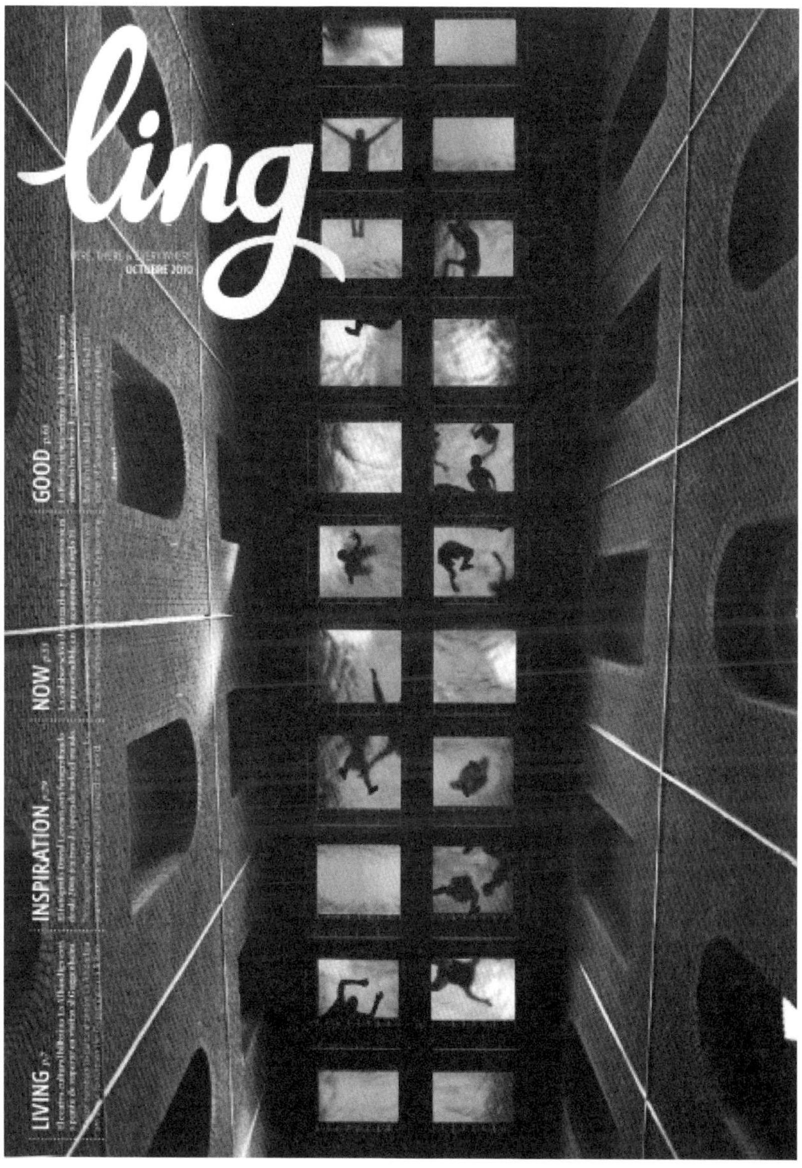

Ling, la revista para públicos externos de la aerolínea de bajo coste, Vueling (Imagen: http://www.lingmagazine.es/)

Si el *house organ* tiene que competir por la atención de un público «cautivo» y aun así tiene que presentarse como una opción interesante de información, la revista para públicos externos tiene que enfrentarse a todas las ofertas de comunicación y ocio que se encuentran en el mercado, por lo que tiene que ser más ambiciosa aún para resultar de interés y ser relevante para multitud de audiencias. Sus contenidos tendrán que equilibrarse con mensajes que la organización quiera difundir y con información que sea relevante para el público.

Una revista para públicos externos que únicamente incluya información de la organización está condenada al fracaso. Por este motivo, hay que buscar contenidos que abarquen un horizonte más amplio y relevante para sus posibles lectores.

8.2.3. Revistas en internet

La facilidad de edición y la reducción de costes en producción y distribución han llevado a multitud de organizaciones a apostar por «colgar» sus revistas en internet. Es evidente que este formato es recomendable en empresas cuyos públicos, tanto internos como externos, estén habituados a acceder a la red.

Otra de las ventajas que tiene este formato es la posibilidad de ofrecer contenidos multimedia e interactivos para buscar una respuesta inmediata, como encuestas, sugerencias, nominaciones, convocatorias, entre otras.

Para este tipo de revistas se aplica el mismo principio que para las que se presentan en papel, es decir, que tienen que ser atractivas para los usuarios de la red, ya que competirán en igualdad de circunstancias con otros sitios web.

Existen sistemas que pueden resultar muy eficaces para promover internamente el lanzamiento de una nueva edición de la revista en internet mediante pop-ups o recordatorios de algunos servicios de correo, pero pueden ser muy intrusivos y causar rechazo entre el público. Lo más recomendable es establecer una línea de comunicación que invite libremente a su consulta.

Asimismo, también existe la posibilidad de ofrecer la revista a través de internet para su consulta e impresión en formato PDF, cuyo uso es común para compartir todo tipo de documentos.

8.2.4. Periodicidad y distribución

La periodicidad de este tipo de revistas es variable, pero es evidente que no se debe dejar pasar demasiado tiempo entre una edición y la siguiente si no se le quiere restar eficacia entre el público y sobre todo si lo que se busca es mantener un canal de comunicación abierto que ofrezca un valor tanto a la organización que la edita como a quienes la reciben.

Una revista que supuestamente tiene carácter mensual, pero se retrasa o en ocasiones deja de aparecer durante algunos meses, habrá perdido credibilidad a los ojos del público y la eficacia de sus mensajes será menor.

Si la organización no genera la información necesaria para editar una revista mensual, podría comenzar por hacerla bimestral o trimestral. Lo que se debe evitar es crear unas expectativas entre el público si se sabe desde un principio que no se podrá cumplir.

Si se cumple con la periodicidad de las revistas, se podrá lanzar algún mensaje de forma extraordinaria y se recibirá más interés del público. Si la regularidad de las ediciones se incumple frecuentemente, se corre el peligro que un anuncio especial no reciba la atención adecuada.

Asimismo, la distribución debe ser cuidadosamente establecida por cuestión de costes y de eficacia, por ejemplo, cuando se trata de públicos internos, ¿tendría que incluirse a la familia de los empleados? Y cuando son públicos externos, ¿cuál será el criterio para incluir a unos y dejar fuera a otros?

Cuando se trata de una revista interna, hay ocasiones en que el punto de distribución es clave para lograr que la revista tenga éxito, por lo que se tienen que buscar los espacios en donde los miembros de la organización se reúnen y no únicamente aquellas zonas de paso en las que raramente se detienen.

Si se trata de revistas por internet, habría que establecer una política de privacidad para que los contenidos internos de la organización no pudieran salir del ámbito de la misma.

Una periodicidad y una correcta distribución ayudan de manera fundamental al éxito de la revista. Si uno de estos dos aspectos falla, muy probablemente el esfuerzo empleado en la creación de este medio no rendirá los resultados esperados.

8.2.5. Política de las revistas

El proceso para editar una revista de este tipo tiene que ser liderada por un responsable dentro de la organización, aunque no es de extrañar que se busquen colaboradores externos para la realización de contenidos, fotografías, diseño, producción y distribución.

En este sentido, el equilibrio entre los contenidos que promuevan la cultura y la consecución de objetivos de la organización, frente a otra información que se haya querido incluir, tiene que estar determinado claramente de antemano por los máximos responsables y ser coherente con la estrategia y el plan de comunicación.

En el caso de organizaciones con presencia en diferentes localidades, o en el caso de países en los que coexistan más de una lengua oficial, habrá que establecer los idiomas que resultarán más eficaces para la función comunicadora de la revista.

La política tiene que especificar igualmente la periodicidad y el alcance de la revista, así como un sistema para medir la eficacia de los mensajes, que tenga que ver con las decisiones editoriales, el tono y, en definitiva, la credibilidad y aceptación que alcance este medio.

8.3. Folletos

Un folleto es un medio impreso de producción propia con distribución masiva, que requiere una inversión relativamente asequible, pero que tiene un uso temporal limitado.

Puede ser desde una octavilla impresa por las dos caras hasta una publicación de varias páginas. Su uso puede ser restringido a un tema muy definido o hacer una revisión más o menos profunda sobre diversos aspectos. Por ejemplo, la industria alimentaria edita una cantidad ingente de estos materiales para explicar las propiedades y características de diferentes productos, llegando incluso a publicar extensas guías con información nutricional.

El estilo, más que en cualquier otro medio impreso, tiene que ser conciso y breve, incluso a pesar de que trate aspectos técnicos. Por este motivo, es recomendable que en el mismo texto indique al lector dónde puede obtener más información y datos de contacto. En el fondo, la intención es que con el folleto se establezca la primera relación con la organización.

Asimismo, tiene que establecerse un tono según el público al que va dirigido. Por ejemplo, en un evento en el que asisten adultos y niños indistintamente, sería conveniente ofrecer un folleto adecuado para cada público. De esta manera se evita ofrecer información irrelevante para los pequeños o demasiado infantil para los mayores.

Como regla general, los folletos tienen que contener una *llamada a la acción*, es decir, tienen que ofrecer información que tenga relación directa con el público y pueda influir en su comportamiento. En el caso de las relaciones públicas, no se trata necesariamente de una promoción comercial, sino de datos y consejos que pueden ayudar al lector a tomar una decisión con criterio. En este sentido, el apoyo de fuentes independientes juega un papel fundamental para la credibilidad de los contenidos.

También se utilizan con un carácter informativo y promocional (convocatoria a eventos, participación en promociones, etc.).

Su diseño tiene que ser claro para conducir fácilmente su consulta. Es recomendable utilizar subtítulos y agrupar los contenidos en columnas o cuadros para presentar claramente cada idea o concepto. Hay que evitar un exceso de texto y dar espacio al diseño, por lo que es imprescindible que la redacción sea resumida desde el principio. Además, los colores brillantes o degradados podrán ayudar a llamar la atención sobre el folleto, pero dificultará su lectura, por lo que se recomienda la utilización de colores sólidos.

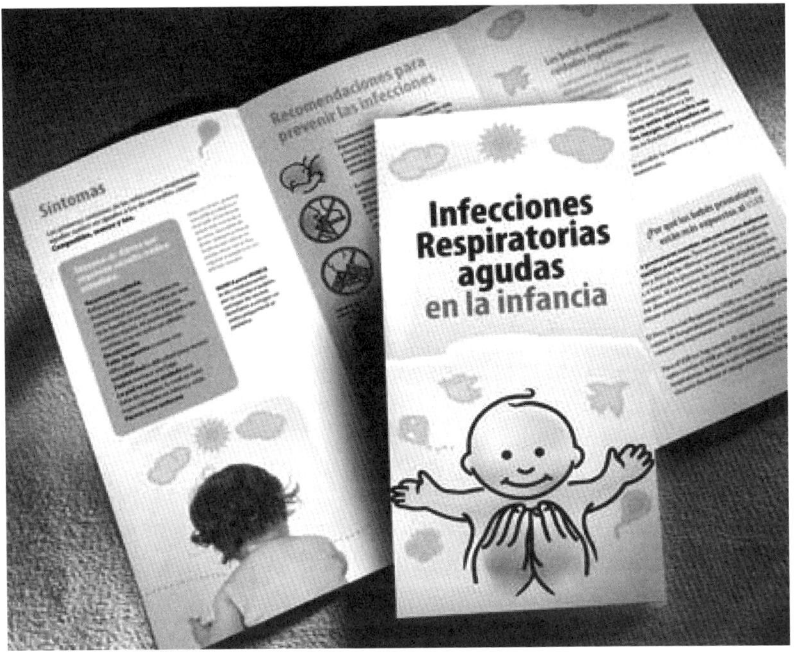

Folleto sobre Infecciones Respiratorias Agudas en la Infancia (Imagen: http://www.respiratoriasbebe.org)

De igual manera, el papel utilizado trasmitirá un mensaje por sí mismo. No hay que olvidar que todo comunica y que un folleto, por muy táctico que pueda ser, configurará una parte de la imagen de la organización que lo promueve.

Los folletos pueden ser una excelente herramienta de comunicación y también una opción económica para llegar a miles de personas, pero también tienen que ir en línea con la imagen corporativa de la organización y con los contenidos del resto de sus materiales.

La distribución de folletos puede hacerse en varios momentos:

- Durante la realización de un evento (seminarios, conferencias, exposiciones, ferias, etc.).
- En envíos especiales a líderes de opinión.
- En puntos de venta.

En principio no es recomendable mandarlos a periodistas, pero en ocasiones éstos los utilizan para ilustrar una noticia. Nunca, en cualquier caso, deben enviarse solos, sino siempre acompañados de material de prensa específico.

8.4. Boletín/Newsletter

El boletín, popularmente conocido como *newsletter,* se encuentra a medio camino entre una revista y un folleto. Tiene la inspiración de un periódico en su diseño y en la organización de los contenidos.

Por su agilidad puede tener editado más fácil y rápidamente que una revista y, a diferencia de un folleto, es un vehículo ideal para mantener una relación contínua con el público, que bien puede ser externo o interno. El *newsletter* también es conocido como *e-zine* u hoja informativa.

Su popularidad se ha incrementado con la irrupción de internet, ya que con la ayuda de diversos programas informáticos se pueden crear una amplia variedad de éstos, al tiempo que es posible gestionar fácil y eficazmente su distribución entre miles de usuarios de una forma segmentada.

Por ejemplo, con las aplicaciones conocidas como "lists managers" se pueden tratar las inscripciones de los usuarios, realizar segmentaciones según perfiles e intereses y efectuar la distribución de forma automática.

SHPRC
SEXUAL HEALTH PEER RESOURCE CENTER

October is all about...
SENSUALITY
October 1, 2010

"An exciting and fulfilling sexual experience involves far more than the intensity of the orgasm or even the sexual act itself. It involves all of our senses." (Beverly Engel).

Sensuality and sexuality may sound similar, but not all sex is sensual, and being sensual doesn't necessarily involve sex. Sensuality is about awakening each of the senses to appreciate the full pleasurable capacity of your body. This is often difficult in our fast-paced lives, but taking the time to luxuriate in the different sensations of your body instead of focusing on the goal of eventual orgasm can increase the intensity and satisfaction of sexual experiences.

The great part about sensual sex is that it can be enjoyed equally with oneself or with a partner and can involve whatever sexual activities one is comfortable with. This month, try to increase your awareness of the sensual capacity of your body. A good way to begin is to slow down and appreciate the pleasurable sensations of mundane activities like showering and eating. Do the same thing during sex, making sure to pay attention to each of your senses instead of focusing only on touch. If you're looking for a way to get started, check out what's featured this month!

Who we are

At the SHPRC, we're passionate about providing the students of Stanford with the sexual health information and resources they need to explore their sexuality in safe, healthy, and personally-fulfilling ways. To this end, we'd like to announce our first of a series of monthly newsletters that will explore different themes in sexuality and health.

As always, students can come into the SHPRC to browse and check out books from our extensive library, speak to one of our many qualified peer counselors, and redeem $2 worth of free sexual health supplies, like male and female condoms, dental dams, organic tampons, vibrators, and more!

Recent news

Gel found to reduce AIDS risk in women- The Washington Post

FDA approves ella as 5-day-after emergency contraception- The Washington Post

Featured product

Lickable Body Oil

These body oils are all-natural, and with flavors like Creme Brulee, Pina Colada, Strawberry Kiss, and Chocolate Mint they are sure to stimulate the senses and the imagination. **Not safe to use with latex.**

Price: $5

Featured book

The Art of Sensual Loving

This illustrated book explores how couples can heighten their sexual enjoyment by focusing less on penetration and more on the sensual aspects of seduction and foreplay.

Upcoming events

Welcome Back Wellness Fair
Oct. 1, White Plaza 11-1 PM

The Physiology of Pleasure
Oct. 5, Women's Community Center 8-9 PM

Crash Course in Sex Education
Freshman dorms all over campus

Location
2nd floor of Vaden Health Center
Hours
Monday-Thursday 12-6
Friday 12-5

Phone
(650) SAFE-SEX
Website
shprc.stanford.edu

Questions? Comments? Please email elfay@stanford.edu

SHPRC

Newsletter del Sexual Health Peer Resource Center
(Imagen: http://stanfordshprc.files.wordpress.com

Aunque también hay *newsletter* en formato sólo texto, lo adecuado es que este medio sea atractivo al público mediante un buen diseño que incluya fotografías y otros recursos gráficos.

Un newsletter debe confeccionarse con los siguientes elementos:

- Cabecera.
- Fecha.
- Índice de contenidos. (Que indique la situación de las noticias en el *newsletter).*
- Sección de noticias. (Resumidas en la primera página y extendida en otras secciones).
- Datos de contacto.

Si se trata de un boletín a través de internet, las noticias deben identificarse individualmente con titulares, fecha, un breve párrafo introductorio y un hipervínculo para acceder al contenido completo. El espacio de contacto deberá ofrecer la posibilidad de realizar suscripciones, bajas y comentarios a los editores.

El *newsletter* es un medio de relaciones públicas que ayuda de manera eficaz a comunicarse rápida y oportunamente, cuyas posibilidades bien explotadas servirán para dar información relevante e individualizada a muchos segmentos del público de una organización.

8.5. Libro de prestigio

La publicación de un libro de prestigio puede convertirse en una poderosa herramienta de relaciones públicas. Ofrece la oportunidad de reforzar la imagen positiva de la organización como impulsora de la creación de conocimiento valioso para la sociedad.

Es recomendable que los contenidos de un libro de prestigio tengan relación directa con la actividad de la organización. De esta manera se podrán exponer de forma extensa temas relevantes que incluyan la perspectiva propia de la entidad.

Su preparación puede realizarse por uno o más miembros de la organización, o encargarse a especialistas externos de reconocido prestigio que tengan una relación real con la entidad y que hagan más creíble su compromiso con el proyecto.

Para asegurarse de que los contenidos del libro de prestigio vayan en línea con las expectativas de los responsables de la organización es conveniente establecer un briefing previo para que los autores puedan guiarse en el momento de su elaboración.

La edición de un libro de prestigio puede plantearse en el marco de una celebración especial, como un aniversario, el reconocimiento a la trayectoria de algún miembro destacado, la renovación de la sede o para explicar un tema complejo que hace única a la organización.

También es factible que se editen libros con otros temas (cuentos, poesía, novela, etc.) producto de una acción de mecenazgo liderada por la organización, pero sus objetivos y mecánica serán diferentes al de un libro con fines de creación de conocimiento en el área de la entidad.

Con el fin de que se reconozca la implicación de la entidad en la edición del libro de prestigio, se recomienda incluir una introducción o presentación del máximo dirigente de la organización, así como el logotipo en la portada y contraportada del ejemplar, aunque siempre de forma discreta y con buen gusto.

El libro de prestigio suele enviarse a miembros y colaboradores de la organización, proveedores, autoridades, líderes de opinión, entre otras audiencias. Por lo general, su interés se circunscribe a un público determinado que tenga una relación con la entidad, por lo que el número de ejemplares puede ser determinado por los profesionales de RRPP.

Un libro de prestigio requiere de una inversión especial, ya que debe tener un diseño apropiado y una gran calidad en los materiales utilizados en la impresión.

Por su carácter extraordinario, su calidad, sus contenidos, y sus materiales, un libro de prestigio puede ayudar realmente a fortalecer la imagen de la organización y a reforzar su reputación como experta en el área de conocimiento en la que desarrolla su actividad.

9. Relaciones con los medios

Las organizaciones no se pueden dar el lujo de vivir de espaldas a lo que dicen los medios de comunicación. A través de lo que éstos difunden la gente se informa, reafirma o modifica su opinión sobre prácticamente cualquier tema, y finalmente actúa y toma decisiones en base a la percepción que se forma.

Las organizaciones hacen bien en mantener buenas relaciones con diferentes audiencias. Son fundamentales los contactos con clientes, autoridades y líderes sociales. Sin embargo, sin el concurso de los medios el poder para difundir sus mensajes entre un público masivo disminuye drásticamente.

Por este motivo el público natural de los profesionales de las relaciones públicas son los periodistas, quienes en definitiva pueden hacer que una organización sea una perfecta desconocida o lograr que aumente su notoriedad pública de una forma rápida y sin mediar pago alguno.

Los periodistas no son ni mucho menos los únicos personajes con los que se entrará en contacto, pero es exclusivamente con su concurso con el que se pueden trasmitir los mensajes de la organización a un público masivo, uno de los principales objetivos de cualquier campaña de RRPP.

Existen cientos de consejos sobre cómo «lidiar» con los periodistas. Se les presenta como seres impacientes, desconfiados y prepotentes con la gente de relaciones públicas. De forma paralela, circulan historias sobre sus imprecisiones, errores o manipulaciones en el momento de tratar la información que se les facilita.

No está de más recordar que se trata de personas que viven bajo la atenta mirada no sólo de su jefes y colegas, como sería de esperar en cualquier profesión, sino de miles de personas que se informan en base a lo que publican en los diarios o internet, o en lo que difunden a través de la radio o televisión.

Es verdad que esta presión no la sienten cada vez que presionan una tecla o que abren la boca para contar una noticia, pero sí son conscientes de la gran responsabilidad que ha delegado en ellos no sólo la empresa que les paga por su trabajo, sino la que les ha confiado la sociedad.

Además, como cualquier otra persona, los periodistas también sufren los avatares diarios que pueden sacar de quicio hasta al más tranquilo. No se mandan solos y dependen siempre de la actualidad informativa que determinan los acontecimientos.

Los periodistas son de los profesionales que más llamadas reciben al día (Imagen: http://www.viewonline.com/)

Seguramente se encontrarán entre los colectivos que más llamadas de teléfono reciben al día. Por este motivo, no es gratuito que más de una vez respondan con una voz nerviosa a las llamadas que les hacen diariamente decenas de profesionales de las RRPP.

Pero también es cierto que unos y otros están condenados a entenderse, por el hecho de que se necesitan y complementan mutuamente. Cuando se trata de las relaciones con los medios de comunicación, la labor de los RRPP es la de ayudarles a hacer el trabajo lo mejor posible, con información interesante, apoyándoles con todos los recursos, con el objetivo común de ofrecer a la sociedad datos relevantes para que pueda informarse.

Hay que desterrar la idea de que a los periodistas se les puede manipular o directamente comprar, porque uno de los pilares de una sociedad democrática es la confianza en unos medios de comunicación libres de tendencias y completamente independientes, que informen de manera responsable y veraz sobre lo que acontece en el mundo.

En este sentido, los profesionales de las RRPP deben ser los primeros interesados en mantener unas relaciones transparentes con los informadores.

Las relaciones con los medios las realizan los gabinetes de prensa, también conocidos como *press office* en inglés. Este es el departamento encargado por la organización para gestionar todas las solicitudes de información de los periodistas, así como de establecer relaciones proactivas con los informadores con el objetivo de difundir determinados mensajes.

9.1. Tácticas y estrategias de relaciones con los medios

Existen estrategias y tácticas que se utilizan para establecer relaciones productivas y profesionales con los informadores. A continuación se ofrece un breve compendio de unas y otras[13]:

- Contactar con los periodistas sólo cuando se tenga una noticia que ofrecer. (La mejor forma de crearse una reputación como fuente de información digna de atención es ofrecer datos sobre auténticas y relevantes novedades).
- Personalizar la información según el medio de que se trate. (Una revista especializada necesitará más información técnica que una dirigida al público general, por ejemplo).
- Ser franco y servicial. (Si un periodista necesita ayuda y no podemos brindársela, lo mejor es indicarle otra persona que quizás sí pueda atenderlo).
- Responder con agilidad. (Si las solicitudes de los periodistas son respondidas rápidamente, existen más posibilidades de que los mensajes de la organización sean difundidos).
- No reñir con los periodistas. (Puede haber discusiones constructivas sobre temas concretos, pero pelearse con un informador porque no sacó una nota o porque dejó de asistir a un evento es un error muy grave. Hay que recordar que no hay obligación de trasmitir ninguna información si el medio no la considera noticiosa).

---

[13] HONK: *The fleetstreet forum how to handle journalists anti-FAQ.* Web Honk.com. http://www.honk. co.uk/fleetstreet/prfaq.htm. 29 de diciembre de 2004.

- No prometer lo que no se pueda cumplir. (Si los periodistas esperan una información que al final no se le puede facilitar, perderán su confianza en el profesional de RRPP).
- Ofrecer fuentes independientes. (Ese es el pilar de confianza en el que se basa gran parte de la labor de las relaciones públicas, porque los mensaje de una organización serán más creíbles si son avalados por terceros. También así se facilita la labor del periodista de contrastar la información proporcionada).
- Graduar la distribución de información. (Inundar de notas de prensa una redación no es la manera más adecuada para obtener la atención de los periodistas. Basta con que la información que se envíe sea verdaderamente relevante como para que ésta obtenga cobertura mediática).
- Conocer y respetar los tiempos de los periodistas. (Hay que evitar realizar llamadas, aparecer sin cita previa en una redación u organizar eventos en horas conflictivas para los periodistas. De no hacerlo así, se causará malestar entre los informadores).
- Preguntar a los periodistas sobre sus necesidades. (Conocer si quieren recibir la información por correo electrónico, a través de un sistema de sindicación de contenidos de una bitácora; si necesitarán imágenes o audio; si quieren hablar con un portavoz que domine aspectos determinados del sector de la organización, etc.).
- Dominar los temas de la comunicación. (No hay nada que exaspere más a un periodista que tener que atender a un mal RRPP que no domina totalmente la complejidad del asunto sobre el que ha enviado información. Para poder comunicar con eficacia se tienen que conocer al detalle todos los aspectos de la cuestión a difundir).
- Dar el mismo trato a todos los periodistas. (Aunque se trate de un informador novato, no hay que olvidar que el tiempo pasa y éste podrá alcanzar posiciones estratégicas dentro de los medios).
- Evitar llamar de forma gratuita y continuada. (Sólo levantar el teléfono para contactar con los periodistas cuando se tenga algo realmente importante que contar. No es conveniente realizar llamadas para confirmar la recepción de información).
- Darle seguimiento a los medios. (Leer el periódico, ver la televisión, escuchar la radio o navegar por internet servirá para conocer las personas responsables de algunas secciones, los temas que están ocupando la agenda mediática y la tendencia ideológica de los medios).
- No solicitar ver los contenidos elaborados por los periodistas antes de que se publiquen. (Puede considerarse una intromisión en la labor informativa y un intento de censura).
- Ninguna respuesta de los medios es una respuesta en sí misma. (Si los periodistas no han considerado interesante la información que se les ha brindado, no la difundirán a través de los medios. Esto es una clara indicación para los profesio-

nales de RRPP, quienes tendrán que interpretar esta negativa en el sentido de que tienen que atender las necesidades y tiempos de los informadores, ofrecerles temas novedosos o brindarles ángulos noticiosos sobre asuntos ya vistos. En definitiva, el «silencio informativo» clama por que se realice un mejor trabajo de relaciones públicas).

Hay una idea errónea entre algunas organizaciones de que las malas noticias no se dan o se lanzan de tal forma que su difusión pase desapercibida. Por este motivo a algunos malos profesionales se les ocurre lanzar notas de prensa con información negativa a última hora de la tarde de un viernes.

Mala idea. Si se trata de una noticia de calado, alcanzará cobertura mediática de cualquier manera. Más aún, si la nota contiene información relativa a algún tipo de riesgo para el público, la manipulación del momento de su lanzamiento sería un acto irresponsable que acabaría perjudicando la imagen y credibilidad de la organización.

9.2. Frecuencia en la información

En primer lugar, los tiempos para entrar en contacto con los medios lo determina el carácter noticioso de la información. En la medida en que un dato sea novedoso, atractivo e importante las organizaciones podrán enviar notas de prensa, realizar contactos o convocar ruedas de prensa continuamente.

Pero no todas las organizaciones generan información relevante todos los días del año, ni siquiera todas las semanas. Por este motivo se debe saber que la frecuencia de envío de información a los medios puede variar y, por ende, la cantidad de cobertura mediática es difícil de preverse.

El profesional de las relaciones públicas tiene la obligación de establecer estrategias para incidir en la difusión de los mensajes de la organización, pero debe hacerlo sabiendo de la limitación de las noticias que ésta genera.

Hay quienes proponen el lanzamiento de agresivas campañas durante cortos periodos de tiempo en los que se envían notas de prensa cada semana. Salvo que se tenga un público fiel que demande tal cantidad de información continuamente, los periodistas no serán capaces de revisar y dar salida a todo, pudiendo incluso quedar saturados con tantos datos.

Una forma para aumentar la frecuencia de una campaña de relaciones públicas es segmentando a los medios e individualizando la información que se le facilita a cada uno, como se muestra en el siguiente ejemplo:

– Semana 1: Se lanza una nota de prensa general sobre el lanzamiento de un producto.

- Semana 2: Se distribuyen muestras a un par de medios especializados para que hagan pruebas con el producto.
- Semana 3: Se gestionan entrevistas con los diseñadores del producto.
- Semana 4: Se gestionan otras entrevistas de un corte más corporativo con el presidente de la organización.
- Semana 5: Se envía otra nota de prensa anunciando algún hito relacionado con el producto. (Se alcanzaron un determinado número de ventas, será distribuido en otros países, etc.).
- Semana 6: Se distribuye un estudio de caso en exclusiva a un medio en el que se incluyen declaraciones de clientes sobre su experiencia con el producto.

Y así se puede continuar durante semanas.

Hay que recalcar que no se está manipulando la información, sino que se está gestionando para darle una frecuencia que mantenga vigente el interés durante cierto tiempo.

No se ha enviado la misma información dos veces y aunque todo gire en torno al producto, cada dato facilitado ofrece un «gancho» especial de noticias para diversos medios.

De esta manera es como se mantienen personajes famosos «en el candelero», y libros o películas generan «ruido» dando lugar a verdaderos fenómenos sociales. Se trata de encontrar un filón inédito de noticias que dé la oportunidad de estar constantemente en los medios.

9.3. Exclusivas y silencios

La exclusiva, también conocida en inglés como *scoop*, es una noticia que se facilita a un único medio con la intención de que la informacion reciba un trato destacado y se difunda con la mayor eficacia.

Tiene la desventaja de que otros medios puedan sentirse desplazados y no atender una noticia de la misma organización en el futuro como desagravio. Sin embargo, si se utiliza con profesionalidad y de manera equilibrada, su uso no está completamente desaconsejado.

Es evidente que un periodista agradecerá recibir una exclusiva, pero hay que tener en cuenta que no tiene obligación de difundir la información si al final no se trata de una verdadera noticia.

Cabe decir que es recomendable que cuando se negocie una exclusiva se hable con un informador de confianza, y no con uno con el que se tenga una relación reciente o superficial. Es normal que después de un trato continuo surja cierta familiaridad que puede ser aprovechada para realizar este tipo de acciones con la mayor seguridad.

El silencio en RRPP no se puede confundir con el off-the-record (Imagen: http://www.erateproducts.com/)

Por otro lado, cabe decir que la gestión de la comunicación también incluye la gestión de los silencios. Esto no se tiene que confundir con el *off-the-record*, ni con la errada práctica de decir «sin comentarios» ante preguntas directas de los periodistas.

La gestión de los silencios se refiere a la estrategia de una organización para determinar qué información facilita y cuál se reserva en función de sus intereses. Puede tratarse de informes financieros, de proyectos para nuevos productos o servicios, de fichajes y nombramientos, de negociaciones o de cualquier dato que, por las razones que sean, puedan afectar negativamente a su imagen.

Por ejemplo, durante la negociación de un acuerdo entre dos bancos las dos entidades tienen derecho a reservarse la realización de sus contactos hasta que no lleguen a un acuerdo en firme.

Estos silencios tienen que estar supeditados a criterios legales y nunca serán objeto de regateos por parte de la organización, ya que si los medios solicitan información, lo más indicado es enviársela en cuanto sea posible.

9.4. Filtraciones y rumores

Las filtraciones y los rumores deberían de ser erradicados de las actuaciones de relaciones públicas. Estas prácticas faltan a la ética y al principio de transparencia que deben regir en el sector. Su utilización por algunos RRPP sin escrúpulos han dañado injustamente la reputación de toda una profesión.

Los profesionales éticos siempre actúan en representación de una organización y esta relación debe ser expuesta de manera transparente para evitar suspicacias o malos entendidos.

Las filtraciones son motivadas por opacos intereses y consisten en la entrega de información privilegiada a los medios de comunicación para que éstos la difundan, aceptando no revelar la fuente de tales datos.

Las filtraciones sólo se comprenderían si se tratara de información cuya reserva entrañara implicaciones jurídicas para quien la conoce. Pero en estos casos lo mejor siempre es seguir lo establecido por la ley y emprender las acciones que ésta dicta.

Su utilización con fines económicos o políticos atenta contra el derecho de la sociedad a recibir información libre de manipulaciones o alteraciones interesadas.

Asimismo, los rumores son especulaciones no confirmadas que se intentan dar por ciertas con un objetivo determinado. Su origen puede conocerse, pero hasta que se aclaran o rectifican por completo pueden causar un daño considerable a la reputación de una organización.

Esta práctica, que se circunscribía a los medios sensacionalistas, es una tentación para la prensa seria que vive una fiera competencia en la carrera por obtener información para su público.

De cualquier manera, dar un rumor por cierto no cumple una de las reglas básicas del periodismo: la que dice que se tiene que contrastar cualquier información antes de difundirla públicamente.

Algunos periodistas de dudosa reputación intentan comprobar la validez del rumor al mismo tiempo que lo hacen público mediante pseudo-entrevistas que acaban sembrando la duda en torno a la organización.

Sin lugar a dudas, estas prácticas han dañado la confianza de la sociedad en los medios, pero también la imagen de profesionalidad del sector de las relaciones públicas, al que se asocia en algunos momentos con la manipulación, la intoxicación y la mentira.

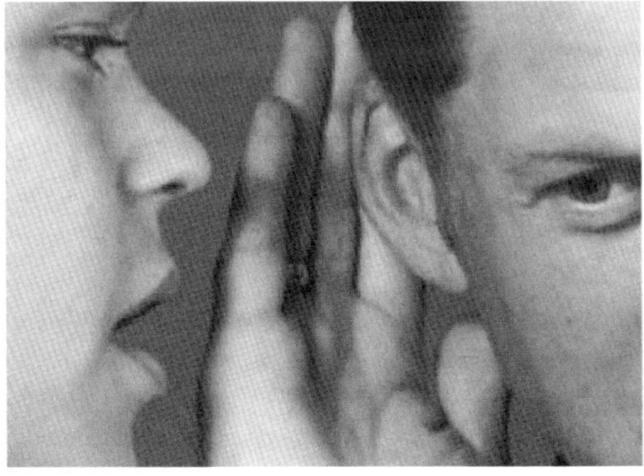

El rumor es una especulación no confirmada
(Imagen: http://www.azuredoor.freeserve.co.uk/)

9.5. Rectificaciones y fe de erratas

Hay ocasiones en que, como sucede en todas las actividades de la vida, los periodistas cometen errores. Sin embargo, las consecuencias de este tipo de fallos son magnificados por los medios, pudiendo poner en verdaderos aprietos a una organización por una información incorrecta.

Los estrictos plazos que impone la dinámica de los medios, un simple error al teclear, los malos entendidos o un sinnúmero de aspectos imprevisibles pueden ocasionar que la información que finalmente es difundida contenga imprecisiones o juicios equivocados.

Un verdadero profesional de las relaciones públicas tiene que saber cómo lidiar con una situación de éstas, puesto que más temprano que tarde se tendrá que enfrentar a alguna.

Aun ante la presión de los responsables de la organización cuya imagen se ha visto afectada por el error, lo recomendable es intentar aclarar dónde se ha producido el fallo antes de contactar con el periodista. Como siguiente paso se debe entrar en contacto con el informador para exponerle la situación e intentar encontrar una solución de forma conjunta.

Hay que evitar gestionar este tema mediante el correo electrónico u otra forma de comunicación escrita sin antes haber hablado directamente con el periodista que publicó la información incorrectamente.

En esos momentos de confusión y enojo, el profesional de RRPP debe mantener la calma y hacer ver a los responsables de la organización que es imposible evitar completamente este tipo de errores, porque se trata de un proceso en el que intervienen humanos y que lo mejor en ese momento es buscar una solución satisfactoria para todas las partes antes de entrar en una discusión directa.

Nunca es recomendable dirigirse a los superiores del periodista para dirimir estas situaciones. Sin lugar a dudas, el primer interesado en aclarar una imprecisión es quien la ha difundido, y si puede solventar el problema sin el concurso de sus jefes, con toda probabilidad lo hará si se trata de un verdadero profesional de la información.

Se esperaría que un gran error fuera reconocido por el medio otorgándole un espacio especialmente destacado. Sin embargo, esto difícilmente ocurrirá y es probable que a lo más que se llegue sea a que la imprecisión sea aclarada mediante una breve fe de erratas o en la sección de defensor del lector.

Esto puede parecer limitado y no satisfacer a la organización, quien exigirá una reparación total aduciendo su derecho a réplica, llegando incluso a mencionar la posibilidad de recurrir a los tribunales si no se le atiende como es adecuado. Aunque está en todo su derecho y le asiste la razón, este puede no ser el mejor camino que se podría tomar, puesto que provocaría el disgusto del medio y el enfrentamiento tardaría tanto tiempo en resolverse que podría convertirse en algo irrelevante en el momento de su resarcimiento.

Quizás no sea una postura que se comparta de forma general, pero hay que pensar que es mejor un mal arreglo que un buen pleito. En este sentido, es posible buscar alternativas para reparar el daño causado, incluso más allá del reconocimiento público del fallo. Por ejemplo, se podrá negociar la realización de un amplio reportaje o de una entrevista en profundidad con alguno de los responsables de la organización para que sea incluido de forma destacada en el medio en cuestión.

Este tipo de negociaciones no tiene por qué poner en riesgo la independencia del medio ni su credibilidad, porque sólo se incluye la información que se considera relevante para el público, nada más. Lo único que debe hacerse es tener una especial atención a un tema que ya ha parecido interesante.

Es obvio que existen ciertos tipos de imprecisiones que pueden tener consecuencias catastróficas para la organización. En estas ocasiones se tiene que presionar al medio para que realice una justificación, e incluso ir más allá y considerar la realización de otro tipo de actuaciones de comunicación (informar a empleados, clientes y colaboradores directamente, convocar a una rueda de prensa, o realizar anuncios pagados, por ejemplo) para aclarar la situación.

Ser una «víctima de los medios» es inaceptable para las organizaciones[14], pero cuando se trata de errores fortuitos lo mejor es buscar una solución antes que terminar en una pelea en la que se tienen todas las papeletas para perder.

El papel del profesional de las relaciones públicas consiste en defender la reputación del cliente, pero cuando ha sucedido algún problema totalmente ajeno a su control, debe ofrecerle consultoría para dirimir estratégicamente este tipo de situaciones.

No todo lo que aparece en los medios de comunicación sobre la organización es responsabilidad del RRPP, pero sí la forma de gestionar una información injusta, una publicación errónea o una crítica infundada.

9.6. Alerta a los medios e información embargada

Las alertas a los medios, o *media alert* en inglés, son avisos cortos cuya función es llamar la atención de los periodistas sobre una información que requiere ser atendida de manera urgente.

Normalmente se trata del envío de un titular que resume la noticia de una manera impactante. Se puede enviar por correo electrónico o mediante un mensaje al teléfono móvil.

Hay que destacar que los periodistas acreditados en el Vaticano recibieron una alerta en sus teléfonos móviles para anunciarles la muerte de Juan Pablo II.

---

14 SILVERMAN, Ben: *Don't be a media victim*. Web PR Fuel. http://www.prfuel.com/archives/000299.html. 29 de diciembre de 2004.

No es recomendable utilizar las alertas de medios por la normal necesidad de llamar la atención de los periodistas cada vez que se distribuya alguna información, porque el efecto que se producirá en el medio plazo será contraproducente, ya que los informadores se cansarán de atender «falsas alarmas».

No hay que confundirlas tampoco con las notas ni con las convocatorias de prensa. Cada una cumple una función determinada, y sólo en casos realmente extraordinarios las alertas a los medios pueden invitar a los periodistas a asistir a un evento determinado.

Por lo que respecta a la información embargada, hay que resaltar que se trata de una práctica común entre las organizaciones anglosajonas. De hecho, en las notas de prensa que se lanzan en EEUU y Reino Unido se puede leer la leyenda *«For immediate release»*, mientras que se trata de una información que puede ser utilizada desde el momento que se recibe o con la indicación de «información embargada» hasta una fecha y hora futuras.

No se trata de una prohibición total y definitiva para no difundir una información a través de los medios de comunicación, sino de un acuerdo entre la organización y los periodistas para no divulgarla hasta un momento determinado.

La información embargada viene a ser como un anuncio (el lanzamiento de un producto, el comienzo de una fusión, etc.) que sucederá con total seguridad en una fecha ya prevista. Para que los periodistas puedan acceder a ésta tienen que firmar un acuerdo de confidencialidad en el que se comprometen a respetar la fecha en la que finalmente se podrá divulgar la noticia.

La intención de enviar una información embargada pretende dar a los informadores el tiempo suficiente para recopilar datos y así poder preparar mejor sus notas periodísticas hasta el día en que el anuncio se haga oficial.

No es conveniente mandarla con demasiado tiempo de antelación, porque se corre el riesgo de que los periodistas pierdan el interés o traspapelen la información.

También existe la posibilidad de que se dé una filtración sin que se pueda detectar su origen, dando al traste con la estrategia original y enfadando a los periodistas que estaban respetando el acuerdo de no divulgar la información.

9.7. Oportunidades informativas

Hay ocasiones en que la organización tiene que realizar un planteamiento estratégico de la comunicación que quiere dirigir externamente porque su propuesta informativa tiene un alcance limitado al ámbito de su actividad y, por tanto, su poder de influencia y disuasión es restringido.

En la búsqueda de alternativas para encontrar un «gancho» más noticioso a una información, se deben hallar oportunidades informativas que hagan factible su difusión masiva.

Bimbo México celebró su 50 aniversario en la ciudad mexicana de Monterrey (Imagen: http://roycalvillo.eltribal.com.mx/)

Estas oportunidades informativas bien pueden ser un estudio de opinión sobre un tema de actualidad, un aniversario, la visita repentina de una celebridad, una historia personal, la organización de un concurso, por mencionar algunas. Se trata de aprovechar el interés de los medios en torno a un asunto para utilizarlo como amplificador de los mensajes de la organización.

Es una estrategia oportunista que puede aumentar la notoriedad y exposición pública de una organización sin necesidad de realizar grandes esfuerzos, sino más bien sacando provecho de la expectación y predisposición de los medios para buscar detalles novedosos de un acontecimiento determinado.

Por lo que respecta a los estudios de opinión, se puede decir que se trata de una estrategia constructiva, ya que aporta valiosos datos sobre una cuestión de interés público. Los medios están interesados en saber lo que más preocupa a la sociedad, su posición ante algún tema, las soluciones que proponen o incluso aquello que está dispuesta a llevar a cabo para combatir un problema.

Este tipo de información llena un hueco que difícilmente se cubriría de otra manera, por lo que no hay que desestimar el valor que puede representar para los medios y, por lo tanto, la cobertura mediática favorable que puede generar para la organización.

Estos estudios tienen que ser realizados por auténticos profesionales de la opinión pública para que los datos que aporten sean serios y no se les considere meros pretextos para la promoción sibilina de una entidad, sino como un vehículo que aporta un valioso conocimiento que promueve legítimamente una organización.

Los estudios de opinión tienen la ventaja de que se pueden segmentar, de tal forma que es viable ofrecer datos para su explotación mediática a nivel local. El público está cada vez más interesado en saber lo que sucede en su entorno más cercano.

Asimismo, la convocatoria de concursos es una excelente oportunidad para que una organización alcance diversos objetivos de comunicación. No solamente le aporta un foro para atraer el interés público, sino que además le permite establecer valiosos vínculos con líderes de opinión y otras audiencias clave.

Los concursos se pueden convocar para demostrar el compromiso de la organización con su entorno, cuyos premios pueden ser becas de investigación, apoyo a la realización de proyectos de acción social, promoción de valores para la protección medioambiental, por mencionar algunos.

Aprovechar otras oportunidades informativas puede ser parte de una estrategia de «guerrilla de relaciones públicas». Pero esto requiere de la organización una gran flexibilidad, reflejos y rapidez en la acción.

Se trata de obtener el mayor rendimiento de momentos coyunturales como:

- La celebración de un evento deportivo. (Mundial de Fútbol, Juegos Olímpicos, etc.).
- La conmemoración de una jornada dedicada a un tema determinado. (Día de la Mujer Trabajadora, Día de la Lucha contra el Sida, etc.).
- Un aniversario (5, 10, 25 ó 50 años del origen de la organización).
- El lanzamiento escenificado de una iniciativa. (La colocación de la primera piedra de una próxima construcción, el primer donativo a una campaña, etc.).
- Épocas de vacaciones. (Cuando baja la actividad política y empresarial y los periodistas tienen que buscar otro tipo de historias para los medios).

Cuando los medios de comunicación dedican muchos recursos a cubrir eventos masivos, como importantes competiciones deportivas, necesitan ocuparlos de la manera más intensa posible. Por este motivo, historias que probablemente serían ignoradas bajo otras situaciones se convierten en noticia al abrigo de un acontecimiento.

Los periodistas también necesitan llenar de contenido celebraciones que cuentan con el interés y el respaldo de la sociedad, por lo que serán bienvenidas las historias que propongan ganchos novedosos sobre dichos temas.

Por ejemplo, en los Juegos Olímpicos, los periodistas destacados para cubrir el acontecimiento dan la bienvenida a las noticias que le pudieran ayudar a llenar el tiempo previo a la celebración de las competiciones.

Los aniversarios son hitos ideales para obtener oportunidades informativas por el interés que puede provocar la historia de una organización a lo largo de un determinado tiempo.

De forma paralela, habría que considerar la conveniencia de presentar esta oportunidad informativa de una forma más personal. A todo el mundo le gustan las historias de éxito y conocer a las personas que han sacado adelante un proyecto a pesar de los obstáculos que hubieran tenido que sortear hasta alcanzar el triunfo. No se trata de una estrategia sensiblera, sino de la constatación de un hecho que un periodista puede narrar como lo considere más conveniente.

Durante las épocas de vacaciones se pueden ver historias diferentes que no obtienen cobertura mediática en otros períodos del año, no porque no sean interesantes, sino porque el espacio de los medios es limitado y se tienen que primar otras noticias. Los días de fiesta son momentos en que los periodistas están más abiertos a escuchar las propuestas de los profesionales de RRPP.

En definitiva, es cuestión de esperar el mejor momento para encontrar las mejores oportunidades informativas.

No se trata de encontrar cualquier pretexto para «estar en los medios», sino realizar un análisis ágil sobre las oportunidades que aparecen todos los días para descubrir entre todas éstas una que sea adecuada al perfil de la organización y cuyo aprovechamiento no sea mal visto por los periodistas ni por el público.

Las relaciones públicas son ideales para realizar este tipo de acciones que, con un esfuerzo relativamente pequeño, ofrecen buenas opciones para difundir los mensajes de la organización de forma oportuna, constructiva y relevante para un público masivo.

9.8. Calendario editorial

traveltrade magazine

EDITORIAL SCHEDULE 2012

Tel. 647.933.9070
www.traveltrademagazine.com

Month	Region	Destination of the Month	Featured Destinations	Industry Focus
January	Caribbean	Mexico	Costa Rica Jamaica Cuba	Cruise Resorts
February	Africa & Middle East	South Africa	Morocco Qatar UAE	Luxury Safari Adventure
March	United States	California	New York Florida Hawaii	Airlines Hotels
April	Western Europe	UK	Ireland Scotland	Golf Rail
May	Europe	France	Spain Portugal	Culinary Wine Tours
June	Canada	Ontario	BC Alberta Quebec	Adventure Rail
July	Asia	Japan	Singapore Malaysia Thailand	Technology Airline
August	Europe	Germany	Belgium Switzerland Czech Republic	River Cruises Hotels
September	Oceana	Australia	New Zealand Indonesia Fiji	Wine Tours Resorts
October	Caribbean	Caribbean	Central America Mexico	Romance, Honeymoon & Destinations Weddings Cruise
November	Meditarian	Italy	Turkey Croatia	Cultural Cruise
December	South America & Central America	Brazil	Argentina Chile	Adventure Eco Tourism

info@traveltrademagazine.com traveltrade

Calendario editorial de la revista Travel Trade (Imagen: http://traveltrademagazine.com)

Otra táctica de relaciones con los medios es la elaboración de un calendario editorial, que consiste en la confección de una agenda en la que se introducirán los temas que diversos medios tratarán en sus próximas ediciones. De esta manera se podrá saber con anticipación qué oportunidades informativas se pueden ofrecer a los periodistas con motivo de los especiales que estén preparando.

Por ejemplo, una revista de cine tiene espacios definidos temporalmente para una serie de eventos, como la entrega de premios Oscar, los Globos de Oro, los Festivales de Cannes, Berlín, etc.

El calendario editorial de cada medio puede ser público o privado. Algunos incluso ofrecen el suyo a los profesionales de las RRPP a través de llamadas, correos electrónicos o publicándolo en su página web.

Un calendario editorial tiene que contener la siguiente información:

- Tema.
- Fecha de publicación.
- Medio.
- Periodista designado.
- Cierre de la edición.

Si se conoce con tiempo, se pueden enriquecer los contenidos de un medio mediante la recopilación de material de prensa u organización de encuentros con portavoces. Por esto es recomendable la elaboración y actualización constante de calendarios editoriales.

(Ver anexo al final del capítulo).

10. Cartas al director y otros espacios de participación del público

CARTAS

AL DIRECTOR

Los textos destinados a esta sección no deben exceder de 30 líneas mecanografiadas. Es imprescindible que estén firmados y que conste el domicilio, teléfono y número de DNI o pasaporte de sus autores. EL PAÍS se reserva el derecho de publicar tales colaboraciones, así como de resumirlas o extractarlas. No se devolverán los originales no solicitados, ni se dará información sobre ellos. Correo electrónico: CartasDirector@elpais.es Una selección más amplia de cartas puede encontrarse en: www.elpais.es

Cero en Matemáticas

Parece que el único problema del sistema educativo es la Religión. Dentro de unos días, con motivo del final de curso, aparecerán publicados los índices de fracaso escolar y otra vez se planteará la desastrosa formación matemática de los jóvenes españoles y se intentará encontrar al culpable.

Si ha habido una asignatura realmente masacrada por la ley educativa vigente, no ha sido la Religión, sino las Matemáticas. A alguna mente iluminada, allá por los principios de los años ochenta, se le ocurrió que para acabar con el fracaso escolar era preciso reducir la carga lectiva semanal en esta materia de cinco a tres horas y aligerar contenidos de forma que el alumno se pasara medio año repitiendo exactamente todo lo estudiado en el año anterior. El fracaso en la asignatura, curiosamente, no ha disminuido. Lo único que se ha conseguido es que al final de la ESO, los alumnos, en el mejor de los casos, tengan un nivel prácticamente similar al del antiguo 8º de EGB . Luego viene el bachillerato LOGSE, y en dos años hay que cubrir todo aquello que anteriormente se veía en cuatro, a costa de ir deprisa, sin rigor y sin profundización. Todo se reduce a dar unos cuantos trucos y métodos para superar la selectividad con éxito.

Hasta los mejores alumnos salen del bachillerato con la idea de que en Matemáticas no hay que estudiar y que no hay teoría ni demostraciones. Me sorprende que las universidades no hayan gritado más alto y más claro contra esta barbaridad. Algún tímido intento se ha hecho para intentar arreglar el problema, pero no ha pasado de un parcheo insuficiente.

Imagino que las academias privadas estarán rezando para que el actual sistema educativo se perpetúe y así seguir teniendo sus locales llenos de alumnos que se las puedan permitir, aprendiendo todo aquello que deberían haber aprendido antes gratuitamente.— **Teresa González Rodríguez**. Madrid.

Rectificación

En la información contenida en el diario EL PAÍS del viernes 25

Las cartas al director también son espacios en los que puede participar un profesional de las RRPP (Imagen: El País)

Los medios tienen el deber de mantener una comunicación constante con su audiencia y, para cumplir tal fin, configuran parte de sus contenidos con la participación directa de su público. Algunas veces estos espacios tienen una gran audiencia conformada no sólo por los mismos participantes, que son sin duda de los más informados y combativos, sino por miles de personas que se sienten representados en estos espacios.

Aunque en principio pueda pensarse que estos espacios son configurados exclusivamente por personas físicas, no se debe perder de vista que el público también está formado por organizaciones de muy diverso tipo que tienen derecho a manifestarse en estas secciones.

El espacio del público es una oportunidad para comenzar o reforzar una campaña de RRPP, y difícilmente será el único pilar de una estrategia integral de comunicación. Sin duda es un apoyo importante para obtener una mayor cobertura mediática o para impulsar un tema que no ha alcanzado la notoriedad pública que merece.

Sucede que una carta que se publica en el espacio del público puede motivar el interés de la misma redacción del medio para profundizar en el tema tratado.

Su importancia puede llegar a ser tal que algunas organizaciones, sobre todo las que tienen fines políticos, la utilizan de forma organizada para crear una verdadera avalancha de cartas a los directores de los principales medios de comunicación. En estos casos, su utilización conduce a engaño y debe ser reprobada, porque se quiere hacer creer tramposamente que son individuos que envían las misivas de manera independiente y no organizaciones que se encuentran detrás de una campaña con fines ideológicos.

Los envíos que se hacen a estos espacios consisten primordialmente en cartas con breves mensajes, adaptados según las especificaciones de los propios medios, en los que se adjuntan datos como nombre completo, dirección postal, correo electrónico, teléfono y número del documento de identidad del responsable de la organización que ha mandado la comunicación.

La utilización del espacio de cartas al director no debe plantearse como un fracaso de las otras herramientas de RRPP, ni debe verse como un recurso desesperado después de que no haya encontrado eco a sus mensajes. Actuando con transparencia, cualquier organización tiene toda la legitimidad para participar en estas secciones y contribuir con su propio punto de vista en un tema determinado.

Asimismo, los teléfonos abiertos al público, tanto en radio como en televisión, son canales que pueden ser utilizados por las organizaciones para difundir sus mensajes o para participar en una discusión en la que esté en juego su reputación, imagen o intereses.

Hay que tener especial cuidado en el modo de participar a través de teléfonos abiertos al público, ya que generalmente los utilizan programas en directo que requieren rapidez, seguridad y empatía por parte del portavoz que haga la llamada.

Si se llama a un teléfono abierto al público para hacer una rectificación, el portavoz tiene que contar con un documento en el que base sus declaraciones y ofrecerlo al programa para que pueda revisarlo en profundidad.

Además, internet ha abierto espacios de participación en los que la gente puede participar libremente y comentar sobre cualquier tema sin cortapisa alguna.

Foros, blogs, sitios de recomendación, redes sociales... Cada vez hay más lugares en la red en donde la gente se encuentra, conversa sobre marcas, productos, empresas y opciones políticas.

El reto para las organizaciones es entrar en esta conversación, ya que es parte de la nueva realidad en la que el público está comenzando a determinar lo que es verdaderamente relevante y, de esta forma, influye en la manera en cómo se percibe el mundo.

La participación de las organizaciones en este tipo de espacios no debe verse como una amenaza a la libertad de expresión de los medios, sino como el ejercicio de este derecho común por parte de otros actores que también conforman al gran público.

11. Curso de formación de portavoces

Todas las organizaciones deben saber de la necesidad de que sus portavoces reciban una formación específica para enfrentar una comparecencia en los medios de comunicación o para realizar presentaciones importantes frente a determinadas audiencias clave[15]. Para eso se apoyan de herramientas como los mensajes clave, que ya se han visto anteriormente, y las preguntas y respuestas que se explicarán a continuación.

Esta preparación es conocida como curso de formación de portavoces y se encuentra entre los servicios más demandados en el sector de las relaciones públicas.

Estos cursos tienen varios objetivos:

- Familiarización de los portavoces sobre el panorama de medios en su mercado.
- Enseñanza de la dinámica de cada tipo de medio.
- Creación conjunta del discurso, mensajes clave y preguntas y respuestas. Hay que recordar que se deben utilizar frases cortas que puedan funcionar como titulares.
- Realización de ensayos bajo condiciones similares a las que tendrá que afrontar en la realidad, como una entrevista, una rueda de prensa, un discurso, una presentación, etc.
- Visionado de actuaciones de diversos portavoces.

15 Mikyla, Liz: *Television news from the inside and out.* Women's business Minnesota. Agosto, 2004, pp. 10 y 11.

Soraya Sáenz de Santamaría, Vicepresidenta primera, Ministra de la Presidencia y Portavoz del Gobierno de España
(Imagen: http://www.elpais.com)

- Detección de fallos frente a la cámara o el micrófono, como la utilización de muletillas o frases hechas, y la manera de evitarlos en el futuro.
- Ayuda a mejorar su capacidad de comunicación mediante la formación en técnicas específicas. Puentes, ganchos, banderas, respuesta+1, entre otras que se verán más adelante en este capítulo.
- Destacar la importancia del lenguaje no verbal y de la comunicación emocional.
- Aconsejar sobre cuestiones de estilo, como vestimenta, accesorios, maquillaje, etc.

Para este tipo de cursos es conveniente la participación de un periodista en activo para que le pueda dar una sensación más real a los ensayos que realicen los portavoces.

Los cursos pueden realizarse en grupo o de manera individual. Las sesiones grupales deben asegurar que todos los participantes reciban una atención personalizada, sobre todo en el momento de la fase práctica de la formación.

La duración de un curso implica completa concentración de los participantes y su extensión puede ser de uno o varios días, pero conviene no saturar al portavoz para que pueda reflexionar sobre lo que ha aprendido en las sesiones.

Para aquellos portavoces que ya han sido formados con anterioridad, es conveniente que cada cierto tiempo se reciclen para conocer la nueva realidad del universo mediático y refuercen los conocimientos adquiridos en el pasado.

Incluso hay portavoces que se preparan de cara a las presentaciones más importantes que tienen que realizar.

Los cursos de formación de portavoces no son escuelas de «manipulación informativa». Representan la oportunidad de conocer las «reglas del juego» de los medios y el modo de obtener el mayor provecho a las intervenciones públicas, respetándolas.

Muchas veces los portavoces de una organización se tendrán que poner frente a un periodista, por lo que conviene que estén preparados para pensar, decir y actuar apropiadamente. No hay que olvidar que las cámaras no parpadean ni un segundo y que los micrófonos nunca dejan de escuchar.

11.1. Preguntas y respuestas

Una buena técnica para preparar una presentación ante un medio de comunicación consiste en plantear preguntas y respuestas sobre el tema que se va a tratar.

Un periodista tiene información y cuando busca a un portavoz lo hace con la intención de obtener más datos de un tema determinado o contrastar la versión con la que cuenta.

Si el portavoz se anticipa a las preguntas que le puede hacer un periodista, podrá contestar mejor y tendrá la oportunidad de difundir sus mensajes con mayor facilidad. En este sentido, deben haberse elaborado mensajes clave previamente a la confección de las preguntas, ya que aquellos determinarán en gran medida las respuestas.

Asimismo, se podrán prever aquellas preguntas que lleguen a serle incómodas y que puedan perjudicar la imagen que se quiera transmitir.

La técnica de preguntas y respuestas (PyR), también conocida como argumentario o *Q&A* en inglés, no es una fórmula para evadir preguntas difíciles, sino para saber darles una respuesta adecuada según los intereses del portavoz, sin limitar el derecho que tiene el periodista y la sociedad de obtener más información sobre un tema determinado.

Además, las PyR se preparan para no tener que pedir a los periodistas las preguntas que realizarán al portavoz antes de una entrevista, ya que esto se puede considerar una intromisión a su labor informativa.

Las PyR son una herramienta de trabajo interna, en cuya elaboración pueden participar un gran número de personas dentro de una organización, dependiendo del tema que se trate.

Por ejemplo, en el caso del lanzamiento de un producto de belleza personal, las personas que pueden participar en la elaboración del documento de PyR colaborarían en los departamentos de marketing, ventas, I+D y comunicación.

Si se tratase de un tema de crisis, como la retirada de un producto alimenticio, las personas que deberían participar en la elaboración de las PyR serían de marketing, ventas, logística, finanzas, calidad, legal y comunicación.

Las preguntas pueden articularse de la manera más realista posible, es decir, como si las hiciera un periodista.

Por esta razón, las preguntas pueden ser:

- Concretas (¿Qué sucedió?).
- Abiertas (¿Cuál es su opinión?).
- Con opciones propuestas por el entrevistador (¿Prefiere que la situación se resuelva de X o Y manera?).
- Múltiples (¿Su producto es nuevo y barato, satisface las necesidades del consumidor y ha alcanzado sus expectativas de venta?).
- Que cuestionan sobre la opinión de una tercera persona (¿Qué cree que opinaría X?).
- Hipotéticas (¿Qué pasaría si…?).

Las respuestas deben articularse de manera clara, concisa y natural. Claras y concisas, porque de esta manera se ayuda a presentar mejor un mensaje. Naturales, porque un portavoz que no pueda hacer suyas las respuestas nunca podrá trasmitirlas eficazmente.

También es importante preparar las respuestas pensando en el público al que le pueda interesar el tema, adecuando el lenguaje según sea más apropiado.

Asimismo, es conveniente incluir las palabras Sí y No al inicio de algunas respuestas, ya que así se determinará claramente el resto de la frase. (¿Está usted de acuerdo? Sí. Me parece que…).

Una respuesta eficaz desde el punto de vista de la comunicación es aquella que responde a la pregunta e incluye un mensaje clave. A esta técnica se le llama Respuesta + 1.

Un ejemplo: "¿Las materias primas utilizadas para fabricar su producto son de buena calidad? Sí. Las materias primas que utilizamos para el nuevo X son las de mejor calidad que ofrece el mercado. Nuestra empresa siempre utiliza los mejores insumos en la elaboración de todos nuestros productos".

Asimismo, es conveniente poder llamar la atención del público incorporando a la respuesta frases como: «Lo que debemos recordar es…», «El tema clave es…», «Todo lo que se ha dicho aquí puede resumirse en…».

Las respuestas más sólidas son aquellas que hacen referencia a hechos demostrables, como resultados de estudios, opiniones de expertos o estadísticas de diverso tipo.

Cuando no se tenga contenido para dar una respuesta, ya sea porque toca temas confidenciales o por carecer de información suficiente, es importante que se explique al público las razones por las que no se responde. («No puedo responder a su pregunta, porque no conozco el tema en cuestión»).

No es recomendable utilizar la lacónica frase «Sin comentarios», puesto que puede interpretarse como que el portavoz oculta algo o que no quiere responder a la pregunta.

Si la pregunta da lugar para un desmentido, no hay que dudarlo y aprovechar la oportunidad para hacerlo.

Incluso un portavoz tiene que estar preparado para responder a preguntas irrelevantes porque sólo así podrá centrarse en el tema que le interesa.

Los mensajes clave y las PyR pueden ser una herramienta que ayude a controlar las comparecencias frente a medios de comunicación, ya sea en formato de entrevista vis a vis o en rueda de prensa.

Merece la pena recordar una frase que ilustra perfectamente la importancia de las preguntas y respuesta. Charles de Gaulle, el famoso presidente francés, solía decir a los periodistas justo antes de comenzar una rueda de prensa: «Ahora estoy listo para darle las respuestas que he preparado para sus preguntas».

11.2. Las preguntas difíciles

La primera recomendación ante las preguntas difíciles es no mentir. Hay algunos entrevistados que prefieren la mentira a reconocer una mala situación contrastable en la realidad. Este error puede dañar irremediablemente la reputación del portavoz y de la organización que representa, en tal grado que sea invalidado como interlocutor para cualquier tema.

Hay que recordar que los periodistas no son personajes malignos que quieran poner contra las cuerdas a nadie, sino personas con la obligación de informar verazmente a su público. Pero también pueden ser «aliados» en momentos de crisis, cuando se tienen que trasmitir ciertos mensajes a la opinión pública y sólo es posible hacerlo a través de los medios masivos de comunicación.

Si los periodistas saben que han sido engañados, actuarán como cualquier persona, es decir, desconfiarán del autor de la mentira y no se prestarán a escucharlo en el futuro.

A continuación se ofrecen algunos ejemplos de preguntas difíciles:

- No permitir que se le coloque ante falsas alternativas. Por ejemplo, un periodista puede preguntar: «¿Su decisión se basó en su desinterés por el tema o en que simplemente desconocía las consecuencias que generaría?». En estos casos, lo mejor es hacer caso omiso de las alternativas y ceñirse a los mensajes que se hayan preparado.

- No responder a supuestos. «Frente a esta o aquella posibilidad, ¿cuál sería su postura?». Se tendría que decir que sólo se puede contestar sobre hechos y no sobre cosas que aún no han ocurrido.
- Tener cuidado con las preguntas previamente contestadas. "Aunque se sabe que su compañía no hizo nada por prevenir el accidente, ¿me puede decir qué medidas se tomaron?". Primero se debería aclarar que no se acepta la aseveración negativa y después se debería dar una respuesta positiva dentro de un determinado contexto.
- No debatir opiniones de alguien que no esté presente. «El señor X y el señor Y opinan que...». La respuesta debe ser de respeto a las opiniones de los demás, por lo que no es conveniente emitir juicios sin la oportunidad de comentarlos con aquellas personas a quienes se ha citado. Además, se debe prestar atención de manera elegante a la opinión del portavoz.
- La cita malintencionada. Cuando se trata de un portavoz con cierta trayectoria, los periodistas pueden querer saber qué ha dicho sobre algún tema en el pasado y recordárselo durante la entrevista como una forma de contraponerlo a la posición que sostiene actualmente. En esos casos, lo mejor es no intentar aclarar lo dicho anteriormente, sino situar la posición presente en el contexto actual. Negar lo evidente sólo contribuiría a que el portavoz pase por cínico.
- Mantener la relevancia. En algunas ocasiones, los periodistas pueden hacer alguna pregunta que puede no seguir la línea de la entrevista o ser de poco interés para el portavoz e incluso para el público. Estos cuestionamientos pueden distraer al entrevistado. En estos casos, la recomendación es contestar la pregunta, pero incluir un mensaje clave. Esta técnica es conocida como Respuesta + 1. «Estoy de acuerdo en todo lo que dice, pero me gustaría decir que (mensaje clave) y además (mensaje clave)».
- No permitir que se le pongan palabras en la boca. En un tema delicado, el matiz puede hacer la diferencia en una pregunta: «¿Su empresa defraudó al fisco por X millones?» «La empresa no defraudó al fisco por tantos millones». Con esta respuesta, la idea que puede prevalecer es que existe la posibilidad de que la empresa en cuestión haya defraudado al fisco, aunque no por «tantos» millones. Lo mejor es pensar unos momentos antes de contestar, negar la afirmación con otras palabras y llevar la respuesta a otro sitio más positivo para el interlocutor. «No. Niego rotundamente lo que usted dice. Nuestra empresa ha cumplido con todas sus obligaciones fiscales».

Los derechos de un entrevistado son los de cualquier persona. Cuando siente que se están vulnerando no hay que dudar en señalarlo de una manera educada, pero rotunda.

Los periodistas tienen el derecho de pedir información, pero siempre debe reinar el respeto con las fuentes de la noticia y el portavoz tiene el derecho de de exponer su punto de vista.

11.3. Puentes, ganchos y banderas

Hay otras técnicas para enfrentarse de manera exitosa a una entrevista en los medios de comunicación[16].

- *Puente.* Se trata de una técnica para promover el diálogo y de que el portavoz pueda liderar la entrevista llevándola a temas de su interés. Hay puentes para las preguntas positivas y para las difíciles. Un ejemplo de un «puente» para las primeras: «¿Qué hace usted? Hago X, pero lo importante es por qué lo hago y la razón es que...». Un puente para una pregunta difícil. «¿No están perdiendo su dinero los inversores de su proyecto?» «No. Si me pregunta qué ganarán quienes nos apoyan le diré que...».
- *Gancho.* Esta técnica permite al portavoz aportar más información de la que en un principio se le pudo inquirir. Un ejemplo: «¿Su producto es bueno?» «Le voy a decir las cuatro características por las que nuestro nuevo producto es el mejor del mercado. Primero... Segundo...».
- *Bandera.* Una bandera es una frase que avisa al periodista y al público que lo que va a decir a continuación el portavoz es algo importante. «Esta es un excelente pregunta. Ha tocado el punto más importante de la cuestión». Luego hay que añadir un mensaje clave, porque será el momento en el que se atraerá más la atención del público.

11.4. Elaboración y ensayo de un discurso

Aunque en primera instancia se pueda pensar que los discursos pertenecen en exclusiva al ámbito de la comunicación política, cada vez más se espera que los directivos del sector privado puedan exponer distintos temas ante diferentes audiencias. Esto les obliga a prepararse a conciencia para ser claros y creíbles con el fin de conseguir o mantener una buena imagen tanto para ellos como para la organización a la que representan.

El discurso, a diferencia de otros textos, tiene que ser elaborado teniendo en consideración que será leído, por lo que exige un lenguaje especialmente conciso, con frases cortas y fáciles de pronunciar.

Debe permitir el lucimiento del orador y por eso debe ayudarle a pronunciar mensajes positivos y convincentes al final de cada párrafo.

[16] BALICE, Mary: *How to give great media interviews: Prepare, control, educate.* Enero, 2001. Pfizer Views Making News.

Martin Luther King durante su famoso discurso conocido como «I have a dream» (Imagen: http://www.bligoo.com)

Aunque haya personas que sean capaces de improvisar una buena presentación, es menester contar con un discurso coherente, con un lenguaje conciso, con unos objetivos claramente definidos y adaptado según la audiencia a la que se va a dirigir[17].

Por lo general, los discursos se utilizan en presentaciones oficiales y eso determina su preparación. Por este motivo, los directivos pueden confiar su redacción en los profesionales de las relaciones públicas.

Un buen escritor de discursos debe conocer la personalidad del directivo para el que escribe. Debe saber qué expresiones utiliza normalmente, cómo le gusta hablar de sí mismo y de sus colaboradores, cuáles son sus puntos débiles y en cuáles está más fuerte. Sólo conociendo todo esto será capaz de responder a sus expectativas.

Como es evidente, debe existir mucha confianza y complicidad entre la persona que prepara el discurso y el directivo, ya que de otra manera no lograrán trasmitir los mensajes de la organización con seguridad, fluidez y eficacia.

Debe existir un periodo inicial de adaptación mutua y un intenso diálogo para perfilar el discurso que podrá ser utilizado en el marco de una junta de accionistas, la inauguración de una instalación, una cena con motivo de un aniversario, la aceptación de un premio, entre otras muchas situaciones.

---

[17] Seitel: Op. cit., p. 302.

Hay que recalcar que el autor del discurso es una persona al servicio del directivo, autoridad o político, quienes son al final los que deben establecer las grandes líneas en las que se desarrollará el texto que presentarán.

El discurso es, pues, responsabilidad última de quien lo presenta, no sólo de quien lo escribe.

Para elaborar el discurso se necesita responder a las siguientes preguntas[18]:

- Quién: Aquí hay que considerar tanto al orador como a la audiencia. Se parte de un conocimiento del directivo y se considera también el perfil del público ante el que se hará la presentación: relación con el orador, posición con respecto al tema, etc.
- Qué: Se trata del tema del discurso. También hay que tener bien claros los objetivos de comunicación que se persiguen con este texto.
- Dónde: El marco en el que se va a pronunciar el discurso, ya sea en un salón para decenas de personas o en un escenario ante un público de miles.
- Cuándo: Momento en el que se pronunciará el discurso. Es importante conocer esto para determinar la extensión del texto, ya que, dependiendo de la hora del día, éste tendrá que ser más o menos largo.

Conociendo todo lo anterior, la elaboración del discurso será más fácil, estará más enfocado al tema, personalizado al público y ambientado en el lugar y momento en el que será pronunciado.

Una vez que se tiene el discurso preparado, siempre es conveniente ensayar con el fin de que el orador se familiarice con éste, escuche cómo queda pronunciado con su voz, y se puedan hacer los cambios y adaptaciones que se estimen convenientes.

Además, es conveniente que durante los ensayos haya personas que no hayan estado involucradas en el proceso de elaboración del discuro para que puedan hacer comentarios objetivos y se logren detectar aquellos errores que, a fuerza de retomarlo una y otra vez, se hubieran podido colar en el texto final.

Se recomienda que se pida a los asistentes que expliquen con sus propias palabras el contenido del dircurso. De esta manera se sabrá realmente si los mensajes que se han querido transmitir son finalmente los que captará la audiencia.

Los discursos han dejado de pertenecer al ámbito político desde hace tiempo. Aprendiendo una serie de técnicas y contando con el apoyo de profesionales de las relaciones públicas, es posible que los directivos de organizaciones de todo tipo sean capaces de hacer presentaciones orales en las que transmitan con soltura, credibilidad y eficacia los mensajes de la entidad a la que representan.

De esta forma conseguirán mantener o mejorar la imagen y reputación tanto de su persona como de la organización.

---

[18] Seitel. Op. cit. 303.

12. Ruedas de prensa

Aspecto de una rueda de prensa
(Imagen: http://www.kyrgyzstan-cbf.org/)

Hay ocasiones en que la organización tiene un anuncio importante que hacer ante los medios de comunicacion y no puede ni debe apoyarse exclusivamente en el lanzamiento de una nota de prensa o de contactos directos con un puñado de periodistas. Además, la complejidad de la noticia aconseja abrir una vía de diálogo en la que puedan aclararse todos los detalles que entraña el tema en cuestión.

La rueda de prensa, también conocida como conferencia de prensa o *press brief* en inglés, es un acto en el que se convoca a un gran número de periodistas para hacerles partícipes de una información noticiosa y compleja. No sustituye a otras herramientas de comunicación o a las relaciones con los medios habituales, sino que se organiza con carácter extraordinario para difundir un hecho realmente novedoso.

Este acto informativo se justifica sólo cuando el tema a comunicar resulta demasiado complejo como para hacerlo a través de un contenido escrito. Hay que evitar la convocatoria de una rueda de prensa para presentar algo que se podría explicar fácilmente a través de un escrito o con una simple llamada a los periodistas.

La rueda de prensa debe realizarse atendiendo la dinámica y las necesidades de los medios de comunicación. Por este motivo, deben tener una duración no mayor de una hora, organizarse en unos horarios convenientes para los periodistas (preferiblemente por la mañana, de martes a jueves) y caracterizarse por un carácter abierto en el que todas las preguntas de los periodistas sean atendidas.

Es importante que la organización que convoca la rueda de prensa realice una presentación ordenada y breve, pero lo más completa posible. Con este fin, para hacerla más ágil y gráfica, siempre será bienvenido cualquier tipo de apoyo audiovisual.

La recomendación de organizar una rueda de prensa por la mañana atiende a la necesidad de dar tiempo a los periodistas para preparar la noticia. Hacerlo por la tarde dificulta la realización de su trabajo. Asimismo, no es aconsejable convocar el acto el lunes, por ser el primer día en el que se comienza a organizar el resto de la semana; ni tampoco es conveniente hacerlo un viernes, dada la limitación de recursos que tiene una redacción de cara al fin de semana.

Las once de la mañana es la hora ideal para la realización de este tipo de actos, porque permite que los periodistas se trasladen desde sus redacciones y les asegura que tendrán tiempo para hacer otras actividades. Es conveniente ser puntual en la celebración de las ruedas de prensa por respeto a los informadores que han llegado a tiempo a la convocatoria, por lo que sólo se podrán conceder algunos minutos de cortesía antes de comenzar.

Los portavoces que participen en la rueda de prensa tienen que saber de antemano que en un acto informativo de estas características pueden surgir cualquier tipo de preguntas, y no sólo aquellas relativas al tema específico que se está presentando. También es cierto que el orador tiene el derecho a dirimir estas cuestiones de la forma que lo considere más conveniente.

Una rueda de prensa debe realizarse en un sitio céntrico, con todas las comodidades para el ejercicio periodístico, es decir, debe contar con los elementos técnicos necesarios y ser un lugar donde se evite cualquier tipo de distracción. Puede ser en la misma sede de la organización, en un hotel o en algún sitio destinado a la realización de este tipo de actos.

En ocasiones se puede permitir cierta creatividad para hacer más impactantes las ruedas de prensa. Pueden escorgerse sitios especiales que tengan alguna relación con la noticia, aunque no sean escenarios habituales para este tipo de actos informativos. Por ejemplo, se han realizado presentaciones de videojuegos de velocidad en un circuito real de competición de carreras, o en el césped de un estadio de fútbol para lanzar un nuevo equipamento deportivo.

El sitio de realización de la rueda de prensa debe ser visitado con anterioridad para verificar los espacios con los que cuenta y para conocer las necesidades técnicas que habría que cubrir de manera independiente. Por ejemplo, micrófonos, ordenador, cañón para la proyección, pantalla, etc.

Asimismo, se tiene que estar presente antes para dar las indicaciones pertinentes sobre las necesidades logísticas, como la colocación de las mesas, los indicadores que muestren el nombre de los portavoces, el fondo de fotografía, la decoración del espacio (en caso de que fuera necesario), la señalización adecuada que indique claramente la realización del acto informativo y la coordinación con otros servicios auxiliares (como catering, azafatas, iluminación, decoración, etc.).

Cuando se trate de ruedas de prensa en el marco de giras de trabajo, es conveniente montar salas de prensa con todo lo que los periodistas puedan necesitar para realizar su labor informativa, como ordenadores con conexión a internet, cabinas de teléfono insonorizadas, faxes, etc.

Sala de prensa de Intermusic, en la Feria de Valencia (Imagen: http://intermusic.feriavalencia.com/)

De forma paralela, debe prepararse estratégicamente el acto informativo, y esto se refiere a la definición de los mensajes que se transmitirán durante la rueda de prensa. Se trata de un trabajo conjunto entre el RRPP y los portavoces en el que se tiene que establecer el contenido y la forma de la presentación.

El contenido se refiere a la preparación de mensajes básicos, preguntas y respuestas, y de la presentación, mientras que la forma tiene que ver con el orden de la rueda de prensa.

Es conveniente establecer con anticipación los roles que jugará cada uno de los portavoces para coordinar eficazmente la realización del acto informativo. Se recomienda la confección de un guión para determinar los tiempos y los turnos de palabra de cada portavoz, así como para indicar los aspectos técnicos si se trata de una presentación compleja con diferentes tipos de apoyos audiovisuales.

Otra recomendación es que se tiene que realizar un ensayo general previo a la rueda de prensa para afinar todos los detalles y corregir a tiempo cualquier fallo que se pudiera detectar.

12.1. Convocatoria de prensa

Una vez que se ha optado por la realización de una rueda de prensa, definidos sus contenidos, encontrado el espacio en el que se llevará a cabo y coordinado a los portavoces, es el momento de invitar a los medios de comunicación para que asistan al acto informativo. Esto se hace a través de una convocatoria de prensa.

La convocatoria debe contener:

- Título que indique que se trata de una convocatoria o invitación de prensa
- Nombre, cargo y medio del periodista al que va dirigida la convocatoria.

- Nombre de la organización que convoca
- Motivo de la convocatoria
- Nombre y cargo de los portavoces que participarán
- Hora, sitio y lugar de la realización del evento
- Datos de contacto a los que se puede dirigir el periodista

Es conveniente enviar la convocatoria de prensa tres o cuatro días antes de la realización del evento, porque hacerlo con mucho tiempo de anticipación puede hacer que se pierda entre el mar de información que se maneja a diario en una redacción. Invitar con precipitación un día antes puede hacer que los periodistas no puedan asistir por tener su agenda ocupada en otros eventos anteriormente.

También es importante determinar una lista de periodistas a los que se considera conveniente invitar dependiendo del tema de la rueda de prensa. Esta lista es la base con la que se trabajará, pero muy difícilmente será la enumeración definitiva de los informadores que finalmente asistirán.

La convocatoria de prensa puede enviarse por fax, aunque cada vez más se realiza a través del correo electrónico. Si la organización cuenta con una página web con sala de prensa, es conveniente incluir la celebración del acto en la agenda.

Aunque es un tema muy discutido tanto por periodistas como por profesionales de las RRPP, es conveniente informarse telefónicamente si los medios invitados han recibido la convocatoria. Lo que no se puede hacer es exigir a los medios que confirmen su asistencia al acto. Esto se hace con la intención de confeccionar un documento de previsiones para saber con qué informadores se podrá contar.

(Ver anexos al final del capítulo).

12.2. Después de la rueda de prensa

Es evidente que para que una rueda de prensa pueda ser considerada exitosa debe contarse con una debida asistencia de los periodistas, pero no se puede dejar de considerar la importancia estratégica de algunos medios antes que la cantidad de informadores que hubieran podido acudir a cubrir la noticia.

No es conveniente hablar de medios de calidad, porque sería injusto e inapropiado de un profesional de las relaciones públicas. Es verdad que hay unos cuyo alcance es masivo, pero todos tienen un poder de influencia, bien sea en el ámbito local, bien entre un determinado sector o bien en un grupo de población específico. Pero en algo se parecen todos, y es que cumplen una función socialmente valiosa y merecen el mayor de los respetos.

Se debe tener en cuenta que los medios son los vehículos para llegar al público y no un fin en sí mismos. Por eso, su asistencia en un acto informativo es un paso para lograr transmitir los mensajes de la organización. Pero si por algún motivo un periodista no asiste a la rueda de prensa, habrá que asegurarse de que recibirá la información que se haya originado en el evento, ya sea una nota y un dossier de prensa, imágenes, vídeos y radiocumunicados, y dejar patente que el portavoz central del acto puede responder a sus preguntas. De esta forma, no se perderá una oportunidad de obtener cobertura mediática para la organización.

La rueda de prensa es una táctica cuyos resultados tienen que ser valorados con distintos parámetros, no únicamente por el de la asistencia. Este acto es un momento en el que una organización busca llamar la atención de los medios durante un espacio de tiempo determinado, pero no es sino un escenario para trasmitir sus mensajes.

Si los mensajes obtienen cobertura mediática que cumple con los objetivos estratégicos de la organización, la rueda de prensa habrá cumplido con su misión.

Un profesional de las RRPP debe aconsejar a la organización sobre la pertinencia de convocar una rueda de prensa o si debe utilizar alguna otra herramienta de comunicación, consensuar con los responsables los medios a invitar si finalmente se decide convocarla, determinar los mensajes y las posibles preguntas y respuestas que pueden surgir en el acto informativo, organizar toda la logística del encuentro y dar seguimiento detallado para obtener la mayor cobertura mediática.

12.3. Declaración sin preguntas

Hay ocasiones en que se tiene que dar una noticia que, por su naturaleza, no puede dar lugar a falsas conjeturas, rumores o elucubraciones por las implicaciones negativas que éstas puedan ocasionar. Por ejemplo, la comunicación de la apertura de una investigación que se encuentre bajo secreto de sumario, la notificación de un hecho que afecta el honor de una persona, por mencionar un par de situaciones.

En estos casos puede convocarse a los medios de comunicación para la realización de una declaración sin preguntas. Se trata de una práctica que no tiene que poner en duda la voluntad de transparencia de una organización, porque atiende a unos criterios específicos que pueden tener incluso implicaciones legales en caso de incumplimiento.

Normalmente se trata de un mensaje escrito que el portavoz se limita a leer frente a los periodistas, quienes ya han sido advertidos de antemano de que no habrá preguntas al finalizar el acto. Como su deber es buscar información, con toda seguridad se levantarán manos o voces para realizar cuestionamientos, a lo que el profesional de RRPP debe recordar con amabilidad, pero con firmeza, de que del formato del acto se había avisado previamente.

Este evento informativo se puede organizar de manera parecida a una rueda de prensa, manteniendo el interés de obtener la mayor cobertura mediática, pero centrándose única y exclusivamente en el texto presentado.

Por desgracia, algunos políticos hacen un uso excesivo de este formato, causando malestar entre los periodistas, pero sobre todo dejando sin información que puede resultar clave y de interés para la sociedad.

Por lo anterior, su uso debe ser un recurso extraordinario, como en los casos excepcionales que ya se han señalado anteriormente, y no una práctica habitual para restringir la difusión de la información según lo manden intereses particulares.

13. Entrevistas

Una entrevista, el tercer grado de la opinión pública (Imagen: http://www.wiman.info)

La ingente necesidad de información de la sociedad contemporánea ha empujado a profesionales de todo tipo a tener que enfrentarse al escrutinio de los medios de comunicación.

Con objetivos de naturaleza muy distinta, médicos, abogados, científicos, políticos, directivos de empresas, entre muchos otros profesionales, tienen que responder a preguntas de periodistas que buscan obtener información sobre temas que interesan a su público.

Un médico tiene que explicar los detalles de un nuevo tratamiento, un científico habla de sus investigaciones, un abogado expone su posición en un juicio, un político presenta su plan de gobierno. Unos más que otros, pero todos estos personajes tendrán que someterse en algún momento a un chequeo ante la opinión pública.

Sin embargo, no todas estas personas están preparadas para una entrevista en los medios de comunicación, y esto hace que sean reticentes o que incluso lleguen rechazar pronunciarse sobre temas en los que son expertos.

13.1. ¿Cómo surge una entrevista?

Hay diversas motivaciones que llevan a un periodista a buscar un portavoz para obtener una información determinada.

Quizás se trate de obtener unos datos completamente novedosos para el público y necesite acudir a un especialista específico. También puede ser que esté tratando de completar y contrastar informes sobre un tema conocido.

Es importante hacer esta diferencia, ya que ser la única fuente para el periodista o ser una voz entre muchas determinará, en buena parte, el desarrollo de la entrevista.

Los profesionales de las RRPP buscan gestionar entrevistas para sus clientes. Sin embargo, si los portavoces no tienen un hecho «noticiable» que contar, hay pocas posibilidades de que logren interesar al periodista o, si lo logran, de que finalmente pasen el filtro de los jefes de redacción y obtengan cobertura mediática.

Es decir, una de las características de la entrevista es que tiene que aportar una novedad, una noticia para ser relevante y trascender en los medios de comunicación. En esto no se diferencia de otros formatos informativos.

13.2. Tipos de entrevista

Hay varios tipos de entrevistas cuyas diferencias determinarán la manera como un portavoz tendrá que enfrentarla.

- *Uno a uno*: Es cuando un portavoz dedica toda la atención a un único periodista que le hace todas las preguntas. Normalmente estos encuentros son concertados.

Entrevista grupal
(Imagen: http://www.ad.siemens.com.cn/)

- *Entrevistas grupales*: Como su nombre indica, son aquellas en las que uno o varios portavoces responden a las preguntas de uno o más periodistas. También estos encuentros son organizados previamente.
- *Satélite*: Se caracterizan por que el portavoz no ve al periodista, sino que escucha sus preguntas a través de unos audífonos o cascos. Es una entrevista concertada.
- *Telefónica*: Como su nombre lo indica, es la que se realiza por teléfono. En ésta pueden participar uno o varios portavoces al mismo tiempo.
- *La «melé o chacaleo»*: Estas expresiones se usan en Latinoamérica y tratan de explicar de una manera gráfica la forma en que un grupo de periodistas aborda abruptamente a un portavoz, casi obligándole a responder a sus preguntas. Estas entrevistas, por supuesto, no son organizadas, sino que surgen espontáneamente.
- *La «emboscada»*: Es un tipo de entrevista poco usual y se da en un momento en que no lo espera el portavoz, buscando provocar una reacción en éste[19]. Ejemplos de este tipo se ven diariamente en las entrevistas que se hacen a celebridades en los programas de prensa rosa.
- *Participación en paneles de expertos.* Aunque no es precisamente una entrevista, puede tener una preparación similar.

13.3. ¿Qué hacer cuando se recibe la llamada de un periodista?

Hay que conocer todas las características de la entrevista:

- Nombre del periodista. (Hay ocasiones en que el primer contacto lo hace una persona de producción y luego quien realiza las preguntas es un periodista).
- Tipo de medio. (Radio, tv, medios escritos, etc.).
- Medio en el que se realizará la entrevista.
- Si se trata de un programa, saber de qué tipo. (Con o sin público, con teléfonos abiertos, etc.).
- Público del programa. (Amas de casa, jóvenes, especialistas en alguna materia determinada, etc.).
- Formato de la entrevista. (Grabado o en directo).
- Duración de la entrevista.
- Horario de emisión.

---

19 UNICEF: *Mastering the media.* Web Unicef. www.unicef.org/sowc03/childrenskit/pdf/media-tips-eng.pdf. 30 de julio de 2004.

Algo que no se debe olvidar cuando se recibe una petición para una entrevista es pedir tiempo[20]. Lo mejor para un portavoz es tener unos momentos para ordenar sus ideas y llamar al periodista cuando se tenga una idea clara de los mensajes que se quieran transmitir y la mejor forma de hacerlo dependiendo del medio, del programa, del público, etc.

Si la entrevista está programada para algunos días después, se tendrá más tiempo para su preparación.

Una vez que se tengan los mensajes clave establecidos y las preguntas y respuestas preparadas, se pueden realizar prácticas con la ayuda de un colaborador, un amigo o un familiar, quienes harán las veces de entrevistador. Es conveniente grabar estas sesiones de entrenamiento y visionarlas para detectar errores[21].

A mucha gente le sorprende la manera como aumenta su seguridad ante una entrevista después de estos ejercicios. No sólo es probable que el periodista haga las mismas preguntas que ya se han ensayado, sino que el portavoz tenga mayores posibilidades de reforzar sus mensajes y de llevar a su terreno el desarrollo de la conversación.

La práctica es especialmente útil para saber enfrentarse a algunas preguntas difíciles. Pensemos en un médico que es cuestionado sobre la veracidad de unas pruebas clínicas que ha realizado. Un buen portavoz sabrá dar información para corroborar sus tesis sin perder los nervios, exponiéndolas con claridad.

Otra de las ventajas de la preparación previa de una entrevista es que sirve para asimilar el papel del periodista, cuya labor consiste en obtener información de interés, lo que hace que en algunos casos, por ser relevante para su público, plantee dudas o rebata algunos temas, sin que eso signifique ninguna animadversión personal de su parte contra sus interlocutores.

También es recomendable conocer el perfil del periodista y, si es posible, sus trabajos anteriores: si es un experto reconocido, su posición sobre ciertos temas, etc.[22]

13.4. Cada medio requiere su preparación

Hay consejos específicos para mantener y proyectar una buena imagen a la hora de comunicar según el tipo de medio que se trate.

Por ejemplo, para televisión se recomienda que los hombres no vistan trajes o corbatas a rayas, ya que su imagen puede resultar distorsionada al ser reproducida en un monitor.

[20] American Psychological Association: ***How to prepare yourself for a media interview.*** Web APA.org. www.apa.org/monitor/mar98/prep.html. 28 julio 2003.

[21] International Cyber Business Services, Inc. Business Resources Center: *8 tips to help you prepare for a media interview.* www.ecomhelp.com/KB/kb_media-interview.htm. 28 julio 2003.

[22] FRIEDMAN, Mitchell: *How to prepare for media interviews.* www.mitchellfriedman.com/text/Article_prepare_for_media.txt. 29 de julio de 2003.

Las mujeres pueden vestir de una forma más bien conservadora, con falda discreta, usando complementos pequeños (pendientes, pulseras, etc.).

Hay que recordar que la televisión es un altavoz visual y magnifica todo lo que capta, por eso un peinado llamativo, un complemento brillante o incluso un gesto más acentuado de lo normal pueden parecer grotescos en la pantalla.

También hay que señalar que los reflectores aumentan la temperatura de un plató varios grados, y eso sin contar el nerviosismo propio de estos momentos, por lo que la sudoración es inevitable. Por estos motivos, los portavoces de ambos sexos tienen que aplicarse maquillaje para evitar reflejos causados por el sudor que dan un mal aspecto.

Se recomienda actuar con naturalidad, sintiéndose cómodo y gesticulando normalmente. Hay que evitar estirar las piernas y no hay que cruzar los brazos, pues ambos gestos pueden denotar falta de seriedad o impaciencia. Se recomienda sonreír si el tema da lugar a ello y mantenerse serio si la cuestión del programa lo recomienda. No hay que mirar a la cámara, sino al entrevistador.

Para las entrevistas de radio se recomienda que el portavoz cambie el ritmo y el tono de voz (Imagen: http://www.davidfideler.com/)

Para las entrevistas de radio se recomienda cambiar de ritmo y de tono de voz, ya que así se mantendrá la atención de la audiencia. Una voz monótona aburre aun cuando la información que se esté trasmitiendo sea interesante.

En entrevistas en medios electrónicos hay que tener especial cuidado en no utilizar expresiones reiterativas o «latiguillos». También hay que asumir el papel de entrevistado y no pretender convertirse en el conductor del programa. La gente huye tanto de aquellas personas que se muestran demasiado inseguras como de aquellos que al mostrar demasiado aplomo pueden parecer prepotentes.

Para entrevistas en medios escritos existe la posibilidad de consultar papeles de apoyo, de pedir que le repitan la pregunta y de tener un espacio de reflexión para contestar de la manera más apropiada posible.

Para todos los medios es conveniente que el portavoz nunca piense que el micrófono o la cámara están apagados y se relaje. Es preferible no decir nada que no se quiera comunicar. Un comentario a la ligera puede arruinar una entrevista y la reputación de una persona.

Es oportuno mencionar esta parte cosmética de la preparación de una entrevista; sin embargo, su única función es quitar cualquier distracción al público para que pueda centrar toda su atención en el mensaje, que es lo que verdaderamente importa.

Aunque haya consultores que hagan hincapié en la forma de vestir, en el peinado o, incluso, en algún retoque estilístico producto de una estancia en un quirófano, el auténtico valor de un portavoz reside en su capacidad de transmitir mensajes al público. Y, por supuesto, que éstos sean relevantes para quien los reciba.

13.5. Otras recomendaciones para las entrevistas

Algunos portavoces poco habituados a tratar con los medios de comunicación pueden caer en el error de solicitar de antemano las preguntas al periodista. Esto no es recomendable en ningún caso, ya que no sólo se puede crear una idea negativa del portavoz (intención de censura), sino que denota la falta de conocimiento de la dinámica de un medio, en el que se evita cualquier retraso.

Lo que sí puede hacerse es enviar más información posterior a la entrevista con la que se apoye alguna declaración que pudo haber quedado difusa o incompleta.

Si se trata de un medio impreso y se va a ilustrar con una fotografía, hay que solicitar siempre que se haga después de la entrevista. Más de una vez ha ocurrido que una imagen sonriente de un portavoz acompañe a unas declaraciones difíciles, aunque reales. El resultado es grotesco y perjudicial para la imagen de la persona y de la entidad a la que representa.

Mantenerse alerta durante todo el tiempo de la entrevista[23]. Debido al ritmo frenético que impone la vida moderna, cada vez son más las cuestiones que se deben resolver casi al mismo tiempo, pero hay que darle a los medios de comunicación la atención que merecen.

Alguna vez ha sucedido que un portavoz está siendo cuestionado telefónicamente sobre determinado tema para un programa de radio en directo y se escuchan ruidos de fondo, así como que las respuestas no son ágiles o no guardan coherencia con el resto del discurso.

---

[23] HOWTORN, Jim: *The successful media interview.* www.online-pr.com/OnlinePRInterviewPreptips.html. 28 de julio de 2003.

Hay que evitar distracciones cuando se realice una entrevista telefónica (Imagen: http://extension.okstate.edu/)

Si se acepta una entrevista, sobre todo telefónica, se debe asignar un tiempo en el que se pueda mantener muy atento. Las distracciones del portavoz también harán que la audiencia pierda el interés, y denotarán desdén hacia el periodista y el medio que representa, porque evidentemente está atendiendo otros asuntos paralelamente.

Una pausa es comprensible cuando se está realizando una entrevista. No hay que tener miedo al silencio[24]. Un portavoz se puede tomar un momento para recapitular sus pensamientos y expresarlos de la mejor manera, aunque esto implique no hablar durante unos segundos.

Cuando se trate de un portavoz que no domina la lengua del periodista es importante estar seguro de que sus palabras se transcriben de manera literal, con el fin de evitar cualquier malentendido.

En estos casos, lo mejor es contratar los servicios de un traductor profesional, que cuente con un buen conocimiento del sector al que pertenece el entrevistado para poder captar de manera correcta y exacta las expresiones propias de un experto en la materia, como se supone es el portavoz.

Asimismo, cuando las palabras del entrevistado vayan a ser dobladas, es legítimo y conveniente solicitar escuchar la voz del locutor que realizará el doblaje.

Si no se está de acuerdo con la voz propuesta, se puede pedir un cambio de locutor con el fin de prevenir un doblaje que puede influir negativamente en la percepción que el público pueda hacerse del portavoz.

---

[24] HOWTORN, Jim: Op. cit.

13.6. Evaluación de la entrevista

Una vez terminada la entrevista, es importante revisar diversos aspectos[25]:

- No verbal: ¿Se estuvo en sintonía con el entrevistador?
- Cobertura: ¿Se generó alguna cobertura, positiva o negativa?
- Mensajes: ¿Se trasmitieron correctamente los mensajes clave?
- Control: ¿Se mantuvo el control durante toda la entrevista? (atención, calma, etc.).
- Agenda: ¿Se transmitieron todos los mensajes clave?

También habría que considerar los siguientes puntos[26]:

- Preguntas y respuestas: ¿Se previeron todas las preguntas que se preguntaron?
- Mensajes clave: ¿Se aprovecharon todas las oportunidades para trasmitir los mensajes clave?
- Claridad y concisión: ¿Se fue claro y conciso en las respuestas?
- Empatía: ¿Las respuestas fueron transmitidas de una forma amable y natural?
- Errores: ¿Se repitieron expresiones negativas del periodista? ¿Hubo nerviosismo? ¿Se utilizó la frase «Sin comentarios»? ¿Se trasmitieron datos erróneos?

La entrevista en un medio de comunicación no tiene que ser un ejercicio traumático para un portavoz. Muy al contrario, debe ser vista como una oportunidad para trasmitir los mensajes de la organización a la opinión pública.

En algunos casos se trata de un deber ante la necesidad del público de obtener información que sólo un experto puede aportar.

Tampoco es un terreno para iniciados, sino que cualquier persona con un poco de preparación puede enfrentarla exitosamente. El secreto, como en muchas otras cosas, es una correcta preparación.

14. Viajes de prensa

Hay muchas organizaciones y profesionales de las relaciones públicas que ven en los viajes de prensa una manera segura de obtener cobertura mediática de calidad. Esta lectura es peligrosa, porque se piensa que el medio que manda a un periodista fuera de

[25] Howtorn, Jim: Op. cit.
[26] UNICEF. Op. cit.

su ciudad está obligado a darle importancia a un evento aun antes de que éste haya ocurrido.

Es verdad que un viaje de prensa implica invertir un gran presupuesto, pero esperar que se recupere la inversión de manera automática no depende exclusivamente de un aspecto monetario.

Los viajes de prensa tienen que seguir las mismas reglas que cualquier evento de RRPP, es decir, ofrecer una noticia. Pero además tienen la característica esencial de que dicho acontecimiento tiene que realizarse forzosamente en un lugar determinado, razón por la cual los periodistas tienen que desplazarse fuera de su ciudad.

Si el acontecimiento (la presentación de un producto, la gira de un político, las actividades de una ONG) no ofrece nada novedoso, no obtendrá cobertura mediática, por más que se agasaje a los periodistas con vuelos en primera clase, noches en hoteles de cinco estrellas y lujosas cenas de gala.

Es verdad que un viaje de prensa ofrece una oportunidad ideal para establecer o reforzar buenas relaciones con los representantes de los medios de comunicación. Sin embargo, hay otras formas de mantener un contacto profesional fluido con los periodistas, sin necesidad de realizar grandes traslados y sobre todo sin incurrir en onerosos gastos.

No hay que olvidar que los periodistas tienen sus propios tiempos y su propia dinámica, por lo que separarlos de su lugar de trabajo, aunque pueda resultar atractivo desde fuera, les pone en una situación difícil que les hace plantearse la conveniencia de emprender cualquier viaje.

Si finalmente el medio decide enviar un representante, más vale que merezca la pena el esfuerzo. Hay ocasiones en que los periodistas se quedan sorprendidos (y molestos) al asistir a un viaje de prensa cuyo aspecto noticiable podría haber sido cubierto con una sencilla nota de prensa.

Pero si se trata de una evento noticioso, ¿no podría esperarse cobertura sin necesidad de organizar un viaje de prensa? Parte del trabajo de un profesional de relaciones públicas es el de facilitar el trabajo del periodista y un traslado de este tipo se justifica por este motivo. No hay que olvidar que los periodistas son los «testigos» de nuestro tiempo y, por tanto, aspiran a estar presentes en el momento y en el lugar exacto donde suceden las noticias.

A favor de la realización de los viajes de prensa también está el hecho indiscutible de que hay ocasiones en que los periodistas tienen que ser «parte de la historia» para poder contarla según su experiencia.

También cabe señalar que la mayoría de los medios tienen un presupuesto limitado para cubrir todos los viajes que tendrían que realizar, por lo que hacerlos con el apoyo de terceros también significa mayores contenidos para el público.

14.1. Reglas claras desde el principio

Un periodista necesita una atención especial durante un viaje de prensa. No sólo debe cubrir el evento al que fue invitado, sino que siempre querrá obtener información especial para darle a su historia un ángulo específico que lo diferencie del resto de los asistentes.

Por este motivo, es fundamental establecer reglas claras entre los periodistas y los organizadores desde antes de emprender el viaje.

Por ejemplo, un periodista podría pensar que, aprovechando el desplazamiento, puede realizar un reportaje amplio en el que se incluirán otras actividades además de las ya programadas o entrevistas con otros portavoces diferentes a los designados. Aunque la perspectiva de una buena historia pueda ser atractiva, lo más conveniente es centrarse en la noticia principal por la que fue organizado el viaje.

Es importante negociar con el periodista un futuro traslado o acceso a la información que pide en su lugar de origen, haciéndole notar que el viaje sea lo más productivo y eficaz posible para toda la prensa y que casos específicos podrían causar agravios comparativos que pueden resultar incómodos y difíciles de afrontar.

Por todo lo anterior, resulta indispensable establecer un programa antes de comenzar el viaje:

- Actividades (detallando brevemente en qué consiste cada una).
- El horario y duración de las actividades.
- Lugares de realización.
- Portavoces designados (indicando cargo y breve currículum).
- Traslados en el sitio –si los hay– (punto de encuentro, duración del traslado y medio de transporte).
- Documentación que recibirán (nota y dossier de prensa, imágenes, etc.).
- Si habrá traducción simultánea y en qué idiomas.
- Datos de contacto en el destino.

También es conveniente establecer cuestiones prácticas del ejercicio periodístico. Por ejemplo, a algunos periodistas les interesará saber si podrán contar con:

- Ordenadores conectados a internet.
- Faxes.
- Cabinas telefónicas insonorizadas para realizar conexiones radiofónicas.
- Imágenes del evento digitalizadas en alta resolución.

Si entre los enviados hay fotógrafos y cámaras, también se tiene que establecer:

- Qué se puede grabar o fotografiar y qué no (explicar las razones: cuidar secretos industriales, etc.).
- Si necesitarán la compañía de algún responsable en el momento de obtener las imágenes (explicar las razones: cuestiones de seguridad, etc.).
- Tipo de ambiente en el que se realizan las actividades (si son espacios abiertos o locales cerrados).
- Posibilidad de conexión a la red eléctrica y a la mesa de mezcla de sonido.
- Disponibilidad de conexión vía satélite.
- Videocomunicado.

Tampoco está de más tener muy claras las características del viaje:

- Tipo de transporte (aéreo, terrestre o marítimo).
- Duración del traslado.
- Requisitos migratorios (si los hay).
- Diferencia horaria (si la hay).
- Alojamiento (dirección y teléfonos del hotel, facilidades –piscina, gimnasio, centro de negocios, etc.–).
- Información sobre el destino (idioma oficial, tipo de cambio, sitios de interés, etc.).
- Clima previsto durante la estancia.
- Tipo de comida (platos típicos, ingredientes predominantes, etc.).
- Tiempo libre y actividades lúdicas (qué está incluido y qué corre por parte del periodista/medio).

Por cuestiones de seguridad, también es recomendable solicitar al periodista algún teléfono de un responsable del medio para poder contactar en caso de que surgiera algún imprevisto.

Algunas de estas recomendaciones pueden parecer exageradas; sin embargo, basta con que surja un problema para echar de menos tanta preparación.

Cabe destacar que hay ocasiones en que los temas a tratar son muy delicados o requieren un tratamiento especial de la información. Es el caso de hospitales, casas de acogida, asilos, cárceles, sitios de exclusión social, guarderías y colegios, entre otros. En estos casos es necesario apelar claramente a la ética periodística o incluso hacer firmar a los periodistas un compromiso para hacer un uso adecuado y responsable de todo aquello que hayan visto, oído o grabado.

Teniendo reglas claras se facilita el trabajo de todos, tanto del periodista, que sabe perfectamente a qué atenerse, como del profesional de las relaciones públicas, quien no tiene que preocuparse por solucionar imprevistos continuamente.

Partiendo de una relación profesional, será más fácil crear las condiciones para tener un trato más personal con los periodistas, nunca al revés. Buscar la amistad de un informador para después obtener una cobertura periodística es como comenzar a construir la casa por el tejado.

14.2. Viajes de familiarización a destinos turísticos

Existe un sector en el que continuamente hay que realizar viajes de prensa. Se trata de la industria turística. En este caso, los desplazamientos son mejor conocidos como viajes de familiarización, o *fam trips* en inglés.

El objetivo de este tipo de viajes es dar a conocer la oferta turística de un destino determinado entre los informadores para que éstos la difundan a través de los medios de comunicación.

Los *fam trips* son más que simples tours pagados a periodistas. Se trata de todo un reto logístico en el que cada miembro de la organización tiene que cumplir su cometido con eficacia para facilitar la visita del informador.

Dependiendo del tipo de viaje de que se trate, un viaje grupal tendrá todo un itinerario programado o, si es un *fam trip* individual, se darán las mayores facilidades para que un informador realice su visita sin inconvenientes.

En el primer caso, se trata de un programa en el que los organizadores se hacen cargo de todo (actividades, visitas, comidas y alojamiento). La ventaja de este tipo de viajes es que se sabe de antemano lo que conocerán, verán y experimentarán los periodistas, pero tiene el inconveniente de que se da una implicación más superficial con el destino.

Este tipo de viajes se rigen por programaciones saturadas de actividades con un horario muy ajustado en las que participan muchas personas. Por este motivo, hay

Viaje de prensa a Nueva York de periodistas noruegos (Imagen: http://www.visitusa.no/)

poco espacio para la improvisación y los periodistas se tienen que ajustar estrictamente a lo previamente acordado.

Por lo que respecta al viaje individual, supone que el periodista viva una experiencia única que después comunicará a su público desde un punto de vista más personal. Esto le llevará a enfrentarse a situaciones que en un traslado grupal no tendría que sufrir, como ir de un punto a otro del destino, comunicarse en una lengua que no siempre será la suya y a tener que gestionar sus propios recursos, tanto financieros como de tiempo.

En el caso de los viajes individuales, el profesional de relaciones públicas tiene que verificar:

- El medio al que pertenece el periodista.
- Su experiencia en otro tipo de viajes de familiarización.
- El tiempo que piensa estar en el destino.
- Su conocimiento sobre el destino.
- El dominio de la lengua.
- Los recursos financieros con los que cuenta (a diferencia del grupal, un viaje individual no será cubierto financieramente en su totalidad).

Si se trata de un «freelance», se tendrá que saber si se tiene un pre-acuerdo de publicación con algún medio y verificar la autenticidad de esta afirmación.

En el caso de viajes individuales, el profesional de relaciones públicas tendría que ocuparse de:

- Gestionar cartas de presentación para que el periodista tenga acceso en el destino a alojamiento y, en ocasiones, a alimentos.
- Coordinar con responsables de comunicación y relaciones públicas en el destino para que puedan facilitar al periodista información e imágenes, así como entradas a las atracciones del destino.
- Entrar en contacto con proveedores de servicios turísticos para que puedan facilitar los traslados de un punto a otro del destino.
- Organizar encuentros con celebridades locales para asegurar que las entrevistas que el periodista quiera realizar sean siempre con cita.

A diferencia del viaje grupal, la respuesta de los contactos en el destino no está totalmente garantizada cuando se trata de un único periodista, por lo que éste tiene que contar con sus propios medios. Asimismo, en ningún caso tiene que existir retribución monetaria con ningún informador.

Un profesional de las relaciones públicas tiene que saber que un periodista que va «por libre» escapa a su supervisión y, aunque no sea responsabilidad suya lo que suceda durante el viaje, resulta evidente que su principal cometido como guardián de la imagen del destino se pone en riesgo.

Cabe destacar que hay publicaciones que no aceptan ningún tipo de apoyo financiero en la realización de sus viajes de familiarización aduciendo que de esta manera no comprometen su objetividad. Este tema tiene varias interpretaciones, tanto del lado de los periodistas como de los relaciones públicas, pero resulta evidente que tanto unos como otros comparten el mismo fin: informar al público sobre un destino turístico.

Si el trato es respetuoso y se establecen desde el principio las «reglas del juego», entonces no habrá por qué esperar nada negativo de una relación basada en el respeto y en la cooperación entre profesionales.

14.3. Después del viaje

Una vez de vuelta en casa, es el momento de conocer la opinión que cada periodista se formó del viaje. Asimismo, es importante despejar cualquier duda sobre algún tema que pudo haber quedado poco claro durante la estancia en el destino y aportar más información si así lo requiere el informador.

Habrá quien aconseje realizar un sondeo entre los periodistas para conocer sus opiniones antes de que las publiquen, pero esto puede considerarse como una intromisión que puede acabar perjudicando gravemente la relación con los informadores.

Después del viaje se abre la posibilidad de reforzar la relación establecida durante el traslado, pasando con mayor confianza a un plano más personal.

Es evidente que una buena relación contribuirá en el futuro a mantener contactos más fluidos entre los periodistas y el profesional de las RRPP.

15. Gira por los medios

Redacción del periódico inglés The Guardian
(Imagen: http://www.marisolayala.com)

A diferencia de los viajes de prensa, en las giras por los medios son los portavoces de una organización los que se trasladan hasta las redacciones de los diferentes medios de comunicación.

Las giras por los medios consisten en citas concertadas previamente para visitar a periodistas en sus redacciones en las que se pueden realizar diversas actividades: encuentros uno-a-uno, fotografías, entrevistas en directo, entre otras.

También conocidos en inglés como *media tours*, las giras por los medios son útiles para hacer más personal la relación entre los portavoces, los profesionales de las relaciones públicas y los periodistas en el marco de una reunión en las sedes de los propios medios de comunicación.

Se recomienda la realización de giras por los medios cuando:

- Se quiere introducir a un nuevo portavoz entre los informadores.
- Se busca presentar información a los periodistas de una forma más individualizada.
- Se quiere relanzar la figura de un portavoz entre los medios, dejando clara su disponibilidad para ser sujeto de entrevistas.

Las giras por los medios también pueden realizarse de una manera sorprendente, cuando el protagonismo no necesariamente tiene que centrarse en un portavoz oficial de la organización.

Por ejemplo, el lanzamiento de una nueva línea de relojes podría ser llevada a cabo por un personaje que representará al «dios del tiempo», quien facilitaría la información en mano a los periodistas después de interpretar una divertida escena.

Las giras por los medios deben prepararse con antelación y guardar siempre el mayor respeto al tiempo de los periodistas, ya que visitarlos en sus redacciones es como hacerlo en su propia casa.

Por este motivo, hay que facilitarle al contacto en el medio, ya sea un periodista o la secretaria de redacción, una agenda previa de la visita para que sepa en qué va a consistir y pueda solicitar la aprobación de las personas encargadas para que ésta se produzca.

Si se trata de una visita sorpresa, que sólo el contenido lo sea, porque la cita tiene que convenirse previamente para evitar malos entendidos y no pasar por la situación de no ser recibido. La seguridad de los medios de comunicación es un tema muy serio y tiene que ser respetado por los profesionales de las relaciones públicas.

Si la gira por los medios se realiza para promover un producto de alimentación, se podría considerar la realización de una sencilla degustación entre los miembros de la redacción. No se puede dejar fuera a nadie. Por este motivo, hay que preguntar el número total de personas que componen la redacción para realizar una degustación que sea disfrutada por todos.

La táctica de realizar giras por los medios bien puede ser considerada para su aplicación con otro tipo de públicos con buenas expectativas de éxito. Por ejemplo, se podría organizar un recorrido por agencias de publicidad o de medios para presentarles un nuevo soporte publicitario que se haya lanzado recientemente en el mercado y en el que pueda ser interesante invertir para clientes.

La gira, ya sea por los medios o por otros públicos, es una táctica de relaciones públicas que de una forma sencilla y económica puede brindar buenos resultados para el lanzamiento personalizado de información, así como ser un buen pretexto para crear o reforzar una relación con personas clave para la organización.

16. Eventos y regalos

A las RRPP se les asocia con la organización de espectaculares eventos (Imagen: http://www.lightdesign.com.au/)

Durante muchos años la imagen del sector de las relaciones públicas se asoció exclusivamente con la organización de eventos y el diseño de regalos promocionales.

Aunque esto ha cambiado y ahora los profesionales de las RRPP son consultores de comunicación en toda regla, tampoco se puede desdeñar el poder de los eventos y los regalos como tácticas y herramientas en el marco de una campaña estratégica que atraiga la atención de los medios y ayuden a transmitir los mensajes de la organización, nunca como un fin en sí mismo.

16.1. ¿Por qué razón organizar un evento?

Los motivos para organizar un evento pueden ser variados y tener más o menos sentido dependiendo de los objetivos de comunicación de la organización.

Se puede montar un evento para lanzar un producto, anunciar una salida a Bolsa o hacer entrega de un premio. Motivos hay cientos, pero no todos justifican la inversión en tiempo, dinero y recursos que implica un evento especial.

Como siempre, la consideración que hay que hacer para determinar la pertinencia o no de organizar un evento tiene que ver primordialmente con la noticia que se quiera comunicar. Si no hay nada relevante que informar, la cita no pasará de ser un encuentro sin sustancia que puede acabar dando, incluso, resultados adversos para la imagen de la organización por ocupar el tiempo de los periodistas y otros invitados con temas intrascendentes.

Los eventos también pueden servir para crear oportunidades informativas. Por ejemplo, puede ser noticia la presentación de una organización en un escenario diferente donde sería normal encontrársele, como una exposición cultural para una industria agroalimentaria o un banco sobre ruedas.

La gran crítica que se les hace a los eventos es que el esfuerzo que implican no se justifica con los resultados que finalmente se obtienen. Hay que pensar en las presentaciones de productos en las que las celebridades invitadas roban todo el protagonismo.

También hay que recordar las desagradables sorpresas, ya sea por la poca asistencia de gente o porque se rebasaron las expectativas en el número de invitados y el evento quedó fuera de control.

Pues bien, estas críticas están basadas en malas experiencias, a lo que hay que señalar que la mayoría han sido resultado de la imprevisión y la desorganización, es decir, que se pudieron haber preparado mejor y que los resultados podrían haber aportado un alto valor para las entidades que los promovieron.

16.2. Las formas también comunican

Si bien el aspecto noticioso es el corazón de cualquier evento, todo cuanto rodea la organización del mismo es un componente que influye en la comunicación del conjunto. Desde el diseño y la calidad de impresión de las invitaciones, la búsqueda y adaptación del local, la opción de degustaciones, la hora en la que se convoca, los portavoces, la música…, todo comunica, por lo que no hay que dejar nada al azar y fijarse en todos los detalles.

También hay que decir que el evento tendrá que estar en línea con el tipo de noticia. Esto quiere decir que un tema serio como la fusión de dos empresas no sería conveniente tratarlo en el marco de una celebración rimbombante, pero para un asunto como el lanzamiento de un producto sí sería recomendable.

Sin lugar a dudas, para hacer la diferencia entre los miles de eventos que se realizan todos los días es imprescindible la creatividad. Obviamente cualquiera puede organizar aceptablemente una cena de gala, una rueda de prensa o una jornada académica. Pero hacerlo de una manera que sea innovadora y relevante para darle mayor realce a la noticia y para sorprender a los invitados es un reto al que sólo se puede hacer frente con ideas.

Hay individuos y organizaciones que algunas veces van demasiado lejos y realizan microeventos, también conocidos en inglés como *stunts,* para llamar la atención de los medios de comunicación sobre una causa determinada. Se puede ver a personas vestidas de superhéroes encaramados en edificios emblemáticos, a escaladores colocando pancartas en los rascacielos más altos, a activistas esposados a las vías de un tren para evitar el paso de un cargamento indeseable.

"Stunt" de un padre desesperado que se encaramó a Buckingham Palace vestido de Batman para reclamar el derecho de ver a sus hijos (Imagen: http://www.chinadaily.com.cn/)

El abuso de este tipo de eventos acaba acostumbrando a la gente, por lo que su poder para llamar la atención y lograr trasmitir un mensaje se ve cada vez más limitado.

Las "multitudes inteligentes" podrían tener fines de RRPP (Imagen: http://www.iknowwhatimdoing.com/)

También hay algunos profesionales de las RRPP que siguen muy de cerca las llamadas multitudes inteligentes, también conocidas como *smart mobs,* para saber si pueden funcionar para conseguir objetivos de relaciones públicas.

Las multitudes inteligentes se organizan espontáneamente a través de internet y de dispositivos móviles de comunicación con fines que pueden ser completamente lúdicos o con una fuerte carga política. Se diferencian del «marketing vivo» en que no son actores representando una situación, sino que son personas reales que interactúan libremente con un fin común.

Para idear un evento se tiene que considerar la noticia que se quiera dar y el perfil de la organización. Teniendo como referencia un presupuesto, llega la hora de establecer el formato más adecuado para el acontecimiento.

Es el momento de pensar de forma creativa y determinar los detalles del evento. Las organizaciones innovadoras entienden muy bien esto y planean sus acontecimientos con precisión milimétrica, logrando los objetivos de comunicación que se han planteado desde un principio.

Las claves para organizar un evento exitoso se basan en:

- Encontrar el lugar apropiado. Se trate del hotel más lujoso, de un centro deportivo o de una calle muy transitada, tiene que ser el espacio ideal para la realización de las actividades pensadas para el evento.
- Convocar bien y a tiempo. Definir el público al que se va a invitar, sean periodistas, jóvenes consumidores o adeptos ideológicos, saber cómo invitarlos (carta, teléfono, fax, correo electrónico, mensaje sms) y hacerlo en el momento exacto (no demasiado pronto porque se puede olvidar, ni demasiado tarde porque pueden tener un compromiso previo) son tres acciones fundamentales.
- Preparar todo al detalle. Hasta el aspecto más nimio cuenta. Asegurar que las invitaciones salieron a tiempo y con la información correcta, que el local estará adaptado en su momento, la comida y los camareros contratados, los portavoces preparados… Todo es importante para la correcta realización de un evento.
- Repartir bien el trabajo. Demasiados jefes mandando puede ser el principal obstáculo para organizar todo a tiempo, de manera coordinada y con mimo para hacer las cosas bien. Designar responsables, darles confianza, pero teniendo tiempo para supervisarlos, es la base de una evento de éxito. Se deben tener tantos responsables como haga falta (de invitados, de patrocinadores, de materiales, de medios, de protocolo, de relaciones con la comunidad, de portavoces, de logística, etc.), pero es conveniente contar con un interlocutor último que tome decisiones de calado.
- Realizar todo según lo planeado. No bajar la guardia. Estar pendiente durante todo el proceso de principio a fin, especialmente cuando la gente ha llegado y hay poco o ningún tiempo de reacción para resolver cualquier contratiempo. Todos tienen

que estar en su sitio, sabiendo exactamente lo que se espera de cada uno y alertas para apoyarse mutuamente.

- Dar seguimiento. ¿Cuánta gente ha venido? ¿Quiénes han llegado? ¿Todos recibieron la misma información? ¿Cuál fue su respuesta?

Un evento es la puesta de largo tanto del profesional de las relaciones públicas como de la organización que lo convoca, por lo que no hay que escatimar ningún esfuerzo para asegurar que todo salga de una forma brillante y se obtengan los resultados esperados.

16.3. Exposiciones

Imagen de la exposición itinerante «Mes del congelado»
(Imagen: Revista Carrilbus)

Las exposiciones o exhibiciones son otro tipo de eventos que también pueden ser utilizados con fines de relaciones públicas.

Las exposiciones suelen ser de carácter divulgativo sobre aspectos culturales o científicos que pueden complementarse con actividades paralelas para lograr una mayor interacción con el público. Por ejemplo, en el marco del próximo lanzamiento de una película de cine animado para niños, la productora del filme monta una exhibición con dibujos de diferentes escenas y coloca unas mesas para que los pequeños puedan colorear a su gusto reproducciones de los bocetos expuestos.

Cada año se organizan miles de exposiciones y es imprescindible diferenciarse de alguna manera para sobresalir y lograr la atención de un público que se ve sobrepasado por tanta oferta.

Los grandes retos del profesional de las RRPP se encuentran desde la definición del concepto de una exhibición exitosa y la búsqueda de un espacio adecuado para su montaje, hasta el diseño y la realización de todos los elementos físicos y de contenido de la exposición y su difusión para que sea visitada.

Aunque el profesional de las RRPP sea el responsable de los contenidos que finalmente se incluirán en la exposición, siempre debe contar con especialistas que puedan aportar sus conocimientos sobre el tema de la exhibición.

El marco de una exposición es ideal para que cualquier organización difunda sus mensajes corporativos e institucionales, pero no es apropiado para realizar directamente recomendaciones comerciales, ya que éstas sólo le restarán credibilidad y eficacia a la exhibición en su conjunto.

Las exposiciones también pueden ser acciones de mecenazgo y suelen ser eventos puntuales, salvo que la organización haya definido una estructura permanente, como una fundación, para el montaje continuado de varias exhibiciones.

Existen exposiciones itinerantes que van en trenes, autobuses o camiones, que se trasladan a varias localidades con el fin de brindar la oportunidad al mayor número de personas de visitar y conocer la exhibición.

Para que la exposición tenga éxito es imprescindible contar con una guía que establezca claramente:

- Fases temporales de elaboración de los contenidos.
- Fases temporales de confección de los elementos físicos.
- Responsables de la preparación de cada elemento.
- Responsables de las aprobaciones y de la exposición en su conjunto.
- Responsables de difusión e hitos para comunicar.
- Necesidades de recursos humanos y materiales.
- Necesidad de permisos y situación en torno a su obtención.
- Presupuesto y ejecución presupuestaria.
- Actividades complementarias.

Las exposiciones también pueden ofrecer excelentes oportunidades informativas en períodos en que la organización necesita reforzar su imagen y su reputación, pero sobre todo en momentos en que tiene un número limitado de novedades que ofrecer al público.

Es evidente que las exposiciones ofrecen muchas ventajas para las organizaciones desde una perspectiva de las relaciones públicas, pero tienen que superar el obstáculo de la indiferencia del público no sólo ofreciendo contenidos y materiales de calidad, sino realizando una labor de difusión adecuada para que la exhibición sea conocida, reciba visitas, difunda sus mensajes y, en definitiva, logre su objetivo de comunicación en el marco de una estrategia de RRPP.

16.4. Congresos y seminarios especializados

Hay ocasiones en que las organizaciones estiman necesaria la reunión de una serie de expertos para que un tema poco conocido, pero de interés estratégico, alcance notoriedad pública. Los congresos, seminarios y jornadas especializadas ofrecen esta posibilidad.

Los congresos y seminarios especializados también son tácticas de RRPP (Imagen: http://www.feaav.org/)

Pero, el valor más importante de estos eventos reside sin duda en la posibilidad de acceder y recabar el conocimiento más puntero en torno a un tema determinado, lo que permitirá que la organización conozca de primera mano una serie de tendencias que le aportarán una ventaja estratégica con respecto a sus competidores.

Este tipo de eventos pueden dar acogida a un público muy heterogéneo que puede ir desde expertos en diversas materias, participantes, periodistas y autoridades hasta empresas con fines comerciales.

Existe una ventaja añadida de credibilidad para la organización que monta este tipo de eventos, ya que pueden convertirse en marco de referencia para líderes de opinión en ciernes que redundará en beneficios en el futuro.

También existe la posibilidad de sumarse a eventos que organicen terceros[27] mediante las figuras del patrocinio, ya sea en su totalidad, como espónsor parcial junto a otras marcas, o como colaborador específico en una actividad determinada.

Congresos y seminarios

Los congresos implican un esfuerzo de coordinación enorme para la organización que los convoca. Se trata de reunir bajo un mismo techo a expertos para que ofrezcan conferencias, participen en coloquios o lideren las discusiones en grupos de trabajo.

---

27 CERVERA FANTONI, Angel Luis: *Comunicación total.* Editorial ESIC. España, 2004, p. 208.

Se busca que los congresos se lleven a cabo en espacios que puedan acoger cómodamente a cientos y a veces hasta a miles de personas, y que también permitan la realización de una serie de actividades de manera paralela.

Existen sitios que ya ofrecen la infraestructura necesaria para la realización de este tipo de congresos. En España están IFEMA, el Palacio de Congresos, ambos en Madrid, y la Fira de Barcelona, por mencionar algunos.

Como en cualquier evento, es necesario contar con un cronograma que especifique claramente todos los detalles para realizar una correcta gestión y una oportuna coordinación. Esta guía debe incluir como mínimo[28]:

- Temática.
- Mecánica (ponencias especiales, *Call for papers* abiertas a todo el público, política de inclusión en memoria del congreso, etc.).
- Programa general (estableciendo los momentos en que se realizarán «avisos» a los participantes hasta llegar al programa definitivo con ponentes, sedes, día y hora de las actividades, etc.).
- Comunicación y protocolo (difusión del congreso, gabinete de prensa, protocolo para comité de honor, invitados especiales y autoridades, etc.).
- Logística, coordinación y presupuesto (comité organizador, comisiones de trabajo, secretaría, invitaciones, acreditaciones, carpetas, transporte, alojamiento, traducción, catering, azafatas, audiovisuales, mobiliario, necesidades de las expositores comerciales, actividades paralelas, dietas ponentes, impresión memorias, pagos generales e imprevistos, costes financieros, etc.).
- Comité científico (designación de expertos de reconocido prestigio a invitar, contacto e invitación oficial, confirmación de su participación, seguimiento y recogida de materiales científicos para el congreso, atención de necesidades in situ, etc.).

Los congresos atienden a un público especializado, pero bien puede atraer el interés de una audiencia más amplia difundiendo las conclusiones presentadas por los expertos a través de los medios de comunicación.

Por otro lado, existen seminarios para explicar temas conocidos pero de difícil comprensión para periodistas no especializados. Difieren de las ruedas de prensa en que no necesariamente lanzan ninguna noticia inédita, sino que se trata de sesiones para la presentación de conceptos complejos que requieren ser explicados entre los informadores de los medios generalistas. Por ejemplo, en temas relativos a la salud o tecnológicos.

Los seminarios de trabajo implican que los profesionales de relaciones públicas también cuenten con un conocimiento específico para entender la naturaleza del even-

[28] Cervera Fantoni, Angel Luis: Op. cit., pp. 209 y 210.

to y poder cumplir con mayor eficacia su labor, tanto a nivel informativo como de formación.

Seminarios de turismo

Para algunos sectores, entre ellos el turístico, existen herramientas de comunicación que atienden a las necesidades específicas del producto que se tiene que promover. Ya se han mencionado anteriormente los viajes de familiarización. Otro instrumento son los seminarios de trabajo especializados, también conocidos como *Workshops*.

Como su nombre lo indica, estos seminarios tienen un aspecto práctico en el que se involucra tanto a los representantes de la organización que ha convocado como a las personas invitadas. Por tanto, no se trata de simples sesiones de información, sino de actividades que estimulan la participación conjunta de todos los participantes.

A los *workshops* también son invitados los periodistas para que informen del evento, pero sobre todo están destinados a la participación activa de representantes empresariales con los que se intenta cerrar acuerdos comerciales en beneficio del destino turístico promovido.

16.5. Jornadas de puertas abiertas

Otra de las formas para acercar la realidad de la organización a diversos públicos es a través de las jornadas de puertas abiertas, que consisten en la realización de visitas de periodistas, autoridades y otros líderes de opinión para que puedan ver y recorrer in situ unas instalaciones determinadas.

Es conveniente realizar esta táctica cuando se quiere modificar una percepción equivocada sobre ciertas actividades de la organización, cuando se tiene poco conocimiento sobre la naturaleza de sus actuaciones o cuando exista alguna historia anecdótica que sólo se entiende presenciándola directamente.

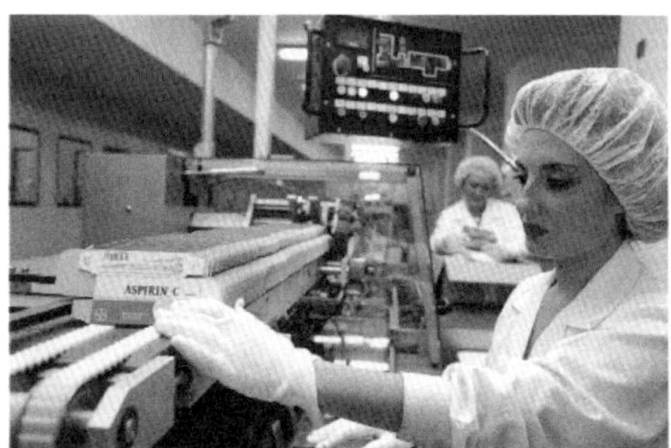

La jornadas de puertas abiertas acercan la realidad de la organización a diversas audiencias (Imagen: http://www.aspirin.com)

Por ejemplo, los restaurantes realizan este tipo de actividades para que su clientela sepa que la comida que llega a su mesa se ha elaborado con los mejores productos, observando exigentes estándares de calidad, en un ambiente limpio y seguro.

Una jornada de puertas abiertas también puede ser una oportunidad para integrar a las familias de los miembros de la organización, invitándoles a que conozcan las actividades que se realizan en las instalaciones en donde trabajan sus familiares todos los días y destacando la importancia de cada actividad para el éxito del conjunto.

Las jornadas de puertas abiertas tienen que coordinarse con tiempo, contando con responsables de las actividades en las propias instalaciones, así como de coordinadores externos. Los visitantes tienen que estar acompañados en todo momento por una persona que pueda explicar los detalles de todo lo que verán y también es conveniente que se les aporte información por escrito.

El recorrido de estas actividades tiene que estar prestablecido y, cuando se trate de instalaciones industriales, los visitantes tendrán que cumplir las mismas normas de seguridad que el resto de los miembros de la organización que trabajen allí.

Un guión de la visita puede contener los siguientes apartados:

- Bienvenida.
- Políticas y procedimientos de seguridad (si se requiere).
- Historia de las instalaciones.
- Explicación de los procesos paso a paso.
- Proyectos futuros.
- Agradecimiento y comienzo de la visita.

Con el fin de no interrumpir la visita cada vez que surja una duda, es recomendable dejar todas las preguntas para el final de la visita y hacerlas en un espacio que permita establecer un diálogo con mayor libertad para profundizar en los temas que más hayan llamado la atención.

Se deberá informar previamente a los visitantes de las políticas sobre la toma de fotografías y vídeos en las instalaciones. No se trata de limitar la libertad de los visitantes sino de evitar que unas inocentes imágenes caseras puedan tener repercusiones negativas para la organización, como puede suceder con secretos en el proceso de elaboración que diferencian unos productos de otros.

Las jornadas de puertas abiertas deben ser un ejercicio de transparencia y humildad. Gracias a acciones como ésta es posible acercar parte fundamental de la realidad interna a otros públicos que pueden ser clave en el momento de influir positivamente en la percepción de la organización.

Los profesionales de las relaciones públicas que propongan la realización de este tipo de actividades tienen que verificar al detalle que toda la visita salga según los planes, así como seguir a los invitados para saber si su percepción se ha modificado a favor de la reputación y la imagen de la organización.

16.6. Participación en ferias profesionales

La participación de las organizaciones en ferias profesionales es una táctica importante en el marco de una campaña de comunicación, por lo que debe asignárseles la atención y los recursos apropiados para asegurar su éxito.

Para algunas organizaciones la participación en ferias profesionales no significa necesariamente la venta directa o la promoción de sus productos a sus clientes (aunque por lo general es uno de los objetivos más importantes para la mayoría de las empresas), sino un componente que ayudará a aumentar su notoriedad y perfil público, así como un escaparate para proyectar una imagen positiva y acercarse a una audiencia especializada.

Participar en una feria profesional es mucho más que montar un stand (Imagen: http://www.metrum.co.uk/)

Para empezar, es fundamental considerar estratégicamente las citas que son más importantes para los objetivos de comunicación de la organización. En este sentido, conviene hacer una investigación previa para conocer cuáles de éstas son las más adecuadas, así como los sitios y fechas en los que se realizan. Con este fin, existen en internet infinidad de portales que pueden ayudar a encontrar la cita que más interese.

Algunos de los portales más socorridos para buscar ferias profesionales son:

- http://www.buscaferias.net/ (Buscador especializado de ferias).
- http://www.eventoplus.com/ (Buscador especializado de ferias).
- http://www.afe.es/ (Asociación Española de Ferias).
- http://www.aimfe.com/ (Asociación Española de Marketing Ferial).
- http://www.ifema.es/ (Feria Madrid).
- http://www.firabcn.es/ (Feria Barcelona).
- http://www.bilbaoexhibitioncentre.com/ (Feria Bilbao).
- http://horizontal.feriavalencia.com/ (Feria Valencia).
- http://www.icex.es/ (Ayuda a encontrar ferias internacionales desde España).
- http://www.spainbusiness.com/ (Ayuda a encontrar ferias españolas desde el extranjero).
- http://www.ufinet.org/ (Internacional).
- http://www.emeca.com/ (Europeo).

Si la cantidad de ferias disponibles es abrumadora, resulta indispensable definir aquellas citas que tengan un prestigio reconocido, así como que cuenten con una trayectoria de varios años y con garantía de continuidad en el futuro. Las empresas siempre pueden pedir consejo a las cámaras u otros institutos de comercio para definir las mejores opciones.

Partiendo de un presupuesto, el siguiente paso es determinar las opciones que parezcan más en consonancia con los objetivos de la organización y comenzar con oportunidad todo el proceso, desde la inscripción hasta el montaje del stand para asegurar el éxito de la participación en la feria.

Algunas organizaciones aprovechan su presencia en las ferias para lanzar sus mensajes en voz de sus portavoces o de especialistas independientes que pueden participar en conferencias, mesas redondas o grupos de trabajo.

Las ferias profesionales se pueden clasificar de la siguiente forma[29]:

- *Ferias generales:* Son citas multisectoriales, pudiendo ser, dependiendo del ámbito geográfico, internacionales, nacionales, regionales o locales.
- *Ferias monográficas o especializadas:* Reservadas para organizaciones únicamente de un sector determinado, como agricultura, alimentación, equipamento, contrucción, salud, automoción, franquicias, servicios a empresas, tecnología, etc.
- *Ferias-exposiciones:* Se caracterizan por presentar productos y servicios al usuario final.
- *Exhibiciones-showroom:* Son más pequeñas que las ferias-exposiciones y suelen ser de un solo sector, con una clientela previamente seleccionada.

---

29 Cervera Fantoni, Angel Luis: Op. cit., p. 211.

Cada feria tendrá costes diferentes, por lo que es fundamental llevar un estadillo presupuestario que contemple entre otros conceptos:

- Diseño y construcción del stand (cartelería, carpintería o bien sistemas modulares, plegables y portátiles para montaje fácil del stand, iluminación, mobiliario, floristería, audiovisuales, moqueta, rótulos, toldos, escaparatismo, etc.).
- Mensajería (para materiales y del stand).
- Alquiler del espacio.
- Suplementos a pagar (luz, decoración, seguros, limpieza, agua, teléfono, aparcamiento, etc.).
- Servicios especiales (catering, animaciones, seguridad, alquiler de coches y furgonetas, audiovisuales, etc.).
- Materiales informativos (folletos, documentos de prensa, regalos, etc.).
- Regalos promocionales (camisetas, concursos, globos, etc.).
- Publicidad interna (en diversos espacios del recinto o en los medios de comunicación oficiales de la feria).
- Gastos de personal (azafatas, guardias de seguridad, etc.).
- Gastos de viaje (alojamiento, comidas, viáticos, billetes de avión o tren, etc.).

En el caso de ferias internacionales, también se tienen que incluir los servicios de un agente de aduanas, pues es imprescindible para la importación de todos los materiales, así como un traductor profesional para poder comunicarse de manera eficaz con diversos interlocutores.

Se debe considerar la contratación de los servicios en los sitios en los que se realiza la feria, sobre todo porque estarán familiarizados con el entorno y serán de gran ayuda para superar cualquier barrera cultural que se presente.

Por otro lado, para acotar costes conviene enterarse de todos los servicios gratuitos que puede ofrecer el recinto en el que se celebra la feria, entre los que podrían estar:

- Accesos gratuitos para invitados.
- Traductores.
- Salas privadas de reunión.
- Gabinete de prensa.
- Presencia en internet.
- Llamadas en altavoces.
- Conexión a internet.

Para aumentar las posibilidades de éxito de la participación en una feria profesional lo mejor es promover la presencia de la organización con bastante antelación. Por ejemplo, se pueden gestionar encuentros con líderes de opinión o periodistas haciéndoles saber días antes que algún directivo estará con ocasión de dicha cita.

Si la participación en una feria tiene entre sus objetivos obtener cobertura mediática, es aún más importante trabajar con bastante tiempo de anticipación para sacar el máximo provecho a este tipo de eventos que duran generalmente unos pocos días.

Es imprescindible confeccionar una base de datos de periodistas a tiempo. Si se planea hacer una presentación de algo realmente noticioso, habría que considerar la convocatoria de un encuentro con periodistas y mantener en todo momento una buena coordinación con el gabinete de prensa del recinto.

Es recomendable enviar un plano de situación en el que se especifique claramente la ubicación del stand para que los periodistas puedan encontrarlo fácil y rápidamente en medio de los recintos feriales, donde pueden encontrarse cientos de participantes. No está de más informar sobre la participación en una feria profesional en la página web de la entidad.

Algunas veces es estratégicamente más inteligente realizar un acercamiento diferenciado con los medios en el marco de una feria. Por ejemplo, puede aprovecharse la presencia de los revistas especializadas que se han acreditado en el evento o entrar en contacto con periódicos regionales cuyas relaciones necesiten ser reforzadas.

Asimismo, para asegurar que los mensajes de la organización serán correctamente trasmitidos es imprescindible formar previamente a todo el personal que estará presente en la feria. Una declaración imprecisa de una azafata puede tener consecuencias negativas para la imagen de la entidad si es recogida por un periodista.

Aunque en un principio podría pensarse que la participación en una feria profesional no entraría en las actividades de un experto de las relaciones públicas, es evidente que su papel es fundamental no sólo en la concepción misma del evento, sino en una mayor explotación de todas las posibilidades que se abren cuando la organización participa en alguna de éstas.

Además, un RRPP podrá conseguir que el espacio de una organización sea más visitado –un sueño para muchas organizaciones que participan en una feria profesional– mediante la realización de actividades de animación que ayuden a distinguirla.

En algunas ocasiones, la participación en ferias profesionales sirve de punta de lanza para que la organización sorprenda estando presente allí donde no se le espera, lo que le ayuda a aumentar su penetración y a romper tabúes e ideas falsas que perjudican negativamente su imagen entre colectivos profesionales, que es donde surgen los líderes de opinión.

16.7. Otro tipo de eventos

También hay otro tipo de eventos que las organizaciones realizan con fines de relaciones públicas. Este tipo de actos se dirigen generalmente a públicos específicos y su planteamiento es más lúdico y divulgativo que comercial, aunque cabe decir que la presencia de la marca subyace en todo momento.

Este tipo de eventos también son de mucha ayuda para llegar a lugares donde, o bien no hay espacios adecuados para realizar actos de gran envergadura, o la actividad sólo cobra sentido en un espacio determinado.

En este sentido, estos eventos tienen que adecuarse al espacio y a los recursos disponibles, y ser muy respetuosos del entorno en el que se realizan.

Entre los eventos que también pueden realizarse con fines de RRPP se encuentran:

- *Obras de teatro:* Suelen utilizarse para presentar una información en un marco lúdico que llevan al público a reflexionar y lo invitan a llegar a sus propias conclusiones. Por ejemplo, se usa para realizar actividades divulgativas en torno a enfermedades, actuaciones en situaciones catastróficas, conductas sociales anómalas, etc.
- *Charlas y actividades en colegios:* Se trata de acciones dirigidas a audiencias infantiles, con lo que se requiere un consentimiento explícito tanto del centro escolar donde se celebran como de los padres, a fin de evitar malos entendidos que pongan en riesgo la imagen y la reputación de la organización. Son habituales para presentar información de una forma apropiada al nivel de edad de los pequeños. Se pretende que las charlas sean amenas y entretenidas para captar la atención de los niños y lograr de esta forma que los mensajes calen en ellos.

Charlas a niños en un museo
(Imagen: http://flickr.com)

- *Conferencias ante asociaciones de consumidores y amas de casa:* Se realizan con un objetivo muy concreto y ante un público bien informado y participativo. Son acciones bien recibidas a nivel local, pudiendo incluso generar cobertura mediática. Son acciones concertadas cuya preparación recae casi íntegramente en la organización.
- *Visitas a hospitales y otros centros:* Por respeto a la situación de los personas, este tipo de acciones se tienen que realizar con especial cuidado, contando siempre con el beneplácito del hospital, centro geriátrico, cárcel, etc. Estas acciones podrían destinarse en exclusiva al personal de responsabilidad social corporativa en las organizaciones, pero también son oportunidades para lanzar mensajes relevantes para grupos de personas y sus familiares con perfiles determinados. Este tipo de acciones han llegado a ser mal vistas por el público por la manipulación que han sufrido por parte de algunos políticos.
- *Acontecimientos deportivos:* Las organizaciones sacan provecho de la afición de sus audiencias llevando a cabo actividades deportivas en las que pueden participar desde pequeños grupos hasta miles de personas. Difieren de las acciones de patrocinio en que son eventos montados por la propia organización, que pueden contar o no con reconocimiento oficial de federaciones profesionales. Este tipo de eventos son ideales para que el público tenga una experiencia diferente con la organización, estableciendo una relación lúdica, relevante y de gran recuerdo posterior.

Los eventos exigen una visión estratégica en su concepción, una gran preparación de las tácticas y herramientas para alcanzar los objetivos de comunicación y un control de los recursos y de la evolución del proyecto. Todo esto conlleva una gran carga de trabajo e implica sortear siempre obstáculos de todo tipo.

No hay que descuidar ningún detalle y una vez que todo haya salido bien, lo que todo profesional de las relaciones públicas tiene que hacer es simplemente relajarse y disfrutar del trabajo bien hecho. La mejor forma de culminar este esfuerzo es mediante una sonrisa que los invitados y los clientes agradecerán. No hay que olvidar llevarla siempre dibujada.

16.8. Regalos

De entrada, el tema de los regalos parece inocente, pero puede llegar a establecer ciertos inconvenientes cuando se trata de distribuirlos entre periodistas y otros líderes de opinión.

No habrá problemas en la medida en que los regalos sean valiosos para la labor del periodista y tengan una relación directa y relevante con la organización que los ha entregado.

Hay que tener una política consistente para realizar regalos a los medios y no caer en el error de dar algo que no vaya en línea con la organización ni con la noticia en torno a la cual se ha programado el presente (Imagen: http://mgr.choosemaryland.org/)

Otro aspecto a considerar es el precio del regalo. La política de algunos medios obliga a los periodistas a rechazar cualquier artículo que pueda sobrepasar una cantidad determinada. También hay otros que establecen que ningún presente lo recibirá un informador en concreto, sino que todos los que reciban en una redacción se sortearán entre los trabajadores de la empresa.

También hay que tener en cuenta el buen gusto y el sentido común. Enviar un juguete a una revista médica, productos de belleza femenina para un medio masculino, son algunos ejemplos de graves errores en los que algunas agencias han incurrido en el momento de proponer un regalo para alguno de sus clientes.

Si al final se encuentra el regalo perfecto, no hay que echarlo a perder incluyendo grandes logos que destaquen demasiado la organización que lo envió. Los presentes destinados a periodistas no deben tener un aspecto claramente promocional[30].

Si en los eventos se suele entregar algún regalo, lo suyo es que concuerde perfectamente con el concepto del acontecimiento. Por ejemplo, si se trata de la presentación de un nuevo automóvil, tendrá sentido dar algún artículo relacionado con la industria del motor.

Los regalos deben de ser detalles entregados de forma extraordinaria y no verse como una forma de obtener cobertura mediática asegurada. Con los presentes se genera simpatía hacia la organización que los envía, pero de ninguna manera se compran ni adhesiones ni conciencias.

30 Bowman, Jo: *Promotions and Incentives: What not to waste.* Web PR Week. http://www.prweek.com/news/news_story.cfm?ID=228427&site=1. 19 de Noviembre de 2004.

16.8.1. Regalos teaser

El regalo que se envía para crear expectación entre los periodistas es conocido como *teaser*.

Una campaña *teaser* es la que se utiliza para causar expectación entre el público. De esta manera se logra predisponer positivamente a la audiencia y lograr una aceptación mayor cuando se lance el mensaje.

Los regalos *teaser* pueden ser piezas que buscan romper la cotidianidad del periodista para llamar su atención. No son necesariamente lujosos ni útiles, pero sí atractivos e impactantes y con un componente que deje entrever algún vínculo con la organización que lo ha enviado, aunque generalmente no se indique en el remitente. Los regalos, sean *teaser* o no, deben tener un aspecto cordial, adecuado y de buen gusto.

No es conveniente inundar las redacciones con muchas piezas para una misma campaña, porque se provocará justo el efecto contrario. Lo que se busca es crear expectación y no hartar a los periodistas con acertijos irresolubles.

17. Pruebas de producto

Las organizaciones ven en las pruebas de producto una buena oportunidad de obtener cobertura mediática, ya que cada vez hay más espacios que le dedican influyentes medios a revisar el desempeño de diversos artículos para recomendárselos a su público.

Las pruebas de producto consisten en el envío de mercancías de diversa índole, principalmente a periodistas especializados para que éstos los examinen y escriban sobre los resultados y en base a su experiencia.

Algunos medios no difunden información si antes no han probado el producto. Incluso llegan a establecer valoraciones que pueden ayudar a la venta de una mercancía o hundirla definitivamente en las estanterías de los establecimientos comerciales.

Es evidente que no todos los productos son susceptibles de someterse a tests científicos, por lo que corresponde al profesional de RRPP estimar si es oportuno el envío proactivo de unas mercancías y, sobre todo, de cuáles, para que sean puestas a prueba por los medios.

Pero también se da el caso en que los periodistas solicitan un producto que no se había facilitado a los medios para realizar pruebas con él. Es recomendable proporcionárselo y ofrecerle toda la ayuda que puedan necesitar. No se le puede negar una mercancía a un medio, porque hacerlo va en contra del espíritu de transparencia que debe promover el profesional de RRPP.

Si se rehúsa entregar un producto a un periodista, no sólo se dañará la imagen de la organización, sino también la de la persona de relaciones públicas. Hay que pensar que el informador seguramente reaccionará molesto y podrá conseguir la mercancía de cualquier manera.

Por ejemplo, un videojuego que se somete a prueba en una revista especializada será calificado por un experto cuyos juicios pueden ser subjetivos. Es cierto que será una persona que habrá jugado con decenas y hasta cientos de títulos, pero eso no lo exime de verter reflexiones desde un punto de vista personal.

Sin embargo, siguiendo con este ejemplo, el riesgo merece la pena si se tiene la seguridad de que el videojuego es una buena novedad y obtendrá críticas positivas, lo que con toda seguridad impulsará sus ventas. Además, ocurre que si se tiene una buena relación con los periodistas, ellos mismos darán recomendaciones sobre qué producto resultará más apropiado en el futuro para la realización de pruebas.

En las pruebas de producto se trata de ser transparentes y estratégicos, saber qué mandar y cuándo hacerlo, así como de ponerse del lado del periodista, ayudarle eficazmente en su labor y saber gestionar los resultados.

17.1. Betas de producto

Hay muchos productos que tienen grandes posibilidades de obtener cobertura mediática aun antes de ser lanzados oficialmente al mercado y esta oportunidad de crear «buzz» previo a su presentación oficial no puede ser desaprovechada.

La industria de los videojuegos envía betas de producto a los periodistas para crear expectación previa al lanzamiento oficial del producto (Imagen: http://www.netbookine.com)

Las versiones en prueba o betas de producto ofrecen un atractivo especial a medios especializados o a ciertos usuarios que quieren estar enterados de los últimos avances de un sector o de una marca determinados. Es el caso de películas, videojuegos y otros productos de software.

Tratándose de los videojuegos, se puede obtener cobertura mediática desde la sinopsis del programa, los primeros diseños, las primeras imágenes que aparecen en pantalla, de una fase del juego terminada, los primeros comentarios de algunos especialistas y desarrolladores hasta llegar a la presentación del producto final que alcanza las tiendas.

Con el «rumor» que se produce durante todo el proceso de desarrollo de las betas de un producto se gana en notoriedad, se produce o refuerza una marca (según sea el caso), lo que crea un ambiente propicio de expectación para su venta entre los consumidores, ahorrándose un gran esfuerzo en publicidad tradicional.

18. Showrooms

Hay sectores como los de la moda, la joyería, los muebles, la decoración, entre otros, que necesitan tener un espacio físico donde exhibir sus productos. Estos sitios son conocidos como *showrooms*.

Las organizaciones montan un *showroom* para que periodistas, productores y estilistas conozcan toda la variedad de sus productos que ofrecen en un solo sitio. Es decir, no se trata de un espacio para la venta, ni de un improvisado escenario en donde pueden verse los productos de cualquier manera.

Por ejemplo, una conocida firma de ropa reúne su próxima colección al completo en un céntrico lugar e invita a los informadores a que la visiten para recopilar piezas de cara a la realizacion de los reportajes que aparecerán en las revistas de moda de los próximos meses.

No es conveniente que una tienda sea habilitada como *showroom*, por la clara relación que hay con la venta de los productos y por las incomodidades que pueden ocasionar a clientes y periodistas si se cruzan en el establecimiento.

También es muy útil para las actividades de emplazamiento de producto y bartering que se explicarán más adelante en este capítulo.

El *showroom* exige que el profesional de RRPP sea también una persona experta en el sector de los productos que se muestran, con el objetivo de aconsejar activamente a los periodistas, productores y estilistas y ayudarles en su labor atendiendo al perfil del público de cada medio o programa.

También tiene que ser una persona organizada, ya que los *showrooms* no son almacenes donde se obtienen productos gratuitamente, sino espacios en los que se pueden conseguir materiales para la realización puntual de ciertas actividades que luego serán devueltos.

Showroom de la firma Trucco
(Imagen: Fátima Sánchez)

En ocasiones, dado el valor de algunos productos, resulta necesario que se establezcan seguros que los protejan en caso de pérdida.

Además del *showroom*, siempre es conveniente tener un catálogo completo y actualizado de productos que pueda ser consultado y distribuido entre los periodistas, productores y estilistas que así lo soliciten.

Es indispensable que los responsables del *showroom* conozcan la dinámica del mercado de los productos para realizar una correcta y más productiva gestión del espacio. Por ejemplo, deben saber cuándo hay que retirar el material antiguo, conocer la fecha de llegada del nuevo y mantener informados a los periodistas y otros contactos clave sobre estos movimientos.

El *showroom* ofrece muchas posiblidades de explotación para las relaciones públicas, al tiempo que exige un conocimiento especializado de diversos sectores y obliga a darle un estricto seguimiento para su correcta gestión.

19. Publicidad institucional e infocomercial

Las organizaciones tienen la necesidad de comunicar sus mensajes para conseguir sus objetivos y por ese motivo siempre están buscando las maneras más eficaces para hacerlo.

En este sentido, la mayor eficacia de la información editorial frente a la puramente publicitaria ha hecho que algunas organizaciones se hayan inclinado a adoptar técnicas de relaciones públicas frente a las tradicionalmente comerciales.

De esta necesidad surgen los publirreportajes o infomerciales, el emplazamiento de producto, los microespacios de radio o las telepromociones.

19.1. Publirreportajes o infomerciales

Un publirreportaje, también conocido como infomercial o *advertorial* en inglés, es una pieza que promueve los mensajes de una organización desde un punto de vista editorial, en el que se prima la noticia por encima de cualquier otro interés, ya sea comercial, corporativo o político.

Publirreportaje de cosméticos de la marca Shiseido
(Imagen: http://kristenjulietsoh.files.wordpress.com)

Su diseño puede adaptarse para parecer una página editorial más del medio en el que se inserta, pero debe indicar claramente que se trata de un espacio pagado para no engañar al público.

Los buenos publireportajes son aquellos que logran presentar una relación natural y relevante entre el público y la organización. No se trata necesariamente de una historia de «interés humano», como proponen algunos profesionales norteamericanos de las relaciones públicas.

Un buen publireportaje trasmite los mensajes de la organización a través de un contenido interesante, aportando un enfoque diferente y noticioso al público.

Como una noticia, los infomerciales incluyen un titular, un cuerpo de texto y apoyos que pueden ser tanto fotografías como recursos de diseño.

Los publireportajes admiten imágenes, aunque idealmente tienen que ocupar un espacio delimitado, ya que en los infomerciales el gran protagonista es el contenido escrito. Si se quiere incluir el logotipo de la organización, lo conveniente es hacerlo de la manera más discreta posible.

Los profesionales de las relaciones públicas deberían ser los únicos encargados en escribir los publireportajes, ya que los publicitarios manejan bien el lenguaje comercial, pero carecen de experiencia para tratar la información desde un ángulo más noticioso.

Por ejemplo, un publireportaje podrá tratar el ahorro de energía desde el punto de vista de una compañía eléctrica, las ventajas del ejercicio físico con recomendaciones de una franquicia de gimnasios o las posibilidades de las nuevas tecnologías con las aplicaciones de una compañía de informática de consumo[31].

Otra de las ventajas de los publireportajes es que se pueden incluir declaraciones de diversas personas para dar mayor credibilidad a su contenido. Puede tratarse de un especialista que haga un acercamiento al tema desde un punto de vista técnico o de una persona anónima que hable en términos llanos y sinceros sobre su propia experiencia acerca del producto o servicio.

Se pueden incluir referencias y datos que sustenten diversos aspectos del contenido, así como profundizar en algunos pasajes, algo que sería imposible en un anuncio publicitario tradicional.

En el caso de que se esté presentando un producto o servicio a través de un infomercial, hay que evitar la tentación de incluir precios o cualquier tipo de referencia relacionada directamente con la venta. Es válido colocar un número de información o una página web.

Aunque a los publireportajes o infomerciales se les acusa de querer engañar al público «disfrazándose» de contenido editorial, lo cierto es que su validez se sustenta en que ofrecen información interesante, relevante y en profundidad, siempre indicando claramente que el espacio que ocupa ha sido pagado por alguna organización.

Si la información que contiene finalmente es leída o no, eso será decisión del público.

19.2. Emplazamiento de producto

La creciente saturación publicitaria, sobre todo en televisión, ha empujado a las organizaciones, sobre todo a aquellas con fines comerciales, a buscar alternativas a los anuncios tradicionales.

El porcentaje de anuncios que el público no ve aumenta cada año, sobre todo entre grupos de población que han cambiado sus hábitos de consumo de medios a partir de la irrupción de otras opciones de ocio.

---

[31] Write Group Limited: *How to write a good advertorial (a story that sells)*. Web write. http://www. write.co.nz/ mainsite/HowToWriteAGoodAdvertorial.html. 5 de diciembre de 2004.

Las películas del agente 007 se han convertido en un escaparate de las marcas de lujo gracias al emplazamiento de producto (Imagen: http://whatculture.com/)

Surge entonces el emplazamiento de producto (o *product placement*), que consiste en colocar un producto o marca en el marco de un programa determinado, o incluso poniendo en boca de los personajes los mensajes de la organización[32].

En definitiva, lo que se busca es no sólo asegurar el contacto del público con un producto, sino hacerlo de una forma natural y no intrusiva.

El emplazamiento de producto es habitual en las series de ficción de la televisión y también es utilizado en el cine. Su gran reto está en no alterar el desarrollo de la historia, ya que de otra manera condicionaría peligrosamente la credibilidad de las producciones. En este sentido, debe formar parte del decorado normal y, si la escena lo permite, puede incluso integrarse en el guión.

Pero el emplazamiento de producto también se utiliza en prácticamente todos los programas de la televisión, como los culinarios (a través de las herramientas de cocina o los mismos ingredientes), los telediarios (con el vestuario y complementos que utilizan los presentadores) o incluso programas de telerealidad, también conocidos como *reality shows*.

El papel de los profesionales de las relaciones públicas en torno al emplazamiento de producto es buscar las maneras más originales y persuasivas para la integración eficaz del producto o marca en la escena. Esto incluye el trato con las productoras desde que la serie está en su fase de preproducción, las propuestas para la acción más adecuada y, durante la grabación, para asegurarse de que la exposición del producto o la marca salga como se había pactado.

El emplazamiento de producto puede ser:

---

[32] Ministerio de Educación, Cultura y Deporte. Proyecto Media. *10.6 Product placement y bartering*. Web Iris. http://iris.cnice.mecd.es/media/publicidad/bloque10/pag6.html. 6 de diciembre de 2004.

- Pasivo: cuando la marca o producto aparecen visiblemente como parte del decorado natural del programa.
- Activo: cuando los personajes manipulan el producto o presentan claramente la marca (a través del vestuario, por ejemplo), pero sin referirse verbalmente en ningún momento a éstos.
- Guionizado: los personajes incorporan a sus diálogos referencias directas a la marca o al producto o éstos pueden incluso determinar el desarrollo de un pasaje concreto de la historia.

La duración del emplazamiento de producto es variable, ya que puede ir desde apenas unos segundos hasta extenderse durante toda una escena o, incluso, ser el eje argumental de un capítulo completo.

Hay que señalar que la gran eficacia de esta acción ha llevado a que algunas cadenas de televisión abusen en su utilización, causando malestar entre ciertos grupos que solicitan que durante la emisión de los programas se incluyan advertencias ópticas o sonoras cuando sucedan emplazamientos de productos para indicar la naturaleza publicitaria de ese momento[33].

A diferencia del emplazamiento de producto, las telepromociones son anuncios que utilizan todos los elementos de un programa de éxito para presentar claramente un producto o servicio con el objetivo de motivar la venta entre el público.

Por lo general, las situaciones que reflejan estas piezas publicitarias tienen un serio problema de credibilidad, porque no reflejan el ambiente de la serie en cuestión, sino que fuerzan una escena completamente ajena al desarrollo de la historia.

19.3. Bartering

El *bartering* es una acción liderada por una organización que utiliza los canales tradicionales de comunicación para la difusión masiva de sus mensajes. Puede realizarse de varias formas, ya sea produciendo una pieza no publicitaria que trasmitirá el medio o facilitando productos para que sirvan como reclamo para atraer al público hacia un contenido entre lo editorial y lo publicitario.

En principio, el *bartering* implica un intercambio entre medio y organización, ya que mientras el primero obtiene contenidos que no le ha costado producir, la segunda se ahorra el coste por el tiempo de emisión. Sin embargo, la experiencia indica que los medios prefieren otorgar un importante descuento antes que dejar a este tipo de acciones un espacio de forma gratuita.

---

33 Cine & Tele: *La Asociación de Usuarios de la Comunicación alerta del aumento del product placement en las series españolas.* Web CineyTele. http://www.cineytele.com/supernoticia.php?noticia=11358. 6 de mayo de 2004.

En el *bartering* en televisión y radio la organización se encarga de producir completamente las piezas, entregándoselas a los medios listas para ser trasmitidas. De esta manera, el control sobre los mensajes es total, aunque la credibilidad que el público les asigna puede ser menor al estar claramente identificadas con una organización. Por lo general, se trata de una producción de algunos minutos de duración y son denominados «microespacios».

En el caso de los otros medios, el acuerdo consiste en ofrecer un cierto número de productos que alcancen un valor determinado en el mercado a cambio de espacio en las páginas de un periódico, de una revista o de un sitio de internet. La operación puede tomar forma en un concurso que le da un valor al medio, ya que origina una mayor interacción con su público.

El papel de los profesionales de las relaciones públicas en las acciones de *bartering* es proponer los contenidos, que generalmente no invitan directamente a la compra, y realizar la negociación con el medio.

El *bartering* no es una acción exclusiva de la comunicación, pero aquí se ha querido presentar únicamente con este enfoque.

20. Servicios de atención telemática

Los servicios de atención telemática, en los que se incluyen los servicios prestados a través del teléfono, correo electrónico, chat, voz IP, etc., son servicios abiertos al público para brindarle información y asesoramiento de forma cómoda y personalizada sobre una infinidad de temas. Pueden ser gratuitas o con diferentes sistemas de tarifación.

Para las campañas de RRPP se recomienda que sean gratuitos y de fácil acceso para promover que aumente la participación del público y el número de contactos.

Los servicios de atención telemática realizan una contribución importante a la imagen y reputación de la organización, tanto de forma positiva como negativa, por lo que debe existir un verdadero y sostenido interés del profesional de RRPP por mantener un servicio óptimo en todo momento.

Teniendo en cuenta lo anterior, no es válido contratar estos servicios y luego no darles un correcto seguimiento, sobre todo en los días iniciales de la campaña, que es cuando más dudas surgirán, tanto de los propios operadores como del público.

Los profesionales de las relaciones públicas utilizan los servicios de atención telemática para:

- Ofrecer atención telefónica personalizada las 24 horas del día, los 365 días del año, con lo que no se pierde ninguna oportunidad de entrar en contacto con el público por multitud de motivos.

Las líneas de atención telefónica son los servicios más comunes entre los servicios de atención telemática (Imagen: http://www.converso.co.uk/)

- Establecer un baremo del éxito en tiempo real de la campaña de relaciones públicas (cuantitativo: por el número de llamadas entrantes, número de ventas realizadas, número de posibles clientes contactados, etc., y cualitativo: tipo de información solicitada, forma como se enteraron del número, lugar de origen de la llamada, etc.).
- Gestionar la respuesta del público ante un gran volumen de llamadas de cara a la coordinación de nuevos procesos (impresión de materiales, invitados a un evento, etc.).
- No tener que ocupar mayores recursos humanos ni presupuestarios para establecer un sistema eficaz de atención al público.
- Lanzar campañas proactivas de llamadas telefónicas para informar sobre diversas novedades de las organizaciones.

En España, la Asociación Española de Empresas de Telemarketing (http://www.fecemd.org/aemt/home.htm) garantiza que los proveedores de estos servicios ofrezcan la mejor calidad y la mayor solvencia comercial y profesional del sector para evitar sorpresas en la encomienda de una función de vital importancia.

El papel del profesional de las RRPP radica en:

- La definición de los objetivos de la línea de atención telefónica.
- Definir el briefing del servicio.
- La elección del proveedor.
- La elaboración y actualización del argumentario para los operadores.
- La formación de los operadores para la campaña específica.

- El seguimiento continuo para asegurar la calidad del servicio.
- Dar respuesta puntual a los requerimientos del público.
- Proponer cambios y mejoras del servicio.
- Recibir las incidencias y el informe final de resultados.

Cuando se trata de una campaña proactiva de llamadas, también tendrá que:

- Definir la encuesta (si procede).
- Facilitar el listado o base de datos.

Nunca está de más realizar una serie de contactos de prueba al inicio de la campaña para comprobar que ésta funciona correctamente.

No se deben menospreciar los servicios de atención telemática y, en cambio, resulta imprescindible conocer las ventajas que la tecnología ofrece para mejorar la atención al público y responder rápidamente y de una forma eficaz a sus necesidades.

21. Patrocinio y mecenazgo

Lejos queda la época del Renacimiento en la que los artistas recibían el apoyo financiero de un mecenas para la realización de sus actividades.

Coca-Cola obtiene grandes beneficios comerciales y de imagen a través de patrocinios deportivos, como el que habitualmente realiza en los Juegos Olímpicos (Imagen: http://keetsa.com/blog/)

Pero ya entonces había interés del mecenas en unir su nombre al de un creador, llegando incluso a inmortalizar este vínculo apareciendo como modelo en pinturas o siendo mencionado explícitamente en algunas obras literarias.

Hoy en día el patrocinio y el mecenazgo son entendidos por las organizaciones como valores transversales que ayudan a conseguir los objetivos de la entidad a nivel comercial y de imagen.

Al mismo tiempo, sirven como plataforma para establecer relaciones con la comunidad, predisponiéndola positivamente ante los productos, servicios y causas de la organización.

Las acciones de patrocinio y mecenazgo pueden correr caminos paralelos, pero sus diferencias, algunas veces muy sutiles, hacen que los profesionales de relaciones públicas tengan que definir qué opción es la más apropiada para los intereses de la organización.

21.1. Patrocinio

El patrocinio tiene clara su función de comunicación y sus objetivos para apoyar la rentabilidad empresarial. Esta acción implica una aportación económica o en especie para apoyar un proyecto, a cambio de conseguir una serie de prestaciones que aporten un valor a la organización, en especial en términos de imagen.

Generalmente, los patrocinios se ofrecen a personas, instituciones o programas que no sólo son ajenos a la organización, sino que no tienen ninguna vinculación con las actividades que ésta desarrolla en su propio ámbito.

Prácticamente cualquier actividad es susceptible de ser patrocinada, pero una organización debe inclinarse por aquellas que poseen una gran notoriedad entre su público objetivo y especialmente por aquellas que sean fácilmente explotables a nivel de relaciones públicas y comunicación.

Entre las actividades más patrocinadas podemos contar eventos, competiciones y personajes deportivos, celebraciones culturales y encuentros profesionales.

El patrocinio tiene un gran recorrido, pero debe entenderse como una actividad estratégica más que como una acción puntual en la que la inversión tendrá automáticamente la misma o mayor rentabilidad.

Si no hay un plan integral de explotación que incluya no sólo relaciones públicas, sino también publicidad y otras acciones de marketing, la inversión en el patrocinio difícilmente aportará todos sus beneficios para la organización.

Un patrocinio no es una inversión directa en publicidad[34], ni necesariamente un valor seguro de relaciones públicas. Cuando se contrata, la organización tiene el dere-

[34] Carrogio Guerín, Marc: *Patrocinio, comunicación y deporte.* Revista Telos, nº 38. http://www.campusred.net/telos/anteriores/num_038/cuaderno_central6.html. 23 de enero de 2005.

cho de aprovecharse de las connotaciones positivas que pueda generar la imagen de, por ejemplo, un deportista.

Este personaje debe dedicarse a lo que sabe hacer y no necesariamente tendrá que ser un genio de la comunicación o el marketing, por lo que todo queda en manos de su patrocinador y de su habilidad para obtener todos los beneficios que conlleva su asociación con una figura pública de determinados atributos.

Por este motivo, resulta indispensable considerar que al esfuerzo económico que conlleva el patrocinio habrá que sumarle una inversión en comunicación y publicidad para darlo a conocer. Hay expertos que señalan que el monto a usar es uno por el patrocinio por uno del apoyo en comunicación. Es decir, si se invierten 100.000 euros en un patrocinio, se deberán invertir otros 100.000 euros en comunicación y relaciones públicas.

La gestión de un patrocinio debe realizarse con una estrategia y un plan prestablecidos, revisarse y darle seguimiento continuo para obtener la máxima rentabilidad.

Algunos aspectos que la organización tiene que considerar antes de confirmar el patrocinio son:

- Relevancia del objeto a patrocinar entre el público objetivo.
- Notoriedad y posible explotación en medios.
- Posible relación coste/beneficio.
- Inversión factible.
- Plan de explotación integral del patrocinio y compromiso del patrocinado para participar activamente en el mismo.
- Plan de contingencia en caso de presentarse alguna dificultad.
- Concordancia con los valores de la organización.
- Profesionalización en la gestión tanto del lado del patrocinado como del lado de la organización.
- Participación de otros patrocinadores.

El patrocinio ofrece una ventaja que ninguna otra acción puede brindar, que es integrarse naturalmente en las afinidades y en el tiempo de recreo del público. Considerando el aumento de las actividades de ocio y los espacios crecientes que le dedican los medios se facilita su comunicación a través de diversos canales. Además, esta acción otorga una legitimidad a la organización para adjudicarse los atributos del objeto patrocinado.

Siguiendo el ejemplo del deportista, se puede decir que la organización podría atribuirse su imagen de fuerza, juventud, trabajo en equipo, gusto por los retos, victoria, espíritu deportivo, etc.

Tampoco se pueden olvidar los beneficios que un patrocinio exitoso puede tener para la moral interna de la organización y cómo esto puede influir en el momento de atraer nuevos talentos.

Las actividades en las que puede participar un deportista patrocinado son:

- Presentaciones de producto.
- Cenas de gala.
- Actos de firmas.
- Reuniones con accionistas.
- Entrenamientos particulares.
- Visitas a hospitales.
- Charlas a estudiantes.
- Photopportunities.
- Declaraciones (para incluir en vídeo y/o radiocomunicados, o en algún material impreso).
- Y, obviamente, anuncios (aunque eso pertenece al ámbito publicitario).

Aunque también existe la posibilidad de que las cosas no salgan según lo previsto y el objeto patrocinado se convierta en una fuente de problemas. Sólo hay que recordar los escándalos en las ligas de fútbol europeas o con los jugadores de baloncesto norteamericanos.

El patrocinio de grandes eventos, como conciertos musicales o congresos especializados, ofrecen también un alcance y unos beneficios interesantes para cualquier organización. A su favor está el contacto directo con el público y con expertos, respectivamente, en un ambiente abierto y en total concordancia con sus gustos y expectativas.

El patrocinio está viviendo un momento interesante en el mundo de habla hispana, con la cada vez mayor profesionalización de la actividad. Esto conduce a mejores resultados, que multiplican la inversión con creces y hace que aumente el compromiso de las organizaciones para continuar destinando recursos a su realización.

21.2. Mecenazgo

En el marco de una cada vez mayor preocupación por la responsabilidad social de las organizaciones, el mecenazgo tiene amplias posibilidades para continuar creciendo en ayuda de las organizaciones y presentarse como agentes comprometidos con el desarrollo de la sociedad.

El mecenazgo es un apoyo monetario o en especie que una organización presta para el desarrollo social, cultural y científico de la sociedad, así como para la preservación medioambiental del entorno en el que se ubica.

Las organizaciones también se apoyan en el mecenazgo por razones éticas, para diferenciarse frente a su competencia o ser consistentes con su posicionamiento estratégico.

Otra de las ventajas que ofrece el mecenazgo es que genera una conciencia cívica entre los empleados y refuerza la identidad local de las organizaciones, algo muy importante para grandes multinacionales. Tampoco se debe olvidar que en muchos casos existen exenciones fiscales que le dan un atractivo financiero añadido.

Algunas acciones de mecenazgo van destinadas a apoyar iniciativas para la preservación medioambiental del entorno donde se ubica la organización (Imagen: http://www.nwcn.com/)

El objeto del mecenazgo puede ser:

- Apoyo al desarrollo, la investigación y la difusión de las actividades culturales, sociales, científicas, de fortalecimiento institucional, de cooperación para el desarrollo, de defensa del medioambiente, de fomento de la economía social, de desarrollo de la sociedad de la información, de promoción del voluntariado, de defensa de los derechos humanos, entre otras.
- Estímulos a la formación, la educación y el perfeccionamiento en los ámbitos anteriormente citados.
- Protección, conservación y crecimiento del patrimonio cultural, artístico y del medioambiente.

Las acciones de mecenazgo deben entenderse como un complemento de las actividades que tiene que liderar y financiar el Estado, nunca como un sustituto[35].

[35] Di Genova, Antonio: *Patrocinio y mecenazgo*. Web Mi espacio. http://www.infosol.com.mx/ espacio/cont/aula/patroc.htm. 7 de diciembre de 2004.

Para algunas organizaciones el mecenazgo abre un dilema en el sentido de que no desean ligarse a medio o largo plazo con una entidad independiente como una ONG u otra institución de este tipo, porque esto no responde necesariamente a sus intereses estratégicos.

Pero la opción de establecer un cuerpo en el seno de la misma organización, como una fundación, implica un esfuerzo muy importante y una menor credibilidad por la dependencia directa entre ambas entidades.

Los principales retos del mecenazgo residen en la necesidad de profesionalizar la actividad, tanto en la gestión misma del dinero como en el desarrollo de las acciones apoyadas. Asimismo, es necesario crear o promover la adopción de un código de conducta que regule las actuaciones y promueva las buenas prácticas en un ambiente de transparencia.

Los diversos tipos de mecenazgo son[36]:

- Dación de pago: que consiste en pagar parte de la deuda tributaria de la organización con la entrega de bienes de valor histórico o artístico.
- Donativos en bienes culturales: a diferencia del anterior, la entrega de bienes muebles o inmuebles concede unos beneficios fiscales específicos.
- Donativos monetarios: para apoyar la realización de las actividades susceptibles de recibir dinero de un mecenas.

El profesional de las relaciones públicas tiene que ayudar a la organización a gestionar las peticiones de mecenazgo que se reciban, establecer un criterio para la selección de los proyectos a apoyar, dar seguimiento al desarrollo de las actividades y velar por que la presencia de la imagen de la entidad se presente en un marco adecuado.

Aunque el mecenazgo carezca de una vinculación comercial directa, es verdad que existen diversas oportunidades para informar sobre este apoyo a través de las relaciones públicas.

Se puede explotar el mecenazgo de la organización a través de:

- La inclusión de su logotipo en todo el material que se produzca (folletos, catálogos, memorias, carteles, etc.).
- Organización de eventos (ruedas y viajes de prensa, recorridos y visitas institucionales, etc.).
- Relaciones con los medios (coordinación de entrevistas uno a uno con los representantes de la organización, contactos con las personas que disfrutan del mecenazgo, etc.).

---

36 Ministerio de Cultura: *Tipos de mecenazgo.* Web MCU. http://www.mcu.es/patrimonio/jsp/plantilla. jsp?id=121. 7 de diciembre de 2004.

Las relaciones públicas son las herramientas naturales para la promoción de las actividades de mecenazgo, por lo que, a diferencia del patrocinio, su gestión y difusión tendría que recaer en algún responsable de este ámbito antes que en alguien perteneciente a las áreas de marketing.

Cabe destacar que con las relaciones públicas pueden comunicarse las acciones de mecenazgo sin necesidad de incurrir en grandes inversiones, algo que iría en contra del espíritu filantrópico de esta acción.

Una acción de mecenazgo que implique una inversión en comunicación igual o mayor planteará un problema ético grave que puede dar pie a interpretaciones negativas sobre las verdaderas intenciones de la organización, poniendo en riesgo su reputación y dañando gravemente su imagen de cara a la sociedad.

En este sentido, el deber del profesional de RRPP es advertir sobre esta situación a las más altas instancias de la organización para evitar caer en este tipo de actitudes contradictorias que pueden llegar a ser incluso negativas y contraproducentes para sus fines.

22. Relaciones con analistas sectoriales

Existe una audiencia poco numerosa que puede llegar a tener un poder de influencia definitivo para las organizaciones y que debe recibir un trato específico por los profesionales de relaciones públicas. Se trata de los analistas sectoriales.

Las relaciones con los analistas sectoriales (en inglés, *analysts relations*) tienen el objetivo de aumentar la notoriedad y el conocimiento de la organización ante los ojos de expertos que ejercen un liderazgo de opinión en un sector determinado. De esta forma se podrá incidir positivamente en la influencia que éstos pueden tener sobre la percepción que se forme el mercado en torno a una entidad específica.

Gracias a mantener buenas relaciones con los analistas sectoriales una organización estará en mejor posición para:

- Obtener financiación para sus proyectos.
- Reposicionarse con eficacia (en el paso de una empresa familiar a una gestionada por expertos externos, relanzamiento de marcas, etc.).
- Búsqueda de aliados en situaciones de crisis.
- Ser recomendado (para fortalecer la posición financiera de la organización, para mejorar la percepción de la calidad de los productos y servicios, etc.).
- Reforzar las opiniones de la organización.

Los analistas no comprometerán su prestigio ni su credibilidad comentando sobre algo que no conocen. Pero también les interesa recibir información que pueda reforzar su posición de liderazgo ante las organizaciones y sus propios colegas.

Sin embargo, las «*analysts relations*» van más allá de un simple envío de información.

Se trata de una gestión abierta, transparente y eficaz de las relaciones con líderes sectoriales de opinión mediante el diálogo, el acceso continuo a los máximos responsables de la organización (no sólo a los portavoces, como sucede con los periodistas), que con el tiempo dará lugar a una retroalimentación que aportará valor a ambas partes.

23. Speaking opportunities

Una campaña de relaciones públicas puede llegar a pequeños colectivos o incluso a individuos. Esta es sin duda una de las grandes ventajas que ofrece frente a la publicidad tradicional, la cual, cuando se trata de contactar con grupos reducidos pero determinantes, resulta poco flexible o la relación coste-eficacia es menor que el de las RRPP.

Para llegar a ciertos colectivos es necesario acercarse directamente a las personas para conocer sus expectativas, mostrarse abierto para aclarar sus dudas y reservas, con el fin de ser considerado como uno más en el grupo. En definitiva, se trata de crear relaciones y de personalizar lo más posible los mensajes, algo imposible de hacer si no fuera cara a cara.

Las *speaking opportunities* son las ocasiones en las que uno o más responsables de la organización pueden dirigirse al público que asiste a conferencias, seminarios, foros, charlas, coloquios, mesas redondas y cualquier otra reunión, sea o no del sector al que pertenece la entidad.

Las *speaking opportunities* ofrecen además la valiosa oportunidad de convertirse en un líder de opinión que resulte indispensable en el momento de entender la materia en la que es identificado como experto.

Las «speaking opportunities» son las ocasiones en que un portavoz puede dirigirse a un público influyente a través de conferencias, foros, charlas, coloquios, etc. (Imagen: http://www.silkenlaumann.com/)

La receptividad del público a los mensajes de la organización resulta aún mayor cuando ésta se personifica en un portavoz, porque se trata de una audiencia cautiva que acude expresamente a escucharlos en el marco de algún acto especial.

Otra gran ventaja que ofrecen las *speaking opportunities* es que pueden reducir la necesidad de realizar otras actividades sectoriales, como participar en ferias, con el ahorro de costes que eso significa. Tampoco se puede desdeñar la difusión gratuita que se obtiene a través de los materiales que se utilizan para promover el evento, como folletos o páginas web, ni la posibilidad de que los medios de comunicación le den cobertura, multiplicando su divulgación[37].

Cabe destacar que también sirve como un elemento de motivación entre los portavoces designados, ya que adquieren mayor visibilidad pública, lo que les dota de mayor reconocimiento incluso fuera del ámbito de la organización.

El profesional de relaciones públicas se encarga de identificar las oportunidades más apropiadas para la organización, incluso a partir del perfil de los portavoces designados. Por ejemplo, al responsable de recursos humanos lo podrá colocar en un foro sobre seguridad en el trabajo, mientras que al director de logística podrá gestionarle una participación en una mesa redonda sobre la aplicación de las nuevas tecnologías para hacer más eficiente la cadena de suministro. Bajo su responsabilidad está dar una formación adecuada a los oradores que no estén acostumbrados a enfrentarse al público.

Además, gestiona las propuestas para participar y, en ocasiones, se encarga de preparar las presentaciones y discursos. También puede proponer la realización de jornadas, seminarios u otro tipo de eventos ad hoc que sirvan de plataforma de comunicación para los portavoces de la organización.

Para este tipo de presentaciones se recomienda[38]:

- Contar historias (incluir anécdotas y ejemplos reales para hacer la presentación más cálida y lograr que sea mejor acogida por el público).
- Crear imágenes (establecer símiles muy vívidos puede atrapar la atención de la audiencia).
- Ser claro e ir directo al grano (se puede ser breve y realizar una presentación rica en contenidos. De la misma forma, las frases del discurso tienen que ser igualmente sucintas y deben evitarse tecnicismos aunque se trate de un público especializado).

Un RRPP maximiza los beneficios de participar en estos encuentros, dando seguimiento a los contactos realizados y explotando por otros medios las presentaciones, por ejemplo a través de artículos y ensayos que pueden ser incluidos en medios de

---

[37] Markman, Steve: *Eight Steps to Obtaining Speaking Engagements: A Valuable PR, Marketing, and Business Development Tool.* Web Refresher. http://www.refresher.com/!smsteps.html. 7 de diciembre de 2004.

[38] Crowther, Don: *Sharpening up your presentations.* Web 101 Public Relations. http://101publicrelations.com/blog/archives/000278.html. 30 de diciembre de 2004.

comunicación o en libros. Otra buena idea es la de incluir la presentación en la página web para incrementar las visitas entre los asistentes al evento.

Asimismo, debe informar al portavoz sobre el perfil del público al que se va a dirigir para que adecue su mensaje y lo haga más eficaz. Cada presentación es diferente y por eso tiene que enfocarse con acierto para tener éxito. No está de más preparar una serie de preguntas y respuestas que puedan servirle al orador como guía en el momento en que tenga que solventar dudas del público.

Un plan de *speaking opportunities* estratégicamente planeado puede servir para dar mayor notoriedad a una organización en un área donde es poco conocida, para romper prejuicios o ideas preconcebidas entre líderes de opinión o para posicionarla como pionera en algunos temas cuyo conocimiento hasta el momento está poco extendido.

No se puede menospreciar el poder de la influencia de las *speaking opportunities*. Los líderes de opinión pueden cambiar una percepción negativa e incluso convertirse en aliados cuando se llega a ellos de una forma directa y personal[39].

Sin lugar a dudas, la correcta gestión de un plan de *speaking opportunities* brindará beneficios cualitativos a la organización y será una buena herramienta para crear relaciones reales con colectivos influyentes, que pueden ser fundamentales para conseguir los objetivos de comunicación de la entidad.

(Ver anexo al final del capítulo).

23.1 Gestión de relaciones con líderes de opinión y/o autoridades

Si las *speaking opportunities* ofrecen la oportunidad de establecer contactos con colectivos e individuos con gran credibilidad y un enorme poder de influencia, una gestión incorrecta de esas relaciones puede hacer estéril lo conseguido hasta el momento. Ya vimos lo importante que es tener un trato especial con los periodistas; pues de igual forma tienen que abordarse las relaciones con líderes de opinión.

Esta tarea va más allá de confeccionar y mantener actualizada una base de datos con los contactos realizados. Como en cualquier relación, hay que dedicarle tiempo y recursos, con la característica de que se trata de un trato profesional antes que personal.

Una organización puede mantener múltiples contactos con personas que son líderes de opinión en sus respectivos sectores. No necesariamente se trata de figuras conocidas por el gran público, pero sí de personajes que pueden tener una influencia vital en un área determinada.

---

39 RYAN, Liz: *The power of public speaking.* Businessweek online. http://www.businessweek.com/careers/content/dec2004/ca2004127_0927.htm. 30 de diciembre de 2004.

El valor de mantener unas buenas relaciones con líderes de opinión o autoridades puede verse reflejado cuando:

- Es imprescindible contar con su apoyo y credibilidad para la realización de ciertas actividades (lanzamiento de nuevos productos, influencia en cambios legislativos, etc.).
- Surge un imprevisto y se necesitan aliados (como en el caso de una crisis).
- Se necesita llegar a otras personajes de difícil acceso.
- Pueden facilitar información y experiencia calificada sobre un tema determinado.

A una organización le interesa mantener una presencia relevante a los ojos de los líderes de opinión sin llegar a ser tan persistentes e inoportunos que acaben por hartarlos. Por eso, hay que dar un trato lo más individualizado y específico posible, conociendo sus preferencias, dando seguimiento a su labor e interesándose realmente por lo que es relevante para cada uno.

Cuando se trata de colectivos que pertenecen a sectores paralelos al de la organización, habrá que considerar que los contactos se llevarán a cabo únicamente cuando haya algo relacionado con sus respectivos ámbitos de especialización.

Por ejemplo, diversos responsables de nutrición no tendrán el menor interés en saber los últimos avances tecnológicos adaptados por una planta de generación de energía, como tampoco los directores de recursos humanos tendrán interés alguno en nuevas legislaciones enfocadas a la conservación de la cadena de frío de los alimentos. Aunque ambas novedades sean de interés para otros contactos de la organización.

Mantener contactos indiscriminados es el camino seguro para el fracaso, pero si cuando se mantiene una relación con los líderes de opinión a propósito de temas relevantes se hace en momentos oportunos y se aporta un valor, con toda seguridad se fortalecerán los lazos y se encontrarán aliados y hasta amigos entre ellos.

El tipo de contactos que cabe realizar con líderes de opinión pueden ser:

- Paquetes de información de la organización.
- Encuentros con analistas.
- Envío de información sobre el sector.
- Organización de jornadas, simposios, coloquios, charlas, etc.
- Estudios y análisis de especialistas.
- Invitación a eventos de interés convocados por otras entidades (congresos, seminarios, etc., mientras que no hay que convidar a actos como ruedas de prensa u otros de índole puramente comercial).
- Publicaciones periódicas.
- Regalos (sobre todo en épocas navideñas o con motivos especiales).

24. Campañas con las bases y creación de grupos de presión

Hay momentos en que las organizaciones necesitan llegar directamente a sus audiencias y hacerlas copartícipes de la comunicación de temas de interés común. Esto sucede sobre todo en el ámbito político cuando una causa o un candidato necesitan puntualmente del apoyo de la ciudadanía para salir adelante.

Por ejemplo, cuando se promueve un cambio legislativo que requiere una votación para ser aprobada definitivamente, una *grassroot campaign*, o campaña con las bases, irá dirigida a grupos de simpatizantes con el objetivo de movilizarlos para exponer un punto de vista y, de esta forma, contribuir en la discusión parlamentaria.

Asimismo, también se lanzan este tipo de campañas para recolectar fondos para financiar campañas electorales y otro tipo de movilizaciones ciudadanas con objetivos concretos.

Una grassroot campaign puede ser legítimamente promovida por una organización, siempre que reconozca abiertamente su aportación (Imagen: http://www.pole2pole2000.com/)

Los mensajes de la organización deben informar y persuadir a la gente de las bases con la intención de movilizar a voluntarios convencidos para que realicen todo tipo de acciones, como:

- Contactos directos con políticos y líderes de opinión.
- Participación y apoyo logístico en reuniones y todo tipo de eventos.
- Recaudación de fondos, ya sea directamente o de forma indirecta a través de la venta de diversos artículos, como banderas, pines, etc.
- Desarrollo de herramientas de comunicación como páginas web, cartas, postales, etc.
- Realización de todo tipo de tácticas como manifestaciones, distribución de información o contactos cara a cara con personas en la calle.

Merece la pena destacar el carácter libre y voluntario de la gente que se reúne con motivo de una *grassroot campaign*. No tiene por qué estar mal visto que una organización se posicione y apoye claramente una causa, incluso aportando dinero a favor de ésta.

Lo que sí será reprobable es que no se reconozca públicamente una relación monetaria entre una organización y un grupo de ciudadanos comprometidos.

Una *grassroot campaign* puede dar lugar a la creación de grupos de presión o, como se le conocen popularmente, de *lobbies,* que son grupos estructurados con intereses y preocupaciones comunes que se reúnen de forma continuada para llevar a cabo actividades para influir en diversas audiencias, principalmente en autoridades, pero también en medios de comunicación y en la ciudadanía en general.

Los lobbies se reúnen para llevar a cabo programas definidos a favor de causas tan variopintas como las que se emprenden para la protección de entornos naturales, a favor de los derechos humanos, para dar respuestas a necesidades concretas de las comunidades, etc.

También hay *lobbies* creados por profesionales de las RRPP que reciben el encargo de representar a empresas individuales o a agrupaciones sectoriales ante instituciones políticas, como los parlamentos nacionales, o, en el ámbito europeo, la Unión y el Parlamento Europeos.

Según Humberto Nogueira, citado por Angel Luis Cervera Fantoni[40], los lobbies se pueden clasificar siguiendo de diversos criterios:

- *Grupos de personas:* Conformado por personas físicas, por ejemplo un sindicato, una asociación de amas de casa, etc.
- *Grupos de organizaciones:* Compuesto por uniones de grupos (confederación de sindicatos, asociación de amas de casa, etc.).

En el Parlamento Europeo actúan un gran número de lobbies (Imagen: http://www.tropical-island.de/)

---

40 Cervera Fantoni, Angel Luis: Op. cit., 270.

- *Grupos de masas:* Conformados por agrupaciones con gran cantidad de miembros, con una estructura bien definida y financiados con las pequeñas aportaciones que realizan todos sus miembros.
- *Grupos de cuadros:* Compuestos por un pequeño pero influyente grupo de personas (asociación de banqueros, etc.).
- *Grupos de presión exclusivos y grupos de presión parciales:* Los primeros tienen como razón de ser ejercer presión, y los segundos utilizan la presión de manera puntual y no como finalidad única del grupo.
- *Grupos de presión promocionales:* Tienen como objeto la promoción de una idea o causa determinada.
- *Grupos de presión funcionales:* Representan a un colectivo reconocible (agrupaciones de comerciantes, colegios profesionales, etc.).
- *Grupos de presión privados y públicos:* Los primeros surgen de la sociedad civil y los segundos forman parte de la estructura gubernamental (funcionarios públicos, fuerzas armadas, etc.).
- *Grupos de presión nacionales e internacionales:* Los nacionales desarrollan su actividad en un país concreto, mientras que los internacionales lo hacen en más de un estado.

A las *grassroots campaigns* y los grupos de presión se les considera con frecuencia como instrumentos de influencia de los grandes poderes, pero también han sido elementos clave en el momento de equilibrarlos. Si existe desde un principio una actitud de transparencia que muestre claramente la relación entre éstos y los grupos que los apoyan y financian, no tienen que ser vistos como representantes de oscuros intereses.

La creación de una estructura para defender unos intereses determinados tiene una serie de ventajas también para las autoridades y para la sociedad, ya que reducen el número de interlocutores con los que los primeros tienen que tratar y pueden saber con claridad quienes conforman estos grupos.

Por ejemplo, en España, una organización interprofesional agraria tiene entre sus funciones la representación de su sector a nivel nacional ante las administraciones, tanto a nivel local, a través de las consejerías de agricultura de las Comunidades Autónomas, como ante el Ministerio de Agricultura, Pesca y Alimentación.

Este tipo de organizaciones reciben el reconocimiento y el apoyo económico del mismo Ministerio para la realización de algunas de sus actividades. De otra manera, las instituciones tendrían que hacer frente a cientos de agrupaciones que estarían haciendo peticiones muy similares.

Un profesional de las relaciones públicas tiene que estar capacitado para hacer frente a la responsabilidad de establecer una campaña de bases y un grupo de presión en su labor de aportar la visión de la organización ante todo tipo de audiencias.

25. Mapas institucionales

Si no se ha tenido la oportunidad de establecer un contacto directo con líderes de opinión o autoridades, pero la organización tiene la necesidad de comunicarse con alguno de ellos, la forma más ordenada y profesional de hacerlo es mediante la realización de mapas institucionales.

En los mapas institucionales se identifica a los principales actores de un sector, sus responsabilidades, datos de contacto, así como sus últimas actuaciones. Su función es ofrecer a la organización datos valiosos sobre el perfil de las personas con las que tiene que entrar en contacto para determinar la mejor estrategia para abordarlos y hacerlo de una forma tanto ilustrativa como gráfica.

De uso muy arraigado para la realización de acciones de *lobby* o cabildeo, los mapas institucionales se ilustran inicialmente con un organigrama para conocer las líneas de poder entre las personas a las que se quiere abordar.

Los mapas institucionales también ayudarán a los interlocutores de la organización en el momento de entrar en contacto con los líderes de opinión o autoridades, para optimizar el tiempo de los encuentros estableciendo desde el principio los puntos de interés y teniendo en cuenta el alcance del poder de decisión de cada uno de los interlocutores.

Es un verdadero reto tener al día un mapa institucional, sobre todo en tiempos de elecciones, cuando hay un trasiego muy importante de cargos en el ámbito público y político. Por este motivo, con el objetivo de optimizar los recursos asignados e incrementar las posibilidades de éxito de las gestiones, se debe realizar una actualización constante de esta herramienta.

Un mapa institucional también sirve para guiar las actuaciones de una organización en el seno de la Administración pública, donde la descripción de los cargos puede llegar a ser confusa y llevar a la realización de una estéril ronda de contactos entre personas que no tienen ninguna relevancia en la área en la que se busca proceder.

Esta herramienta ayuda a encontrar caminos alternativos para alcanzar a personajes de difícil acceso, como pueden ser ministros u otros máximos responsables. No hay que olvidar que, aunque la decisión final de muchos asuntos recaiga en personas de alto nivel, éstos delegan en sus subordinados los contactos y el análisis previo, así como la recomendación de las medidas que finalmente se adoptarán.

El papel del profesional de las RRPP se encuentra en la confección de la propuesta estratégica de contactos una vez realizado un análisis de las necesidades y las posibilidades de la organización. También es responsable en la preparación y actualización de los mapas institucionales y de las herramientas y tácticas para establecer los primeros contactos, así como para mantener la notoriedad ante los ojos de estos personajes.

Como se puede ver, la gestión de las relaciones con líderes de opinión o autoridades es una tarea profesional que puede marcar la diferencia para el logro de los objetivos de la organización.

26. Herramientas de comunicación interna

La comunicación interna es como el oxígeno de la organización. Debe llegar a todos y cada uno de sus miembros para hacer que el conjunto funcione correctamente.

Las organizaciones modernas saben que con la comunicación interna no se trata de informar unilateralmente desde la dirección, sino de realizar un proceso que se retroalimente con la participación de todos sus miembros.

Si la comunicación no comienza desde dentro, la reputación se estará construyendo sobre bases débiles, porque si los propios miembros de la organización no creen en sus mensajes, no podrán asumirlos internamente ni transmitirlos con confianza a su entorno, que puede estar constituido por clientes, seguidores, autoridades y cualquier otra audiencia.

Un miembro que se entera de lo que sucede en su organización por fuentes externas puede molestarse y sentirse desplazado, perdiendo su confianza sobre lo que sus superiores o los propios medios internos quieran informarle en adelante.

La comunicación interna consiste en facilitar el proceso de comunicación en el seno de la organización para contar con personas que conozcan, respeten y hagan suyos los objetivos de la organización. Por este motivo es importante dotar de un espacio a las voces formales e informales y otorgarles su justo nivel de importancia.

La comunicación interna es un medio y no un fin en sí misma. Cumplirá con éxito sus objetivos en la medida que logre que el cometido de cada miembro esté en línea con las necesidades del conjunto de la organización.

El valor de la comunicación interna tiene que ser medible. Su poder residirá en la eficacia con respecto a la dirección estratégica, en la adaptación al entorno cambiante, en el compromiso con las tareas esenciales y al aumento de la confianza de todos los miembros de la organización.

Todo esto es especialmente importante en una época marcada por el cambio a partir de fusiones, adquisiciones y reorganizaciones de grandes organizaciones en todo el mundo.

Al ser susceptible de medir su eficacia, también tiene que aspirar a mejorar continuamente mediante la revisión de los procesos, las herramientas, el tono y los momentos en que se comunicó. Detectando buenas prácticas se podrán reforzar áreas de éxito y reemplazar las que no hayan ofrecido buenos resultados.

El lenguaje de la comunicación interna también tiene características especiales. En ésta deben utilizarse mensajes claros y acordes con la realidad, evitando la retórica y la grandilocuencia.

La transparencia debe comenzar por casa. La credibilidad de los mensajes al interior es la base fundamental para que la organización alcance sus objetivos. En la medida que los miembros se sientan engañados, no sólo la comunicación interna perderá su utilidad, sino que la propia fortaleza y continuidad de la organización se verá amenazada.

Como diría Abraham Lincoln sobre el engaño: «Se puede engañar a algunos todo el tiempo y a todos algún tiempo, pero no se puede engañar a todos todo el tiempo». Esto se aplica a toda la comunicación, pero muy especialmente a la que está dirigida a públicos internos que pueden confrontar los mensajes con la realidad que se vive en el seno mismo de la organización.

Recuperar una imagen dañada en el interior puede ser más difícil que lograrlo de cara al exterior. No reconocer los errores a los ojos de los miembros causará un efecto desastroso para la moral de la organización e instalar un clima moral de difícil arreglo.

No hay que olvidar que la mala reputación de la organización es compartida por todos sus miembros y que a nadie le gusta ser parte de un proyecto fallido o vergonzoso.

Al tratarse de una audiencia fundamental para la realización de las actividades de cualquier organización, la comunicación interna debe tener objetivos, estrategias y herramientas específicas que darán lugar a campañas de relaciones públicas en toda regla.

Hay organizaciones que prefieren situar la comunicación interna en el área de recursos humanos, pero esta decisión no será siempre afortunada, ya que en este aspecto poco valdrá ser un experto en la preparación de las nóminas y la legislación laboral vigente si no se conocen y dominan las herramientas para llevar a cabo una campaña eficaz al interior de la organización.

Los objetivos de la comunicación interna pueden ser[41]:

- Apoyar la orientación estratégica de la organización.
- Reforzar la cultura organizacional.
- Educar a los miembros en la filosofía y valores de la organización.
- Integrar a todos sus miembros.
- Aclarar el papel y la responsabilidad de cada miembro en el marco global de la organización.
- Facilitar la adopción de cambios (tecnológicos, de procedimientos, etc.) en el seno de la organización.
- Motivar a los miembros de la organización con el fin de retener el talento.
- Dar a conocer los avances en los planes y el logro de los objetivos de la organización.

Los responsables de la comunicación interna deberán encargarse del diseño y la creación de las herramientas, así como de la preparación de las tácticas que se llevarán a cabo en el marco de la estrategia y la campaña.

Algunas de las herramientas que aquí se presentan ya se han mencionado en este capítulo. Otras son específicas de la comunicación interna y se exponen a continuación.

---

41 Lee, Thomas: *The twelve dimensions of strategic internal communications.* Web Melcrum.com. http://www.melcrum.com/cgi-bin/melcrum/eu_content.pl?docurl=article%20cc% 2012%20dimensions. 6 de enero de 2005.

- *Intranet.* Página web de acceso exclusivo a los miembros de la organización. Ofrece la ventaja de una gran interactividad y de consulta a varias fuentes de información, pero su uso está restringido a las personas con acceso a internet.
- *Tablón de anuncios.* Espacio en el que se colocan diversos anuncios, ya sean cartas, memorándums o carteles, ubicado normalmente en zonas de tráfico intenso de personas.
- *Reuniones por áreas.* Pequeños encuentros liderados por mandos intermedios que se realizan con el objetivo específico de comunicar un tema de interés tanto de la organización como de determinada área.
- *Convenciones.* Encuentro de la totalidad de los miembros de la organización en el que se presentan los planes y programas de la organización, así como cualquier otro anuncio importante.
- *Correo electrónico.* Envío de información a través de este medio, ya sea con un mensaje único o para fomentar otro tipo de actividades complementarias, como visitas a la intranet, etc.
- *Mensajes a dispositivos móviles.* Se trata del envío de información sencilla que necesite ser distribuida rápidamente o entre miembros que no se encuentran normalmente en la sede de la organización porque su trabajo les obliga a viajar constantemente.
- *Correo de voz.* Mediante un programa específico se puede grabar un mensaje a todos o a un grupo determinado de miembros para que puedan escucharlo en su teléfono o descargarlo en un reproductor de música en formato mp3.
- *Vídeos.* Que transmitan las características de proyectos determinados o los planes que está desarrollando la organización.
- *Revista interna o newsletter.* Que se distribuirá periódicamente y a través de los canales habituales en formato impreso o electrónico.

Una intranet es una página web exclusiva para la comunicación interna de los miembros de la organización (Imagen: http://www.learnthenet.com/)

La frecuencia de la comunicación interna se verá determinada tanto por la normalidad como por los eventos extraordinarios.

La normalidad, a través del lanzamiento de las herramientas de comunicación en momentos y periodos previamente determinados, mientras que los eventos extraordinarios darán origen a tácticas puntuales que busquen informar con prontitud.

También hay tácticas habituales en recursos humanos para dar la bienvenida a nuevos miembros de la organización, que bien pueden apoyarse en el conocimiento de la comunicación de los profesionales de las RRPP, como manuales de bienvenida o folletos sobre temas diversos (política de vacaciones, ascensos, etc.), o bien utilizar vídeos para temas de inducción y formación.

Se considera que las familias de los miembros también forman parte de la organización y para ellos hay herramientas y tácticas especiales, como el envío de cartas a los domicilios, las visitas de puertas abiertas y otro tipo de eventos cuyo objetivo es una mayor integración personal que beneficie la moral interna.

La comunicación interna es un área que no debe ser dejada de lado, porque es igualmente importante, y a veces hasta más, en el momento de conseguir los objetivos, tanto a nivel de imagen y reputación, como de los fines que marcarán la diferencia entre el éxito y el fracaso de la organización en su conjunto.

Los profesionales de las relaciones públicas deben entender que su responsabilidad también abarca esta área y que la forma de abordarla es con una campaña integral de RRPP.

En este caso, el público interno será clave para que sus esfuerzos de comunicación con otras audiencias cumplan su cometido en el momento de enviar mensajes que incidan en una percepción positiva de la organización vista tanto desde el interior como del exterior.

RESUMEN CAPÍTULO 4

Hay una gran variedad de herramientas y tácticas de relaciones públicas. Muchas de éstas son exclusivas de las RRPP y otras han sido adaptadas de otros sectores, como el periodismo, el marketing o la publicidad.

La utilización de las herramientas y la implementación de las tácticas tienen que enmarcarse en una estrategia y en un plan previamente establecidos y deben perseguir unos objetivos determinados.

Y no hay que olvidar que no todas las herramientas funcionan para todas las organizaciones.

Existen tácticas específicas para realizar unas relaciones adecuadas con los medios. Gracias a aquéllas se podrán establecer vínculos profesionales con los periodistas para obtener una cobertura mediática equilibrada y, cuando la información lo permite, abundante.

Asimismo, hay herramientas específicas para comunicarse tanto con las audiencias internas como con las externas. Cada una tiene un objetivo y un alcance específicos y, por este motivo, hay que saber utilizarlas y combinarlas de una forma estratégica.

Algunas funcionarán mejor para entrar en contacto con líderes de opinión; otras para comunicarse con las autoridades e incluso hay algunas que ayudan a informar a audiencias con perfiles específicos.

La flexibilidad de las RRPP permite establecer relaciones cercanas con líderes de opinión y estos vínculos tienen que gestionarse profesionalmente para mantenerlos y fortalecerlos a lo largo del tiempo.

Las organizaciones deben hacer uso de las enormes posibilidades de comunicación que les ofrecen las nuevas tecnologías. Para hacerlo de la mejor manera posible, es imprescindible conocer el medio y el espíritu de la audiencia que está al otro lado del ordenador. De otra forma, será imposible establecer una «conversación» con un público crítico y cada vez mejor informado.

Cualquier uso de las herramientas e implementación de las tácticas de RRPP debe hacerse de una forma ética. Los profesionales de las relaciones públicas no son «propagandistas», sino los encargados de ayudar a difundir los mensajes de las organizaciones y de proteger su reputación.

Sin credibilidad es imposible que realicen su trabajo.

Anexo capítulo 4. Alerta de radio y televisión

Alerta de radio

Cliente: X

Fecha: 10 de diciembre de 2011

Hora: 20.23.14

Noticia	Medio	Duración
Grandes Almacenes abren en horarios especiales por el período navideño. Juan Pérez, gerente de centro comercial, y Ana López, consumidora.	Radio Nacional de España 5/ Radio 5 Todo Noticias	00.45

Alerta de Televisión

Cliente: X

Fecha: 10 de enero de 2011

Hora: 22.23.14

Noticia	Medio	Duración
Las asociaciones de consumidores advierten de las falsas rebajas y los derechos de los consumidores. Jesús Sánchez, consumidor, y Blanca Casas, gerente Grandes Almacenes.	Televisión Española 2 Nacional / La 2 Noticias	0.55

Recorte de prensa (clipping)

Medio	Fecha	Página
Espacio	Fotografía	Color o blanco y negro
Valor publicitario equivalente	Audiencia	Tirada
OJD	EGM	

Las presas de los virus

Servicios financieros, salud y energía, los sectores más afectados en 2003

Medidas preventivas

Bases de datos

Medio	Contacto*	Dirección	Teléfono	Fax	Correo electrónico	Cobertura
ABC	Juan Pérez	Juan Ignacio Luca de Tena, 7	913399000	913203555	Jperez@abc.es	Sí
Anuncios	Luis López	San Sotero, 8 - 3ª	917893600	917893690	lopez@anuncios.es	Sí
El País	María Jurado	Miguel Yuste, 40	913378200	91304866	mjurado@elpais.es	Sí
Expansión.com	Mónica Gutiérrez	Paseo de la Castellana, 66	913373220	913373245	gutierrez@expansion.es	Pendiente

Medio	Información enviada	Cobertura	Observaciones
ABC	Lanzamiento nuevo producto	Sí	Interesado en recibir información general
Anuncios	Campaña publicidad	Sí	Sólo enviar información publicidad
El País	Perfil nuevo presidente	Sí	Coordinar entrevista con nuevo presidente
Expansión.com	Nueva plataforma comercio electrónico	Pendiente	Realización de posible reportaje en profundidad

Nota de prensa

ALAS LIBRES
Nuevos cursos gratuitos para ayudar a los pasajeros que temen coger un avión

Madrid, Marzo de 2012. Alas del Milenio, la nueva aerolínea de bajo coste para trayectos de largas distancias, lanza su programa de cursos «Alas Libres», que ayudará a los pasajeros que temen coger un avión a sobrellevar el miedo que les provoca la realización de un viaje, a reducir el estrés y la ansiedad durante el vuelo y, en definitiva, a ganar seguridad en sus desplazamientos aéreos.

Los cursos serán gratuitos para los clientes que posean la tarjeta «Largas Distancias», del programa de viajeros frecuentes de Alas del Milenio, y se realizarán en castellano e inglés en las salas VIP de los principales aeropuertos donde opera la compañía aérea. Las sesiones se llevarán a cabo de lunes a viernes en diferentes horarios y tendrán una duración de dos horas.

Según Juan Cielo, presidente ejecutivo de Alas del Milenio, *«el buen servicio y trato personal con cada uno de nuestros clientes comienza desde que están en tierra. Con los cursos* ***Alas Libres*** *queremos que nuestros pasajeros disfruten de su viaje con tranquilidad, sin estrés y con seguridad desde su casa hasta su lugar de destino. Es la mejor forma de agradecer su preferencia».*

El curso ha sido diseñado por el prestigioso psicólogo Juan Miguel Arcángel, en exclusiva para Alas del Milenio, e incluye información detallada sobre las funciones de todas las aeronaves de la compañía, los sonidos más comunes que pueden escucharse dentro del avión, indicaciones de seguridad, consejos prácticos para la reducción de la ansiedad en el aeropuerto y técnicas de relajación eficaz durante el vuelo.

Para reservar una plaza en alguno de los cursos «Alas de Libertad» los clientes tienen que dirigirse a la central de reservas y venta telefónica de Alas del Milenio, o a la página web de la compañía: www.alasdelmilenio.com

Nota al editor:

Alas del Milenio es la nueva aerolínea de bajo coste para trayectos de largas distancias con destinos a las más importantes ciudades de Europa, América y Asia. Con la flota más moderna del sector y más de 5.000 personas al servicio de sus clientes, Alas del Milenio ofrece la mejor relación calidad/precio del mercado.

Datos de contacto:

Rita Nube
Departamento de Relaciones Públicas
ritanube@alasdelmilenio.com
Teléfono de contacto: 912345678
www.alasdelmilenio.com.

Ejemplo de Statement

Declaración oficial

La compañía Fogones, S.A., niega con toda rotundidad la acusación realizada por el señor Nolasco, de la Asociación Libre de Usuarios, sobre nuestro producto Fogón X24 y quiere dar a conocer a la opinión pública la siguiente declaración:

Lamentamos el terrible suceso acontecido en la localidad Cuesta de Enmedio.

Todos nuestros productos cumplen las más estrictas normas de seguridad, tanto españolas como a nivel europeo.

La calidad de nuestros productos está avalada por expertos independientes, quienes realizan todo tipo de pruebas antes de que lleguen al mercado.

Ni el juez ni la policía científica han señalado en ningún momento que en el suceso hubiera intervenido alguno de nuestros productos.

Para finalizar, reiteramos nuestro pesar ante tan terrible accidente.

*** El nombre del consumidor, de la asociación y de la compañía son inventados.**

Ejemplo de artículo firmado

¿Electrodomésticos y tendencias de moda?

Por Alberto San Cristóbal, director de marketing de Domestic Appliances, S.L.*

En la época de nuestros padres los electrodomésticos se adquirían exclusivamente para que cumplieran una función doméstica, ya fuera aspirar, lavar la ropa, cocinar o mantener los alimentos, etc.

Sin embargo, hoy los electrodomésticos se compran por éstas y otras razones. Ahora hay cocinas zen, maquinillas de afeitar para metrosexuales, mp3 creados por grandes diseñadores, etc.

Ante la popularización de los electrodomésticos, los usuarios de hoy determinan su decisión de compra más por cuestiones que tienen que ver con el diseño y la moda y menos por las prestaciones y el precio.

Es la irrupción de la moda en todos los ámbitos de la vida.

Las empresas tienen que adaptarse y ofrecer productos diseñados para satisfacer las nuevas necesidades de los consumidores.

Si un nuevo electrodoméstico pasa a convertirse en objeto de culto gracias a un cambio en la moda, el éxito está asegurado, pero si las empresas no innovan y siguen ofreciendo productos bien hechos, seguros, con buenas prestaciones y a buen precio, pero aburridos, lo único que conseguirán será acumular polvo en las estanterías.

Pronostico que en el futuro veremos planchas by Armani o televisiones por Gucci.

* **El nombre de portavoz y de la compañía son inventados.**

Ejemplo de editorial

¿La nueva burbuja de internet?

Por Enrique Hernández, CEO de XXI analistas tecnológicos*

No estoy de acuerdo con la expresión «burbuja» para definir lo que está sucediendo ahora mismo en internet. Me gustaría pensar que la gente ha aprendido de los errores y que ahora se toman las cosas con más tranquilidad y sentido común.

Es verdad que hay signos alentadores en el horizonte que nos invitan al optimismo.

La parte negativa del resurgimiento de los negocios de internet es que sigue sin haber modelos de negocio sólidos. Entre otras cosas porque se conoce poco a los usuarios y, aunque hay millones navegando, no se sabe a dónde van, con qué fin, cuánto tiempo se quedan en cada sitio, cómo han llegado hasta ahí, etc.

Pero si tuviéramos que poner en una balanza los signos positivos de un lado y los negativos por otro, el fiel se inclinaría hacia los primeros. Se puede pensar que algunas iniciativas tienen unas expectativas de éxito razonables y, aunque no vayan a crear millonarios de la noche a la mañana, sí se verá cómo se rentabilizan las inversiones.

Nuestra recomendaciones serían: mantener la calma, aprender de los errores cometidos, familiarizarse con el campo en el que se va a jugar y revisar a fondo los modelos de negocio.

Estamos confiados en que, más que una nueva «burbuja de internet», estamos en la vuelta de la ilusión en los negocios en la red.

*** El nombre de portavoz y de la compañía compañía son inventados.**

Ejemplo de estudio de caso

Redu10
10 mujeres 10 kilos menos

Gracias al poder adelgazante de Redu10, 10 mujeres han logrado perder 10 kilos en muy poco tiempo. Esto ha sido comprobado por el notario Vicente Arroyo.

Debido a su combinación patentada de extractos, Redu10 ayuda a aumentar la sensación de saciedad, ayuda a una mejor digestión y actúa sobre los tejidos grasos sin causar fatiga ni ningún otro tipo de efecto secundario.

Aránzasu Cuesta fue la que menos tiempo tardó en perder los 10 kilos (apenas 4 semanas). «No creo en los medicamentos milagrosos, pero Redu10 es algo especial. Sin darme cuenta, reducí la ingesta de alimentos y no tuve que hacer mayores esfuerzos. La tercera semana sentí que la ropa me quedaba más holgada, hasta que ayer tuve que ir a comprarme un pantalón y una falda porque todo se me caía».

La acción de Redu10 varía dependiendo de diversos aspectos físicos de la persona, pero si en 10 semanas no ha bajado los 10 kilos la compañía se compromete a devolver el dinero a los consumidores.

Susana Picas estuvo a punto de dejarlo, pero después de 9 semanas consiguió el objetivo. «Como el efecto de Redu10 es tan sutil, pensé que no me estaba haciendo nada. No soy muy amiga de la báscula, por eso no sabía cuáles eran mis avances. Un día quedé con unas amigas a tomar algo y todas me dijeron que me veían estupenda. No me lo creía, pero sí. Había adelgazado 10 kilos sin haberme dado cuenta».

Redu10 se puede encontrar en cualquier farmacia y no requiere receta. Sin embargo, siempre es recomendable la supervisión de un médico.

*** El nombre del producto, del notario y de los consumidores son inventados.**

Calendario editorial

Medio	Ejemplar del mes	Temas generales	Especiales
Tekkie*	**Enero** **Cierre publicidad:** 27 diciembre **Cierre contenido editorial:** 8 noviembre	Líderes en el sector de las tecnologías de la información **Responsable:** Juan Pérez **Correo de contacto:** jperez@tekkie.com	Los mejores regalos de informática para Reyes **Responsable:** Asunción López **Correo de contacto:** alopez@tekkie.com
	Febrero **Cierre publicidad:** 25 enero **Cierre contenido editorial:** 10 diciembre	Las nuevas telecomunicaciones **Responsable:** Álvaro González **Correo de contacto:** agonzalez@tekkie.com	El caso Skype **Responsable:** Juan José Hurtado **Correo de contacto:** jjhurtado@tekkie.com
	Marzo **Cierre publicidad:** 20 febrero **Cierre contenido editorial:** 27 marzo	Internet: ¿Vuelven los noventa? **Responsable:** Asunción López **Correo de contacto:** alopez@tekkie.com	La compra del buscador AskJeeves por Interactive Corporation **Responsable:** Juan Pérez **Correo de contacto:** jperez@tekkie.com

* Revista inventada.

Checklist para organización de rueda de prensa

Definición de lugar	Salón para 35 personas en céntrico hotel.
Visita anterior	Realizada. Reunión con responsables del lugar para aclarar necesidades.
Equipo audiovisual	1 micrófono de solapa. 1 micrófono inalámbrico. 2 altavoces. 1 mesa de sonido. 1 cañón de ordenador. 1 ordenador portátil con programas de presentación. 1 reproductor de DVD. 1 pantalla. 1 técnico. 1 fotógrafo.
Organización del salón	Formación de sillas y mesas para periodistas: Teatro. Mesa presidencial: 4 personas.
Identificadores	4, con nombre y cargo.
Indicación de realización de la rueda de prensa	2, preparadas y colocadas 1 en la entrada del lugar del evento y 1 en la puerta del recinto.
Photo call / Trasera	2, preparadas y colocadas 1 tras la mesa presidencial y 1 a la entrada del recinto.
Decoración	Con carteles e inflables.
Catering	Sólo se servirá coffee break.

Preparación materiales y acciones de prensa

Base de datos	Definida y actualizada. 80 contactos.
Convocatoria	Enviada por correo electrónico y fax.
Confirmaciones	Realizadas. 12 confirmados y 4 probables.

Mensajes clave	Preparado.
Preguntas y respuestas	Preparado.
Guión	Preparado.
Presentación	Preparada.
Ensayo previo	Realizado.
Disponibilidad para entrevistas	Sólo el consejero delegado. (Necesidad de traductor inglés-español)

Preparación del lugar

Seguimiento de prensa	Contratado. Prensa, radio y televisión.
Nota de prensa	Preparada. Incluidas en carpeta.
Dossier de prensa Incluidas en carpeta.	Preparado (también se incluirá presentación en CD)
Fotografías	Preparadas. En diapositivas y en cds. Incluidas en carpeta.
Regalos	No se distribuirán regalos.
Envíos de información	A realizarse después de la rueda de prensa

Ejemplo de convocatoria de prensa

Convocatoria de prensa

Estimado Eusebio Pazos

Inversión Fácil

Tenemos el placer de invitarte a la rueda de prensa que se llevará a cabo el próximo martes 17 de mayo, a las 11 de la mañana, en el Hotel Novo (c/Castil,11), con motivo de la presentación oficial del acuerdo de fusión entre Telcentro y Teléfonos del Norte.

En la rueda de prensa el Consejero Delegado de Telcentro, D. Humberto Pulido, y el Presidente de Teléfonos del Norte, D. Benjamín Coelho, explicarán los términos del acuerdo que dará lugar a la operadora de telecomunicaciones más grande del país.

Nos pondremos en contacto contigo para confirmar tu asistencia.

Rueda de prensa para presentar oficialmente el acuerdo de fusión entre Telcentro y Teléfonos del Norte

Día: Martes 17 de mayo

Hora: 11 de la mañana

Lugar: Hotel Novo (c/ Castil, 9)

Viviana Li (vli@telcentro.com) – Telcentro. 914329056

Olatz Uribari (olatz.uribari@telnorte.com) – Teléfonos del Norte. 917890123

* **El nombre del periodista y del medio, de las compañías, de los portavoces y de los contactos de prensa son inventados.**

Documento de previsiones de asistencia de una rueda de prensa

Medio	Situación
El País	Asistencia confirmada
El Mundo	En previsiones
Tele 5	Asistencia confirmada
La Razón	En previsiones
ABC	Asistencia confirmada
Televisión Española	Asistencia confirmada
Cadena Cope	Asistencia confirmada
Cadena Ser	En previsiones
Telemadrid	En previsiones
La Vanguardia	En previsiones
El Periódico de Cataluña	Asistencia confirmada

Checklist resumido y en fase de trabajo para viajes de prensa grupales

Concepto	Requiere y tiene aprobación del cliente	Situación	Pendientes/ Próximos pasos
Lista de periodistas a invitar	• Sí requiere • Aprobado	• Realización de contactos	
Estimación presupuestaria	• Sí requiere • Aprobado	• Obtener costes reales	
Contacto y confirmación de periodistas	• No requiere	• 4 han aceptado • 2 no han aceptado	• Contactar con 2 nuevos periodistas de la lista
Preparación de materiales informativos	• Sí requiere • Aprobado	• Imprimir y manipular los materiales	
Gestión de detalles logísticos en destino	• Sí requiere • Aprobado	• Base de datos de contactos facilitada por	• Realizar llamadas telefónicas para cerrar detalles logísticos
Compra y envío de billetes a periodistas confirmados	• No requiere	• Envío realizado	
Envío de información previa a los periodistas sobre temas logísticos	• No requiere	• Se ha enviado información (clima, diferencia horaria, requisitos migratorios)	
Preferencias y necesidades de los periodistas	• Sí requiere • Aprobada	• Contratar traductor, ordenadores con conexión a internet, comida vegetariana (no aprobado entrevista con Presidente)	• Incluir en estimación presupuestaria • Informar periodista sobre negativa a entrevista a otro portavoz
Teléfonos de responsables de medios	• No requiere	• 3 teléfonos conseguidos • 1 por conseguir	• Conseguir teléfono pendiente

Ejemplo de campaña de speaking opportunities

Plan de speaking opportunities para mayo 2008

Cliente: Conservas Atlánticas

Contacto: Anabel Wald, Directora de Marketing

Equipo: Elba Subirats, Directora de Cuentas. Alonso Hoyos, Ejecutivo de Cuentas.

Portavoces: Isabel Monti, Consejera Delegada (Relaciones institucionales). Ana Wald, Directora de Marketing (Experta en publicidad). Agustín Vélez, Responsable de Calidad (Experto en seguridad alimentaria). Alberto Orionu, Asesor Gastronómico (Experto en aplicaciones de los productos).

Portavoz	Evento	Fecha y lugar	Situación
Isabel Monti Consejera Delegada	Participación en el Coloquio de Exportadores: Amigos de América	18 de mayo Hotel Gran Clásico	Confirmada participación
Anabel Wald Directora de Marketing	Charla en MKTXXI	19 de mayo Universidad Nacional	Confirmada participación. Informar a la organización necesidades técnicas del ponente.
Agustín Vélez Responsable de calidad	Conferencia en Alimentos Seguros de España	23 mayo Recinto ferial	Confirmación anticipada.
Alberto Orionu Asesor Gastronómico	Encuentro de cocineros del norte	26 mayo Centro de convenciones	Confirmada anticipación. Informar a la organización necesidades técnicas del ponente.

*** El nombre de la empresa, de los portavoces, de los eventos, las sedes y de las actividades son inventados.**

Capítulo 5

Comunicación y Relaciones Públicas 2.0: Una revolución también para los profesionales de las relaciones públicas

1. Herramientas de Comunicación Online.
2. Wiki.
3. Comunicación a través de dispositivos móviles.
4. Videojuegos.

La irrupción de los medios sociales de internet, popularmente conocidos como social media, ha venido a revolucionar un sinfín de ámbitos en todo el mundo y el de la comunicación y las relaciones públicas no podía quedarse al margen de estos grandes cambios y transformaciones.

Desde los blogs, indudable punta de lanza de los social media, hasta la última red social y aplicación que marca tendencia hoy en día, los profesionales de las relaciones públicas han debido de estar a la vanguardia no sólo en conocerlos, sino en saber utilizarlos con fines de comunicación, ya fuera corporativa, de marketing, política o de cualquier otro sector.

Hay que señalar que los social media han atraído a otros sectores, que, cada uno desde su ámbito, les intentan sacar el máximo partido. Sobre todo publicitarios, periodistas y hasta personas con un perfil técnico, todos ellos han irrumpido en un terreno que era, por su naturaleza, propio de los profesionales de la comunicación y las relaciones públicas.

Y es que los RRPP tienen la capacidad de establecer contactos y conversaciones de manera natural entre distintos stakeholders, tal y como se comentó en el capítulo 1 de este libro, en donde se señalaron las diferencias entre diferentes profesionales, siempre haciéndolo desde el respeto, pero marcando claramente las especialidades de todos.

Lo que es verdad es que al haber confluido todos estos profesionales en un mismo espacio, la manera en como los social media son percibidos está en continuo cambio y evolución, aunque ya se cuenta con una trayectoria relevante que está determinando lo que se puede esperar de éstos ahora y en el futuro.

Si bien su propia naturaleza ha convertido a los social media en poderosas herramientas de comunicación entre individuos y comunidades, también han abierto un espacio a las marcas, empresas e instituciones para alcanzar sus fines particulares.

Por lo que respecta estrictamente a las relaciones públicas, se puede decir que cada tipo de comunicación sigue necesitando de canales específicos, salvo que ahora algunos de éstos se encuentran en el ciberespacio con características propias que los hacen muy distintos a los canales tradicionales.

Mientras que los medios de comunicación, principales plataformas de difusión de las acciones de relaciones públicas desde su vertiente de gabinete de prensa, siguen siendo válidos para la trasmisión masiva de mensajes, los social media ofrecen ese mismo alcance en potencia, pero de manera directa, sincrónica e interactiva, y sin ninguna clase de intermediación.

También es verdad que, tal como sucedía con los medios tradicionales, aún falta por determinar el impacto real que los esfuerzos de comunicación online tiene a favor de una marca, un producto, una empresa o una institución. Porque algunas mediciones a nivel técnico no ofrecen una respuesta sobre temas que competen de manera directa a los RRPP: reputación, percepción, imagen, etc.

Esto no quiere decir que la nueva comunicación sólo necesite de un ajuste superficial para mantener su relevancia. Los profesionales de las RRPP necesitan adquirir conocimientos técnicos para un mejor desempeño de su trabajo en temas de:

- Redes sociales.
- Analítica web.
- Optimización en buscadores (SEO).
- Marketing online.
- Programación y desarrollo web y móvil.
- Diseño y usabilidad, entre otros.

Se trata de un cambio profundo para el que hay que estar preparados y con una buena actitud ante las nuevas necesidades de la profesión.

No se está hablando de que los profesionales de las RRPP dejen de lado su experiencia y conocimientos anteriores. De lo que se trata es de una necesidad de reciclaje continua que, si bien antes era importante, ahora es imprescindible.

Todo lo anterior se enmarca en que la experiencia y los conocimientos sobre la comunicación más tradicional siguen siendo válidos y se pueden acoplar naturalmente a los nuevos requerimientos de los social media.

1. Herramientas de Comunicación Online

En muy pocos años la trasmisión de la información y el conocimiento ha aumentado con una rapidez de vértigo volviéndose global e instantánea, sobre todo gracias a la existencia de internet y de otros dispositivos móviles de comunicación.

Esta nueva era ha tenido un impacto directo en innumerables ámbitos de la vida, desde la forma de hacer negocios, realizar investigaciones, establecer relaciones, hasta en la forma en que los ciudadanos participan en política y confrontan alternativas de opinión sobre todos los asuntos de la agenda informativa.

En este sentido, las relaciones públicas también se han visto influidas de una manera definitiva con la irrupción de internet, las redes sociales y la comunicación a través de dispositivos móviles.

Las personas están ahora más enteradas que nunca de lo que ocurre hasta en el lugar más recóndito del planeta, por lo que la actuación de todas las organizaciones puede ser seguida en cualquier momento y desde cualquier lugar.

El principal desafío que está planteando internet a las organizaciones es el de actuar de forma transparente para ganar y mantener la confianza del público. Sin el concurso de este atributo se podrá poner en peligro su reputación y el valor de una marca en la nueva era de la comunicación.

Internet significa no sólo una mayor apertura informativa, sino un cambio de modelo de comunicación en el que los grandes medios ya no son los únicos que establecen unilateralmente los temas del día, puesto que ahora deben de confrontar con pequeños grupos e incluso con individuos las noticias y la opinión que finalmente será difundida.

Se está viviendo la democratización de la información, en la que un puñado de personas puede alcanzar una influencia relevante que puede influir o incluso competir con la de los medios tradicionales.

Pero esta revolución no sólo está tocando a las puertas de los medios. También las organizaciones están viviendo una transformación en la manera en que son percibidas por el público. Nada escapa a la mirada de millones de ojos que las escrutan a cada momento y en todo lugar a través de monitores de ordenadores y de pantallas de teléfonos móviles. Por este motivo, la forma en que tienen que relacionarse con su entorno tiene que ser lo más humilde, abierta y transparente posible.

1.1. Seguimiento en internet

Un reto que plantea internet para la protección de la imagen de las organizaciones es que no se tiene ningún tipo de control sobre la información que se difunde a través de la red. Los mensajes que corren en internet pueden afectar en un segundo una buena reputación ganada a lo largo de los años.

La proliferación de páginas web, la discusión sobre todo tipo de temas en redes sociales, foros y blogs, así como los ataques a los sitios de internet desde dentro y fuera de la organización han obligado a establecer un tipo diferente de seguimiento para saber lo que se dice de ésta en la red.

Es fundamental realizar un seguimiento de lo que se dice en internet para proteger la imagen y la reputación de la organización (Imagen: http:// www.gfi.com)

Detectando a tiempo falsas acusaciones, ataques de ciberactivistas o denuncias fundamentadas se podrá responder de una manera rápida y eficaz para contener al máximo los efectos nocivos que estas acciones puedan tener en la imagen y reputación de la organización.

Por este motivo, no es baladí realizar un minucioso seguimiento de palabras clave a través de herramientas especializadas, con lo que se estará informado al segundo sobre lo que acontece en el ciberespacio en torno a la organización.

Wikileaks es la punta de lanza de lo que puede ser una amenaza para la reputación de organizaciones de todo tipo por la difusión incontrolada de información comprometida (Imagen: http://www.muycomputerpro.com)

Existen en el mercado varias herramientas especializadas para dar seguimiento de todo lo que se dice en internet, independientemente del canal que se trate:

- iMente
- Brandwatch
- Press Index
- Meltwater Buzz
- Auditmedia
- Radian 6
- Tweetreach (enfocada en Twitter)

El objetivo de estas herramientas es el de ofrecer una visión completa, ordenada, coherente y en tiempo real de lo que se dice en internet sobre una organización, una marca, un producto, un político, un movimiento social, una noticia o cualquier tema que resulte de interés.

Otra de las ventajas que ofrecen estos servicios es la posibilidad de representar gráficamente la evolución de la reputación de una organización mediante el otorgamiento de valoraciones a las menciones que se generan en internet sobre ésta.

Es decir, podemos saber si la percepción va mejorando de positiva a negativa, pasando por las valoraciones neutras, apoyándose en la interpretación semántica de los contenidos detectados.

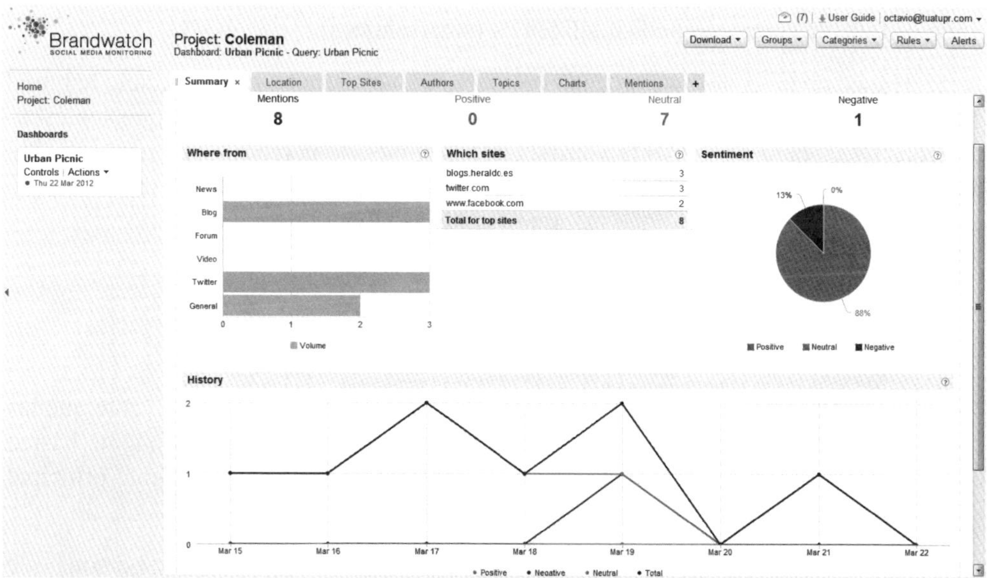

Brandwatch permite visualizar los análisis sobre las menciones en social media y de medios electrónicos prácticamente en tiempo real (Imagen: http://app.brandwatch.com)

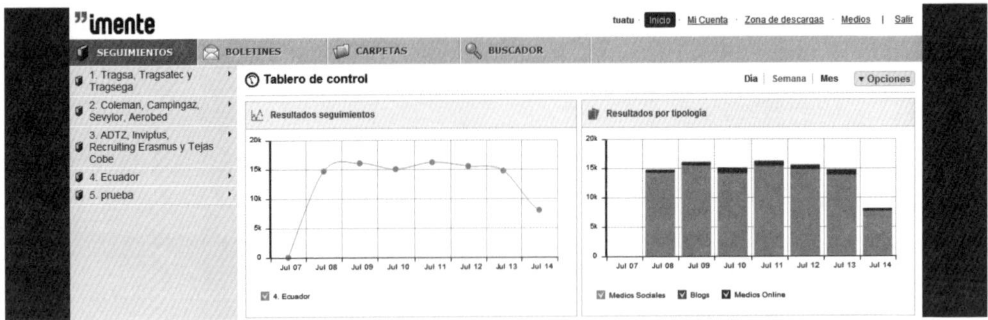

iMente, empresa de origen español, presenta gráficamente la evolución de las menciones de lo que encuentra en internet de una manera atractiva
(Imagen: http://clientes.imente.com)

Hay que decir que la verificación manual de un experto en comunicación ayudará a que los resultados sean más precisos y así obtener una percepción real de lo que se dice de una organización en internet, ya que algunas de las herramientas han sido creadas por empresas americanas o inglesas, con lo que pueden malinterpretar expresiones que tienen un significado distinto según se diga en uno u otro país.

Las aplicaciones pueden lanzar alertas cuando detecten una nueva mención o agruparlas para revisarlas diariamente o en cualquier otro periodo de tiempo que se estime oportuno.

Por otro lado, nadie se hubiera imaginado el poder de movilización de los mensajes de texto, ya sea con SMS o a través de servicios de mensajería en móviles, y de la posibilidad de ver, antes que en ningún otro lado, imágenes de importantes acontecimientos tomadas con teléfonos inteligentes (smartphones).

El avance de la tecnología ha dado lugar a una nueva era en la que el ciclo habitual de noticias ha sido sustituido por un incesante fluir de acontecimientos que son escudriñados de manera permanente y crítica por millones de personas, quienes, armados de su conectividad a internet por una enorme cantidad de canales y soportes, han cobrado un protagonismo al que hay que guardarle atención continua.

1.2. Páginas web

Si es importante saber lo que se dice en internet, resulta igual de relevante que las organizaciones cuiden su propia presencia en la red, ya que es un componente básico que conforma su imagen y, para ciertos sectores del público, es el referente principal con el que forman su percepción.

Las páginas web reflejan la imagen de la organización ante cualquier persona que la visite, en todo momento y en cualquier lugar del mundo. Es decir, comunica siempre y globalmente.

Las páginas web reflejan la imagen de la organización en todo momento y en cualquier lugar del mundo (Imagen: http://www.fraunhofer.de/)

Resulta obvio que las organizaciones tienen que ser consistentes tanto en la forma como en los contenidos que se presentan habitualmente en internet y en el mundo *off-line*.

Cuando se prepara el contenido de una página web se tiene que tomar en cuenta:

- El contexto: el internauta no siempre llegará directamente al inicio de la web, por lo que es importante que cada página pueda entenderse de forma independiente.
- La audiencia: una página web puede ser visitada tanto por un especialista como por una persona con poco conocimiento sobre el sector de la organización, pero sus contenidos tienen que ser relevantes y comprensibles para ambos.
- Información de apoyo: habrá que pensar en incluir en el mismo texto vínculos a otros sitios web que contengan información que pueda apoyarlo.
- Interactividad: el usuario de internet podría no sólo saber mucho acerca de la organización, sino esperar conocer más y hacer preguntas a través de la web. Es una excelente oportunidad para que se establezca un diálogo con este tipo de personas y puede hacerlo apoyándose en otras aplicaciones con las que ya está conectado, como Facebook, Twitter, Linkedin, entre otras.
- Navegabilidad: en términos simples, se trata de facilitar la visita a la web, haciendo accesibles los contenidos para que se encuentre lo que se busca de manera rápida, sencilla e intuitiva.
- Usabilidad: Técnicas que ayudan a los seres humanos a realizar tareas en entornos gráficos de ordenador.

Los objetivos principales para que una organización instale una página web son:

- Ofrecer toda la información disponible sobre la organización.
- Atraer y mantener a nuevos colectivos.
- Establecer y acelerar el diálogo con el público habitual.
- Dirigirse específicamente a los medios de comunicación.
- Mejorar el conocimiento de su marca.
- Apoyar su imagen con información positiva.
- Promover y vender sus productos y servicios.
- Incrementar la satisfacción al cliente.
- Reducir los ciclos de transacciones comerciales.

Aunque los últimos objetivos que se han mencionado se refieren sobre todo a aspectos comerciales de empresas, desde una perspectiva de relaciones públicas las páginas web son espacios en los que se ofrece información a un público heterogéneo, crítico y bien informado, e incluso algunos de sus miembros pueden contar con gran capacidad de influencia en su entorno.

Las características del público de internet exigen a las organizaciones que sus páginas web sean actualizadas constantemente, así como a revisar el diseño y su funcionalidad de forma continua, no sólo para asegurar que la experiencia del usuario sea gratificante una vez, sino para hacerlo que vuelva muchas más veces e invite a otras personas con sus mismos intereses a que hagan lo mismo.

Los contenidos de la página web de una organización pueden variar según el sector de actividad al que pertenezca y el objetivo que se plantee, pero de forma genérica se puede decir que como mínimo tienen que incluir:

- Información acerca de la organización (visión y valores, áreas en la que actúa, historia, número de empleados, etc.).
- Productos o servicios que ofrece (pudiendo ponerlos a la venta si son susceptibles a ello).
- Información para accionistas e inversores (en caso de que cotice en Bolsa).
- Información sobre compromiso con la comunidad (acciones de responsabilidad social corporativa, patrocinio, etc.).
- Sala de prensa on-line (con noticias de la organización, datos sobre el sector al que pertenece, agenda de actividades, etc.).
- Contacto para recursos humanos (en caso de que sea una organización que tenga en nómina a un gran número de personas).
- Datos de contacto (a través de correo electrónico, teléfono, fax, etc.).
- Política de protección de datos.

Una página web con vínculos inactivos es como una página en blanco de un periódico o un minuto de silencio en radio o televisión[1]. Hay que revisar que las referencias del sitio sean las correctas y borrarlas si no es posible recuperarlas.

Un indicador claro de que la página web está o no teniendo éxito es el número de visitantes únicos, de páginas vistas, de tiempo de estancia en la web, porcentaje de rebote, de referencias a través de las cuales llegó hasta el sitio y, por supuesto, por el número de ventas cerradas por transacciones de comercio electrónico.

Se da el caso en que una hermosa página web, llena de animaciones y audio, no recibe el beneplácito de los visitantes porque su carga es lenta y sus contenidos no son intuitivos, de tal forma que obligan al usuarios a realizar una búsqueda muchas veces infructuosa por la información que debería aparecer de forma sencilla y clara desde la página de inicio.

Otra situación absurda es la de una web de la que no se sabe si funciona o no por el simple hecho de que la forma en que fue programada no permite conocer el comportamiento del usuario una vez que la visita. No se sabe a dónde se dirige, ni el tiempo que le dedica.

Si la organización quiere fuegos artificiales, que no los lance en internet. Algunas formas de programación son sólo una bonita forma de tirar dinero.

Por lo anterior, la página web de una organización debe estar optimizada para los buscadores de internet, ya que será una de las mejores maneras de ser encontrada por todo tipo de públicos, incluyendo a los periodistas y a los nuevos líderes de opinión en internet.

En este sentido, una página web corporativa deberá solucionar las limitaciones propias que tiene en el aspecto SEO, acrónimo de las palabras inglesas Search Engine Optimization:

- Contenido consolidado (por ejemplo, los orígenes de una compañía no cambian).
- Link building lento.
- Pocas palabras clave.
- Pocos enlaces salientes.

Estas limitaciones podrían ser contrarrestadas con una buena gestión de los propios recursos de la web corporativa, aunque sería conveniente considerar la adopción de elementos como un blog, una sala de prensa online y, en sí, de cualquier elemento que le aporte dinamismo y flexibilidad de contenidos, como pueden ser los botones para compartir los contenidos en las redes sociales más relevantes, que en España serían Facebook, Twitter, Linkedin, Menéame, Bitácoras, Google+ y, si se trata de contenido en imágenes, se podría incluir Pinterest.

[1] Seitel, Frasier: *Teoría y práctica de las relaciones públicas*. Pearson Educación. Madrid 2002. pp. 324-325.

1.3. Salas de prensa en internet

Sala de prensa en la web del BBVA
(Imagen: BBVA)

En el marco de la página web, una sección de especial interés para los profesionales de las relaciones públicas es la de las salas de prensa en internet. Desde este espacio la organización emite sus mensajes en diversos formatos con la intención de contribuir en lo posible con la actualidad informativa.

Las páginas web y, en concreto, sus secciones de sala de prensa online, se han convertido en una de las primeras y principales fuentes de información para los medios, independientemente del sector al que pertenezcan. Por este motivo, es un excelente mostrador en el que se tiene que poner especial atención para sacar todo el provecho de la inmediatez, flexibilidad e interactividad que ofrece internet.

Las salas de prensa en internet deben ser sitios amigables a los usuarios de tal forma que les ofrezcan toda la información de la organización de una forma simple, directa e intuitiva.

Para tener un registro de los periodistas que utilizan la sala de prensa en internet puede solicitarse un registro previo a través de un sencillo formulario en el que se tendría que indicar:

- Nombre completo del periodista.
- Medio en el que trabaja o colabora.
- Correo electrónico y/o móvil-teléfono de contacto.

Lo más recomendable es que se permitiera el acceso directo a la sala de prensa online no sólo de periodistas y nuevos líderes de opinión online, sino de cualquier persona que pudiera tener interés en la organización, con el fin de que ésta se convierta en fuente de información directa, sin necesidad de intermediarios.

Los contenidos que se recomienda que se incluyan en una sala de prensa online son:

- Biografías de los máximos responsables.
- Notas de prensa. (Listadas cronológicamente de la más reciente a la más antigua).
- Dossier de prensa.
- Agenda de actividades. (En la que se publiquen las convocatorias de prensa y se incluyan los vínculos a material audiovisual cuando se cuente con ellos).
- Galería de fotos. (En alta resolución para su descarga y utilización en informaciones de prensa).
- Galería de vídeos. (Para que puedan ser visionados según demanda).
- Datos de contacto de los responsables de relaciones públicas de la organización.
- Memoria anual.
- Noticias que publican los medios sobre la organización y su sector.
- Vínculos para otros sitios web de interés.
- Buscador interno. (Es muy recomendable cuando se trate de una organización con una larga trayectoria y que genere una gran cantidad de información para facilitar la labor de los periodistas).
- Posibilidad de suscribirse para recibir alertas a través de correo electrónico y/o a través de sindicación de contenidos.
- Webcasts y radiocasts.

Gracias a las nuevas tecnologías han surgido otros formatos de *speaking opportunities* como las *webcasts*, los *radiocasts* y los *webinars*, que son conferencias o seminarios con imagen, voz y hasta presentaciones online que se dictan para un público que está conectado a internet.

Estas herramientas se han convertido en poderosos instrumentos de comunicación, logísticamente fáciles de realizar y con un alcance cada vez mayor, especialmente con la irrupción de dispositivos portátiles de almacenamiento y reproducción de archivos digitales de audio y video descargados desde internet.

Además, constituyen una oportunidad para aquellos periodistas que no han podido presenciar un evento en directo o que dependen de este recurso para la elaboración de la noticias, como en los casos de la televisión y la radio.

Tampoco se puede restar importancia a la aparición de cadenas de radio y tv que se emiten exclusivamente en internet, las que sin duda agradecerán el poder contar con estos recursos en una sala de prensa online.

Además, también se pueden retrasmitir eventos a través de *streaming* para que puedan ser seguidos en directo a través de internet, con lo que éstos se pueden difundir entre un público más amplio.

Como se mencionaba anteriormente, con una correcta política de SEO se potenciará que las notas de prensa y otros materiales informativos de la sala de prensa online –y de la web corporativa– aparezcan en los primeros lugares de los resultados de búsqueda, lo que incrementará de manera importante el alcance de los mensajes y posibilitará que siempre sean las principales referencias de la organización.

Esta estrategia está adquiriendo una mayor relevancia a partir de la agregación de contenidos de noticias que ofrecen los buscadores más importantes, los cuales incluso están recibiendo más visitas que los portales de información tradicionales.

Otra oportunidad que debe aprovecharse en internet es la utilización del hipertexto que facilita al visitante, sea periodista o un usuario de la organización, el acceso a fuentes de información complementarias para que profundice su conocimiento sobre un tema determinado.

Por otro lado, se tiene que pensar que cualquier persona puede acceder a la sala de prensa online y no necesariamente tiene que dominar el lenguaje en el que está escrito, por lo que ofrecer los contenidos en diversos idiomas favorece la difusión de los mensajes de la organización a usuarios de otras nacionalidades, especialmente cuando se trata de organizaciones multinacionales.

1.4. Dark Sites

Los *Dark Sites* son sitios web confeccionados previamente de cara a la irrupción de una posible crisis que puede dañar la imagen y la reputación de una organización, pero que no son visibles hasta que ésta finalmente estalla[2].

Es decir, siempre está disponible en internet, pero no es de libre acceso sino hasta que irrumpe la crisis.

El *Dark Site,* también llamado *Cold Site*[3]*,* es independiente de la web de la organización. Esto se hace deliberadamente con la intención de mantenerla separada y protegerla del impacto negativo que la crisis pueda ocasionarle, asegurando su viabilidad en el futuro.

El uso de estos sitios web es cada vez más común entre las organizaciones, sobre todo entre las que tienen presencia en varios puntos del mundo y necesitan tener una

---

2 Bernstein, Jonathan: *An ounce of prevention.* Web Bernstein Crisis Management. http://www.bernsteincrisismanagement.com/nl/crisismgr020801.html. 2 de abril de 2005.
3 Mackey, Steve: *Dark sites and cold sites – Web use in public relations crises.* Web Deakin University. http:// www.deakin.edu.au/arts/teaching/courses/undergrad_units/ALR206/topics/topic_nine/TOPIC9.pdf. 2 de abril de 2005.

respuesta rápida y ágil frente a amenazas locales que, sin embargo, puedan tener una incidencia negativa a nivel global.

El *Dark Site* también puede ser una plataforma en internet que permite a los miembros de una organización gestionar todos sus recursos de comunicación de forma telemática y colaborativa durante una crisis.

Un *Dark Site* debe contener una gran cantidad de documentación que puede ser utilizada en cualquier momento por los miembros de la organización involucrada en la crisis, llegando a hacer públicos algunos de sus contenidos:

- Plan de comunicación de crisis.
- Bases de datos de periodistas y otras audiencias clave (autoridades, empleados, bomberos, policía local, etc.).
- Plantillas de notas de prensa.
- Vídeos, mapas, imágenes y otras ilustraciones que pudieran ser necesarias.
- Direcciones de páginas web que pudieran ser necesarias.
- Glosario de palabras y expresiones de uso común en una crisis en varios idiomas.
- Mensajes Clave.
- Preguntas y Respuestas.

Gracias al *Dark Site* el equipo de gestión de crisis puede distribuir información en tiempo real a todo el mundo, realizar actualizaciones instantáneas y dar seguimiento al desarrollo de los acontecimientos de forma detallada.

Una vez que el *Dark Site* se hace público, las audiencias involucradas en la crisis se pueden mantener informadas al momento de las decisiones que toman los responsables de la organización para solucionar la crisis. Asimismo, es un punto de referencia para los periodistas, quienes incluso pueden llegar a enviar preguntas para que sean respondidas por portavoces de la entidad.

En una crisis de relaciones públicas no hay nada como poder liderar la comunicación. Con un *Dark Site* y otras herramientas esto es posible. Si la organización no toma el mando, periodistas y otras audiencias clave buscarán información en otros sitios de internet y ya será difícil recuperar su atención, poniendo en mayor peligro la imagen y reputación de la entidad.

1.5. Blogs

Sin lugar a dudas, la irrupción de los blogs en internet marcó una nueva era en la evolución de la comunicación, que luego dio pie a la entrada de las redes sociales que han profundizado y apresurado aún más los cambios.

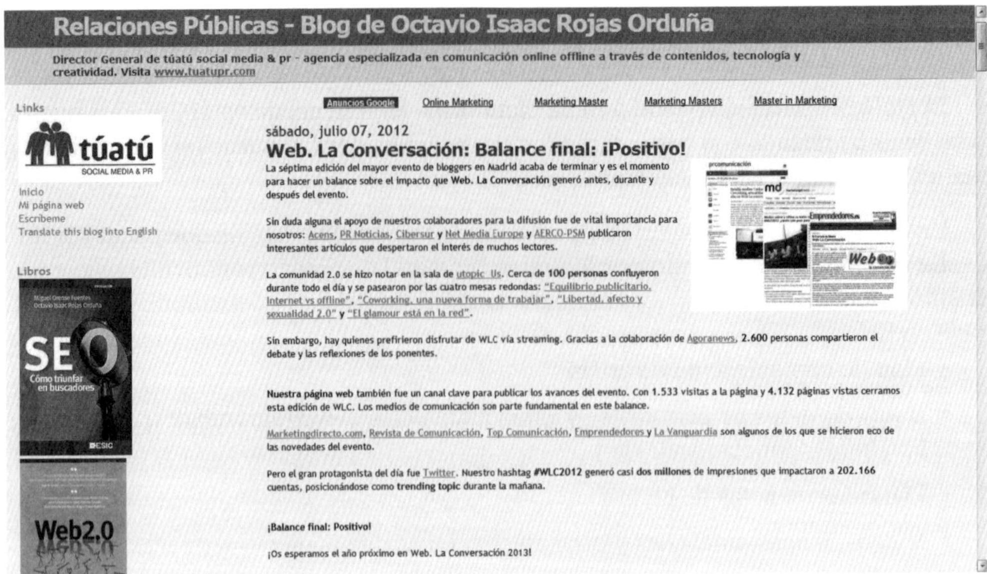

Relaciones Públicas – Blog de Octavio Isaac Rojas Orduña
(Imagen: http://octaviorojas.blogspot.com)

Con los blogs cambió el modelo tradicional de comunicación unilateral y masiva que había imperado con los medios masivos de comunicación, dejando paso a la interacción y participación de un público atomizado, heterogéneo, bien informado y consciente de su nuevo e inmenso poder.

En un tiempo muy corto estas herramientas, también conocidas como weblogs o bitácoras, capturaron la atención de millones de personas y organizaciones de todo el mundo, quienes han apreciado en su facilidad de uso, su bajo coste y, sobre todo, su enorme capacidad de influencia, la posibilidad de entrar de por la puerta grande en el mundo de internet y de la comunicación global.

Un blog es, en términos llanos, un espacio web de sencilla y continua actualización, que ordena sus contenidos cronológicamente y por categorías, pudiéndose gestionar sin apenas conocimientos de informática. Haciendo un símil, se puede decir que es como una pequeña imprenta en las manos de cada autor, pero, a diferencia del papel, sus contenidos pueden publicarse instantáneamente en la red dándoles una difusión potencial global. Por este motivo se les conoce también como *micromedios* o *nanomedios*.

Un blog se caracteriza por una gran interactividad, gracias a que los visitantes pueden establecer un diálogo directo con el autor a través de comentarios y cuando hacen referencia a otras fuentes. También es importante su inmediatez y flexibilidad, puesto que puede actualizarse instantáneamente a través de dispositivos móviles, sin necesidad de mediar un ordenador.

Aunque es muy difícil establecer el número total de bitácoras, el universo de los blogs, conocido como blogosfera, puede sobrepasar los 150 millones de blogs públicos en todo el mundo, aunque también hay que indicar que hay un porcentaje relevante de bitácoras que han sido abandonadas y están sin actualizar desde hace meses o años.

Los blogs se han convertido en herramientas de comunicación alternativa que en ocasiones ha llegado a poner contra las cuerdas a los grandes medios tradicionales, ya sea enmendándoles errores flagrantes u obligándoles a incluir nuevos temas en la agenda informativa.

De hecho, muchos de estos medios tradicionales han optado por completar su oferta informativa dando cabida a blogs, adoptando el espíritu en sus propias páginas o incluso fichando a bloggers para que generen contenido en sus propios medios.

Se diferencia de las páginas personales y de los foros de internet en que para utilizar las primeras se requieren un conocimiento más o menos avanzado de programación de sitios web por parte del usuario, mientras que en los segundos se proponen temas de discusión de una comunidad, sin necesariamente guardar una continuidad, ni temática ni temporal.

A los blogs también se les aplican las mismas recomendaciones para la optimización de buscadores, con las ventajas propias de este canal:

- Contenido nuevo generado continuamente.
- Gran variedad de palabras clave.
- Contenido alternativo (no sólo referido a la organización).
- Mayor capacidad de distribución a través de redes sociales.

Por todo lo anterior, los blogs seguirán siendo herramientas válidas para que las organizaciones se comuniquen con un público cada vez más amplio.

1.5.1. ¿Cómo preparar y mantener un blog?

Lo primero que hay que hacer es definir la estrategia en la que se enmarcará el blog, así como sus objetivos. Por ejemplo, una empresa de servicios aprovechará los conocimientos de sus altos directivos para posicionarse como una opción sólida en un nuevo mercado con el fin de obtener contratos que le ayuden a conseguir sus planes de negocio.

Posteriormente, hay que definir unas políticas de contenidos y de mantenimiento en las que se incluyan los temas y la asiduidad de las actualizaciones. Hay que tener en cuenta que algunos asuntos pueden requerir una atención especial, puesto que su divulgación puede ocasionar malos entendidos o hasta ser motivo de problemas legales.

Como siguiente paso, se determina el gestor de contenidos entre las opciones que se encuentran disponibles en el mercado y las posibilidades de la empresa. Se puede decidir desde opciones que ofrecen hospedaje, plantillas de diseño y el interfaz de manera gratuita, y otras, para usuarios un poco más avanzados, cuyo servicio es de pago, pero que sus posibilidades de customización y control son totales.

A continuación hay que establecer la política de mantenimiento y actualización de la bitácora, la difusión de su existencia y al sostenimiento de las conversaciones que seguramente surgirán con el público a lo largo del tiempo.

Como recomendaciones genéricas para la gestión de comentarios, habría que indicar:

- Deslinde de responsabilidad del contenido de los comentarios.
- Política de respuesta a los comentarios (tiempo de respuesta, quien contesta, etc.).
- Borrado de mensajes que contengan palabras ofensivas.
- Borrado de mensajes cuyo contenido esté fuera del tema a tratar.
- Borrado de mensajes que promuevan información comercial que no corresponda a la organización dueña del blog.
- Borrado de mensajes que incluyan información personal.

Tener un blog requiere de una dedicación y una disciplina especiales. No darle la importancia que tiene o actualizarla por la fuerza puede causar justo el efecto contrario al que se busca, porque el público al que se dirige está integrado por usuarios normalmente bien informados y habituados a detectar y denunciar los intentos de manipulación de algunas organizaciones.

La labor de un profesional de las relaciones públicas está en definir la mejor estrategia para obtener el máximo provecho a esta nueva herramienta de comunicación, ayudar a tomar la decisión sobre el gestor de contenidos que más se adecue al perfil de la organización.

Asimismo, debe realizar consultoría y brindar la formación que considere oportuna para que las personas designadas por la organización para el mantenimiento y la actualización del blog sepan como cumplir su labor de manera eficaz. También debe participar en la optimización de la bitácora después de que ésta haya tenido cierto recorrido.

Los blogs abarcan prácticamente cualquier tema, por lo que se puede encontrar todo tipo de contenidos sobre los más diversos sectores, organizaciones e incluso figuras públicas.

Su utilización por las organizaciones puede servir para aumentar su cobertura mediática, impulsando temas de interés que, al ser reproducidos por otros autores, obliguen a los medios tradicionales a incluirlos en la agenda informativa.

Se está hablando de la «evangelización» a través de los blogs por parte de algunos usuarios influyentes, también conocidos como *e-fluentials* o superusuarios, que, sin formar parte de la organización, pueden movilizar a miles de personas a favor de un producto, un servicio o una opción política.

Este tipo de acciones se le conoce en algunos ámbitos como «boca oreja», también conocido como *word of mouth*, cuyo poder de influencia es indiscutible para introducir un nuevo mensaje o romper las reticencias que puede causar en el público algún tema, ya que viene de una fuente a la que se le atribuye entera confianza.

Pero entender a las bitácoras únicamente como micromedios, aún con toda la fuerza que esto entraña, es quedarse con apenas una parte de su potencial.

Blog de túatú social media & pr
(Imagen: http://www.tuatupr.com/blog)

Los blogs confieren a las organizaciones la posibilidad de establecer o entrar en una conversación entre miembros de su público desde un plano de igualdad. De esta manera, se hacen más transparentes y cercanas, ganando la confianza de la gente que podía verlas como entes encerrados, atrapados por sus intereses y ajenos a la sociedad.

Las organizaciones tienen que aprovecharse también del liderazgo y la legitimidad que una bitácora puede significarles. Por este motivo, decenas de altos dirigentes se han dado a la tarea de tener una exposición continua en un blog a través de escritos sobre un tema determinado, lo que les ha permitido posicionarse como autoridades en la materia.

La versatilidad de los blogs la pueden convertir en un aliado vital de las organizaciones en el momento de enfrentar una crisis, ya que su fácil actualización permitirá mantener informado al público sobre el desarrollo de los acontecimientos en el mismo momento en que éstos ocurran.

También es verdad que ahora las redes sociales, en especial Twitter y Facebook, han ocupado un lugar primordial en la gestión de crisis a través de internet, pero lo que está claro que los mensajes más extensos y desarrollados es necesario contar con un sitio de referencia y que un blog puede ser el lugar ideal para este cometido.

Como ya se ha comentado anteriormente, un blog puede ser actualizado a través de dispositivos móviles, como teléfonos con cámaras digitales o tabletas inalámbricas conectadas a internet, lo que otorga una gran libertad en el momento de la gestión de una crisis.

Otro aspecto en el que los blogs pueden funcionar para las organizaciones es en la comunicación interna y la gestión del conocimiento. Los blogs pueden ser auténticas intranets que sirvan para complementar o sustituir otros medios destinados a los miembros de la organización, ya que permite una rápida distribución de la información y una mayor eficacia a diferencia de otras herramientas de comunicación interna.

Además, en un blog se pueden ordenar todos los contenidos de manera estructurada para facilitar su recuperación y aprovechamiento por parte de todos los miembros de la organización.

1.5.2. Blogger relations

Al ofrecer los blogs la posibilidad de informar y formar la opinión de sus lectores, los profesionales de las relaciones públicas nos encontramos una oportunidad única de mantener nuestra influencia en el ámbito online, tal y como lo venimos haciendo con los medios tradicionales.

Lo que es cierto es que la dinámica de los bloggers es distinta a la de los periodistas y medios de comunicación. Algunos de los motivos que los diferencian son:

- Un blogger no responde ante un editor, sino que él o ella son quienes deciden el contenido a publicar.
- Un blogger no «necesita» tener contenido nuevo continuamente, sino que puede publicar cuando lo estime oportuno.
- Un blogger es libre de publicar lo que quiera y en el tono que quiera, sobre cualquier tema que crea conveniente incluir en su bitácora.
- Un blogger puede incluir la información audiovisual que considere oportuna.
- Un blogger puede añadir las fuentes de información que desee a través de enlaces a distintas fuentes.

Es verdad que algunas de estas aseveraciones son generalizaciones que no se corresponden con todos los bloggers, ya que las redes comerciales de blogs si cuentan con editores profesionales y necesitan actualizar sus bitácoras de una manera continua para mantener y generar audiencia como los medios de comunicación que ya son.

Lo que resulta claro es que los bloggers no son necesariamente periodistas, aunque algunos lo sean de formación y respondan de forma parecida a la relación con los profesionales de la comunicación.

Hay bloggers con una formación muy variopinta, que, en algunos casos, los lleva a aportar información especializada de gran calidad, actualizada e independiente, aportando también opinión a todos y cada uno de sus posts.

Hay que distinguir también que no existen bases de datos de bloggers, aunque haya algunos servicios privados que tengan detectados a miles de blogs a los que remiten información de todo tipo. Sin embargo, y puedo decirlo por experiencia propia, la utilización indiscriminada de estos servicios de bases de datos puede hacer que la información que se remita sin ningún tipo de segmentación puede generar que incluso acabe siendo rechazada por los blogueros que la reciben.

Lo que es verdad es que no todos los bloggers deben recibir la misma información de una organización y que incluso algunas veces ni siquiera la misma fuente es siempre válida para según qué bitácoras.

Por ejemplo, no todos los blogs son especializados en tecnología y aún los que lo son pueden estar enfocados en aspectos muy determinados de innovación, software, hardware o cualquier otro tema relacionado.

Todo esto a lo que nos lleva es a que cada vez que se quiera establecer una estrategia de blogger relations debe tenerse en consideración:

- La temática específica del blog.
- Si el blogger se dedica profesionalmente a su bitácora.
- Si el blogger acepta información de fuentes externas.
- Forma de contactarlo.
- Si tiene o no publicidad en su bitácora.
- Si pertenece o no a una empresa que comercialice sus contenidos publicitarios.

No está de más recalcar que cada blogger necesita un acercamiento individual, de tal manera que para dar lugar a una buena relación con los generadores de información y opinión que utilizan sus bitácoras de internet es indispensable establecer una estrategia determinada y dotarla de recursos suficientes para conseguir los objetivos que se persiguen en términos de comunicación y relaciones públicas.

1.5.2.1. Encontrar y determinar la relevancia de los blogs

Los responsables de comunicación y relaciones públicas muchas veces se preguntan cómo identificar a los blogs más relevantes para centrarse en éstos en el marco de una campaña, ya que la gran mayoría de las bitácoras no pertenecen a redes comerciales, las que, por lo general, ofrecen información sobre su audiencia.

Aunque hace algunos años había varios buscadores especializados de blogs, en la actualidad sólo quedan un par que pueden aportar información de manera pública y, por desgracia, sólo uno lo hace para bitácoras en castellano.

Se trata de Google Blogsearch y de Icerocket, siendo la primera opción la que ofrece un número mayor de bitácoras escritas en español.

Al hacer una búsqueda en Google Blogsearch se puede ordenar y filtrar de diversas maneras:

- Por idioma.
- Por procedencia del blog.
- Por fecha.
- Por importancia.
- Por intervalos de tiempo (por año, mes, día, etc.).

Además también se pueden utilizar las búsquedas boleanas y avanzadas.

Blogpulse es otro buscador especializado de blogs, pero ya no está disponible para el público, ya que es un servicio que ofrece Nielsen a sus clientes.

Por lo que respecta a determinar la relevancia de un blog es mediante la consideración de valores objetivos y públicos, que pueden ser contrastados y comparados:

- Audiencia (utilizando fuentes como Nielsen, Google Ad Planner, entre otros).
- Page Rank del blog (aunque es probable que las bitácoras en plataformas como Blogger y Wordpress no aporten datos individuales).
- Número de enlaces cuando se realiza una búsqueda en Google, Yahoo! y Bing.
- Número de suscriptores a su fuente RSS.
- Menciones en sitios colaborativos de noticias como Menéame, Digg, etc.
- Presencia en redes sociales como Facebook, Twitter, Google +, Pinterest, entre otras.

También deberá tomarse en cuenta la relevancia que puede tener un blogger en su vida profesional, ya que puede tratarse de una autoridad en una temática determinada y, aunque escriba poco en su blog, su visión estará respaldada en su prestigio.

Hay ocasiones en que se crean blogs con la intención de ser considerados para recibir productos o ser invitados a eventos de forma gratuita, por lo que es importante contar con una forma objetiva para identificar a los más relevantes para no malgastar los recursos con los que se cuentan en el marco de una campaña de comunicación y relaciones públicas con bloggers.

1.5.3. Blogadvertorials

Las organizaciones han sacado provecho a las tácticas que están a medio camino entre la publicidad y las relaciones públicas. Pues esto también está sucediendo en la blogosfera.

Como se ha indicado anteriormente, los blogs resultan ser medios muy eficaces y persuasivos para trasmitir algunos mensajes, especialmente como creadores y promotores del efecto «boca-oreja», de ahí que sus autores están intentando rentabilizar su esfuerzo a través de distintos formatos de publicidad o de contenidos patrocinados.

Si se guardan unas reglas parecidas a las establecidas en los medios impresos con los publireportajes, los *blogadvertorials* no tienen por qué comprometer la independencia ni la credibilidad de sus autores. Si la información que trasmiten a través de sus bitácoras nace no sólo de su relación contractual con una empresa, sino de una experiencia positiva y personal del autor, no se ve ningún problema para poder incluirla como un contenido más.

Lo que sí se tiene que hacer es indicar claramente en algún lugar del blog que existe esa relación comercial. Si los contenidos aportan algún beneficio al usuario, no existe motivo para no considerar a las bitácoras como medios eficaces para la comunicación comercial.

Existen algunos servicios para hacer una campaña de blogadvertorials / posts patrocinados:

- Zinc.
- Pay per post.
- Review me.
- Goviral.
- Ebuzzing.

También hay ocasiones en que las redes comerciales de blogs e incluso bitácoras a título individual ofrecen la posibilidad de patrocinar algunos de sus posts.

Espacio publicitario en el blog Xataka
(Imagen: http://www.xataka.com)

De la manera que sea, tanto en formato blogadvertorial como por contenido generado por acciones de comunicación y relaciones públicas, los blogs se han posicionado como fuentes de información y formación de opinión para sus lectores que ya se pueden contar por millones tanto en España como en el resto del mundo.

1.6. Redes sociales

Después de las webs corporativas y los blogs, las redes sociales se han convertido en los canales de comunicación online más importantes para todo tipo de organizaciones.

Las redes sociales no existían o eran irrelevantes hace unos pocos años (Imagen: http://www.servimed.es)

Facebook, Twitter, Youtube, Flickr, Linkedin, entre tantas otras, no existían o eran irrelevantes hace unos pocos años. Sin embargo, hoy no son sólo marcas reconocidas en todo el planeta, sino que se han convertido en el «interfaz de comunicación» del mundo conectado.

Cerca de dos mil millones de personas se conectan a las redes sociales para ponerse en contacto a través de mensajes cortos sobre lo que están haciendo, subiendo fotografías y vídeos, y utilizando expresiones propias como hacer «Me gusta» o «Retuitear».

Esta auténtica marea humana sólo puede incrementarse en los próximos años con la irrupción del acceso a internet a través de dispositivos móviles, cada vez más rápidos, accesibles y ubicuos.

El impacto en el ámbito de la comunicación y las relaciones públicas también es relevante, ya que viene una transformación en la manera en que la gente se percibe a sí misma, ya no sólo como consumidor de contenido, sino como productora e influenciadora del mismo.

Los blogs requieren de una cierta capacidad de comunicación por parte del blogger, que a su vez implica una consistencia en la creación de contenidos hasta la generación de un discurso propio y relevante para una audiencia numerosa o influyente. Por su parte, las redes sociales pueden generar percepciones en base a reacciones que se pueden reproducir rápidamente.

Si bien las redes sociales seguirán requiriendo los enlaces a los contenidos que les aportan los blogs, los medios de comunicación online, las webs corporativas, entre otras fuentes, también es verdad que tienen su dinámica propia que hay que conocer para utilizarla con fines de comunicación y relaciones públicas.

1.6.1. Redes sociales generalistas

Las redes sociales generalistas son aquellas que no responden a una temática determinada, sino que buscan abarcar el mayor número de intereses de una comunidad heterogénea.

Si bien, en el periodo de lanzamiento, son los superusuarios los que las descubren, las utilizan y se encargan en gran medida de su difusión, lo que es verdad es que el objetivo de todas es captar el mayor número de usuarios y conseguir que «hagan vida» en la plataforma, es decir, que la conviertan en una interfaz de comunicación como antes lo fueron los foros, el chat o el propio correo electrónico.

Incluso se han llegado a establecer como una especie de elementos de socialización que convierte a los que no están en alguna o varias de estas redes en una especie de excluidos digitales.

Al igual que sucedió con los blogs, en las redes sociales generalistas se conversa sobre todo tipo de temas, entre los que destacan las organizaciones, las marcas y los productos, que han tenido desde el principio un espacio relevante.

En medio de opiniones y comentarios de todo tipo, la reputación y la notoriedad de las organizaciones están en constante exposición, por lo que ha resultado necesario que éstas participen y exponga pública y claramente sus posiciones, pero ahora con un modelo de comunicación en el que son una voz más que puede ser contrastada, rebatida, criticada o alabada por cualquier otro miembro de la comunidad.

Aunque resulte difícil pensar en el futuro de algo que hace apenas unos años poco conocida.

1.6.1.1. Twitter

Twitter se caracteriza por la rapidez y concreción de sus mensajes en 140 caracteres (Imagen: https://twitter.com/octaviorojas)

Twitter[4] es una red social generalista que se ha posicionado rápidamente entre las más conocidas y preferidas por las organizaciones para su utilización con fines corporativos.

Se le coloca la primera entre las redes sociales generalistas porque es heredera directa de los blogs y, de hecho, su tecnología fue nombrada como una «plataforma de microblogging», debido a que de alguna manera copió la práctica de dar seguimiento en directo a un tema en un blog, en donde se actualizaban los posts para dar cobertura continua a un tema en evolución.

Hablar de microblogging es hablar de Twitter, aunque haya habido otras redes sociales que han intentado o continúan aspirando en convertirse en una alternativa como:

- Identi.ca[5].
- Bebo[6].
- Yammer[7] (más enfocado a la comunicación interna).
- Picotea[8] (de facturación española).

La limitación de 140 caracteres de Twitter puede implicar que los mensajes puedan ser superficiales y con una coherencia consecutiva difícil de seguir, incluso para quien siga una cuenta determinada con asiduidad.

---

4 Twitter.com (en línea). Actualizado el 21 de julio de 2012. www.twitter.com
5 Identi.ca (en línea). Actualizado el 21 de julio de 2012. http://identi.ca/
6 Bebo.com (en línea). Actualizado el 21 de julio de 2012. http://www.bebo.com/
7 Yammer.com (en línea). Actualizado el 21 de julio de 2012. https://www.yammer.com/
8 Picotea.com (en línea). Actualizado el 21 de julio de 2012. http://picotea.com/es/

Paralelamente, su mayor poder recae en su inmediatez para distribuir y detectar información relevante, su gran poder de reproducción que puede potenciar su alcance y su capacidad para redirigir la atención hacia un espacio web determinado, ya sea una web, un blog, una imagen, un vídeo, entre otros.

Políticos, artistas, futbolistas y marcas lo utilizan con muy diversos objetivos:

- Desarrollo de una marca personal.
- Difusión de sus actividades en directo.
- Divulgación de sus posicionamientos políticos.
- Obtener feedback sobre productos y servicios.
- Gestionar comunicación de crisis.
- Monitorización de la reputación online.
- Realizar acciones de marketing online y/o reforzar las que se realizan offline.
- Ofrecer servicio de atención al cliente.
- Realizar un benchmark de la competencia.
- Fomentar el networking online y complementar el que se hace offline.
- Encontrar a talento para contratar.
- Mejorar la comunicación interna y fomentar el employer branding.
- Vender.

Para abordar Twitter desde una perspectiva de relaciones públicas es recomendable seguir unos pasos parecidos al de la comunicación tradicional, aunque con los propios matices de la herramienta:

- Destinar los recursos adecuados, tanto a nivel de personas como de tecnología y presupuesto.
- Establecer unos objetivos claros y medibles de lo que se quiere conseguir, que bien pueden ser número de Followers, Retwitts, Menciones, Favoritos, entre otros, o que tengan relación en cuanto a la cantidad de tráfico web o ventas se pudieron generar.
- Encontrar una voz propia, que puede comenzar por seguir durante un tiempo a perfiles que sean identificados por sus buenas prácticas.
- Establecer un protocolo de actuación para el mantenimiento continuo del perfil, así como para tener claros los procedimientos para atajar temas concretos o incluso contingencias y crisis.
- Optimizar continuamente un perfil con imágenes, enlaces y descripciones convenientes.

- Medir los avances a través de distintas herramientas que puedan dar una visión en profundidad sobre los aciertos que puedan reproducirse y sobre los ajustes que deban hacerse para una mejor optimización de la cuenta.

Las herramientas avanzadas que se pueden utilizar para Twitter son:

- Hootsuite[9], Tweetdeck[10], entre otros, que son clientes que permiten la gestión y programación de una o varias cuentas a la vez.
- Tweetreach[11], que ayuda a determinar el alcance de una cuenta, un hashtag o una expresión determinada.
- Socialbro[12], que ayuda a analizar en profundidad la comunidad generada por una o varias cuentas.
- Buffer[13], que, combinado con Socialbro, permite programar los twitts en los momentos en donde la comunidad puede hacerles más caso.

Aunque hay algunas alternativas para su uso publicitario (cuentas, tendencias y twitts promocionados, futuras páginas corporativas, entre otras), en el momento de actualizar este libro su utilización para comunicación y relaciones públicas, tanto a nivel interno y externo, es donde mayores éxitos se pueden esperar de Twitter.

Lo que resulta claro en estos momentos es que esta plataforma de microblogging se ha convertido en el espacio donde la comunicación inmediata tiene su escenario natural, en el que convive una comunidad de superusuarios, portavoces corporativos y políticos, periodistas y medios, celebridades y curiosos que encuentran cada uno lo que está buscando en un flujo constante de comunicación como nunca antes se había visto.

1.6.1.2. Facebook

Facebook[14] es la red social con la comunidad más grande del mundo. Ya es una leyenda la manera en que su fundador, Mark Zuckerberg, la creó en un dormitorio de la Universidad de Harvard en 2004 hasta estar cerca de los mil millones de usuarios en todo el planeta.

En Facebook cabe de todo; desde música, juegos, imágenes, hasta vídeos, concursos, compras y eventos. Gracias a que permite el diseño de aplicaciones para que puedan ser accesibles desde este espacio web, esta red social también se ha convertido en un lugar en donde no sólo se pasa el tiempo, sino en el que se «vive».

---

9 Hootsuite.com (en línea). Actualizado el 21 de Julio de 2012. https://hootsuite.com
10 Tweetdeck.com (en línea). Actualizado el 21 de Julio de 2012. http://www.tweetdeck.com/
11 Tweetreach.com (en línea). Actualizado el 21 de Julio de 2012. http://tweetreach.com/
12 Socialbro.com (en línea). Actualizado el 21 de julio de 2012. http://www.socialbro.com/
13 Buffer.com (en línea). Actualizado el 21 de julio de 2012. http://bufferapp.com/dashboard
14 Facebook.com (en línea). Actualizado el 21 de julio de 2012. https://www.facebook.com

Las Páginas de Facebook ofrecen flexibilidad y dinamismo en la comunicación dentro de esta red social generalista (Imagen: https://facebook.com/tuatu.socialmediapr)

Asimisimo, Facebook es una plataforma de comunicación y marketing en constante evolución. Su capacidad para reproducir mensajes y generar estados de opinión que llevan a la acción se ha visto demostrado en múltiples movimientos sociales y políticos en varias partes del mundo.

Desde un punto de vista de comunicación y relaciones públicas, las organizaciones se han lanzado a tener una presencia en Facebook con diversos objetivos:

- Estar donde está su público e impactarlos aquí con sus mensajes.
- Generar una relación más directa, abierta, continua y relevante con el público, algo que no permitían los medios de comunicación tradicionales a través de acciones de comunicación, relaciones públicas, marketing y publicidad.
- Responder sus dudas y necesidades, incluso abrir un espacio de atención al cliente, en un espacio en el que se conectan durante cada vez más tiempo.
- Desde Facebook se puede reconducir tráfico hacia una página web o blog corporativo.
- Ofrece un coste flexible, que ofrece a las pymes y a grandes empresas por igual la posibilidad de aprovechar algunas de estas ventajas.
- Una alternativa de fuente de ingresos a través de ecommerce.
- Una herramienta de marketing y publicidad con un gran poder de segmentación.

Las posibilidades para que las organizaciones tengan una presencia en Facebook son varias:

- Página. La más utilizada, ya que permite conocer con bastante precisión el perfil y la actividad de la comunidad, así como su comportamiento, y además ofrece la flexibilidad de incorporar aplicaciones para generar distintas actividades.
- Eventos. Resultan ideales para potenciar la comunicación y pueden ayudar a la propia gestión de la asistencia del evento, además que permite una comunicación más directa con sus asistentes.
- Grupo. Con menos posibilidades y flexibilidad que la Página, los grupos pueden convertirse en alternativas para generar otro tipo de dinámicas entre sus miembros.
- Causa. La Causa ofrece la posibilidad de vehicular a la comunidad de tal manera que motiva a sus miembros, quienes ven que su crecimiento va generando diversos niveles en el grupo y, por otro lado, está pensada para que pueda apoyar a recaudar fondos para apoyar algún fin determinado.

Los pasos para definir una estrategia eficaz en Facebook son parecidos a los que se tienen que tener en cuenta para una estrategia de comunicación, aunque en el caso de la red social también se pueden incluir otros elementos como la tecnología y la creatividad:

- Definición de la necesidad.
- Determinación del público al que se va a dirigir.
- Objetivos a conseguir.
- Recursos con los que se cuenta.
- Métricas para analizar el desempeño.
- Acciones en concreto a desarrollar.
- Tono de la comunicación.
- Tecnología a utilizar.
- Creatividad necesaria para la campaña.
- Secuencia del desarrollo de las acciones.
- Seguimiento y ajuste durante la campaña.
- Análisis de la campaña.

Después de unos años desde que Facebook irrumpió en el ámbito de la comunicación, también se pueden indicar algunas razones por las que las organizaciones deberían evitar sumarse a esta red social:

- No todas las organizaciones pueden obtener un resultado relevante en Facebook y lo mejor es tenerlo claro desde el principio para no generar expectativas erróneas con la incursión en esta red social.

- El discurso a asumir por las organizaciones no siempre puede adaptarse al de la gente que está en Facebook, lo que genera una frustración por ambas partes.
- Los constantes cambios de Facebook ya han hecho que los esfuerzos de distintas organizaciones no reditúen en un mayor alcance o una mayor relación con su público, incluso dentro de sus propias páginas, eventos, grupo o causas.
- Aún con la flexibilidad de la Página, Facebook no puede sustituir a una página corporativa, sino que puede ser un complemento como canal de comunicación.
- La uniformidad de la presencia de las organizaciones en Facebook les dificulta diferenciarse para ser considerados por sus fans.
- El coste para hacer crecer una comunidad se incrementa, ya que los usuarios están acostumbrándose a ser incentivados con premios y regalos, o a que los anuncios atrapen su atención para que se dirijan a una Página determinada.

Hay que considerar que las estadísticas abrumadoras que hoy colocan a Facebook en un pedestal pueden cambiar hasta tal punto que la sitúen en el futuro en un lugar irrelevante para los usuarios, tal como pasó en su momento con MySpace[15].

Quizás la propia necesidad de Facebook para obtener ganancias sea uno de las principales razones para que pueda perder su relevancia, ya que los diversos tipos de anuncios que incluye esta red social están incrementándose y todo parece indicar que los formatos podrán ser más intrusivos.

Además, es posible que las organizaciones se vean obligadas a pagar por hacer uso de la plataforma, con lo que Facebook puede convertirse en un espacio menos abierto y democrático del que ha sido del que ha venido siendo hasta ahora.

Otro punto a considerar es la opacidad de Facebook, que ya ha generado rechazo en cuanto a la supuesta utilización de los datos personales de sus usuarios, la dificultad de darse de baja y otros temas relacionados con la privacidad de los usuarios.

Lo que ahora mismo resulta evidente es que Facebook se ha convertido en uno de los espacios web más innovadores en el que conviven por igual millones de usuarios y organizaciones de todo tipo, ofreciendo la oportunidad de establecer millones de conversaciones, en una comunicación masiva a la vez que personal.

Unos y otros han protagonizado felices encuentros, pero también sonoros encontronazos que han supuesto una amenaza para la reputación online de las organizaciones afectadas, por lo que hay que ser conscientes cuando se plantee la oportunidad de entrar en esta red social.

Con una presencia adecuada, unos recursos suficientes y una estrategia bien definida, Facebook puede ofrecer un valor muy interesante para organizaciones de todo tipo que requieren innovar en su comunicación, de manera que puedan volver a conec-

[15] Myspace.com (en línea). Actualizado el 21 de julio de 2012. http://www.myspace.com/

tar con el público que ya no es impactado por los medios de comunicación tradicionales y que aún esperan y necesitan un contacto directo para tomar sus decisiones de compra, políticas y sociales.

1.6.1.3. Otras redes sociales generalistas (Google+, Tuenti, Orkut y MySpace)

Las organizaciones tienen diferentes necesidades de comunicación en el ámbito online y, dependiendo de éstas y de su ubicación geográfica pueden requerir la utilización de distintas redes sociales más allá de Facebook y Twitter.

Google+[16], de la empresa del mayor buscador de internet, es la que, en el momento de escribir estas líneas, pugna por convertirse en una plataforma imprescindible para la comunicación de sus usuarios y de las organizaciones.

El crecimiento de Google+ durante sus primeros meses de vida fue fulgurante, alcanzando una comunidad global de 62 millones a finales de 2011. Sin embargo, salvo los «early adopters», la actividad que realiza la gran mayoría de sus usuarios es realmente limitada en cuanto al tiempo y a las actividades que le dedican.

Se habla de que la utilización de Google+ beneficia al SEO de la presencia web de las organizaciones y hay que decir que se puede esperar la aparición de aplicaciones que hagan que ésta red social sea más versátil y atractiva para los usuarios.

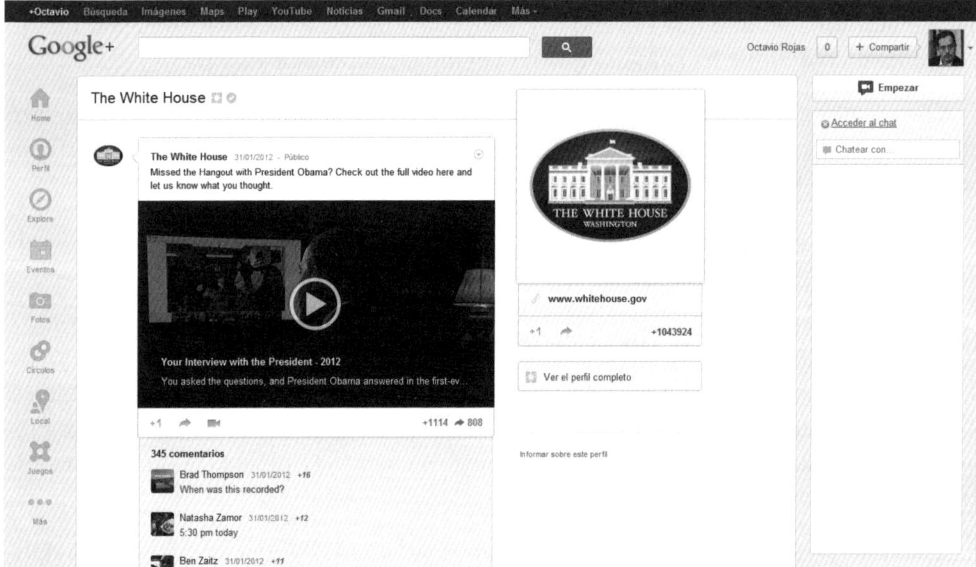

El mayor hito de Google+ se dio con el Hangout realizado por Barack Obama, presidente de los E.U.A.. (Imagen: https://plus.google.com/105479712798762608629/posts/dVXVEmRwvZB)

[16] plus.google.com (en línea). Actualizado el 29 de julio de 2012. https://plus.google.com/

Aún así, sus usos en el ámbito de la comunicación corporativa son:

- Página: con la posibilidad de incluir actualizaciones, fotos y vídeos, y conseguir seguidores para interactuar con ellos en un espacio similar al muro de Facebook.
- Sitios: apoyado en la geolocalización de Google Maps, ayuda a difundir la localización y las características de un negocio, así como a recabar
- Hangouts: un encuentro online en la que pueden participar por vídeo y audio hasta 10 personas al mismo tiempo.
- Eventos: con la posibilidad de invitar a personas que están tanto dentro como fuera de la red social a través de sus correos electrónicos.
- Juegos: abiertos a los desarrolladores, pero no se detectaron opciones corporativas de organizaciones.

Por todo lo anterior, es conveniente seguir a Google+, conocer su potencia como herramienta de comunicación y poder aprovecharla en el momento en el que sus posibilidades seduzcan a una porción relevante de su numerosa, pero inactiva, comunidad.

En el caso de España, tuenti[17] es una opción excepcional para impactar a un público joven. Esta red social española le planta cara a Facebook con una comunidad de 14 millones de usuarios, quienes la utilizan como una interfaz de comunicación inmediata, aunque a nivel corporativo no ofrezca gran flexibilidad para implementar desarrollos externos.

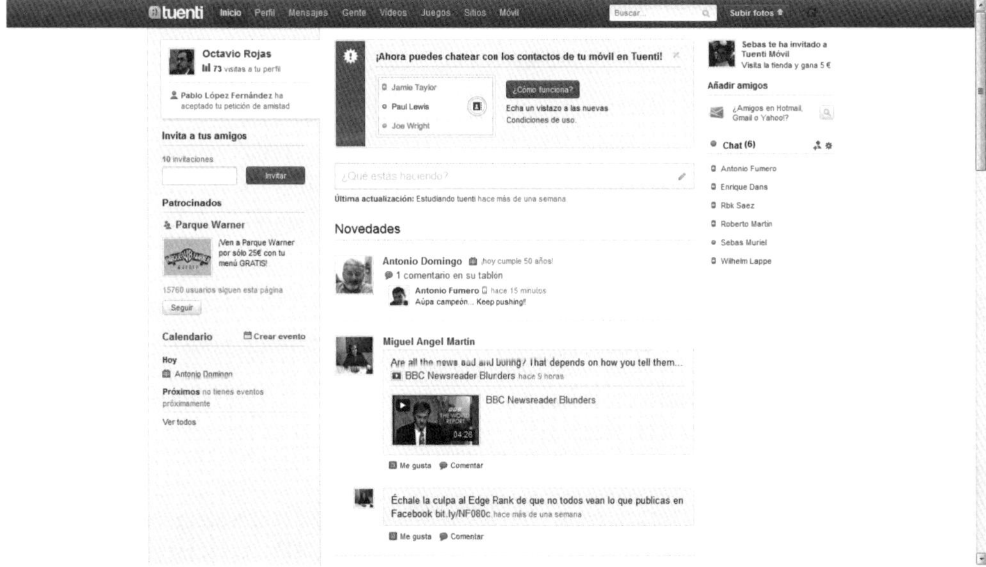

tuenti es una red social española que le está haciendo frente a Facebook a nivel local, pero que también quiere crecer en otros países (Imagen: http://tuenti.com/)

[17] tuenti.com (en línea). Actualizado el 29 de julio de 2012. http://www.tuenti.com

Actualmente enfocada a expandirse por el resto del mundo, tuenti puede convertirse en una alternativa de peso si Facebook comienza a desgastarse por el peso de la costumbre, la falta de innovación o problemas de privacidad que preocupan a una porción cada vez más relevante de personas en todo el mundo.

Desde hace algunos años, tuenti es accesible desde teléfonos móviles inteligentes y, de la mano de Telefónica (su ahora dueño), potenciará su movilidad para que sus usuarios puedan mantenerse conectados todo el tiempo y ahí donde estén.

Aunque tuenti lance de manera continua nuevas aplicaciones, sus posibilidades actuales pueden resultar limitadas, ya que, sin contratar una campaña publicitaria, sólo las páginas y los sitios pueden ofrecer una cierta interacción.

Si tuenti cuenta con una fuerte presencia en España (con ganas de extenderse en el resto del mundo), en Brasil la red social por excelencia durante muchos años ha sido Orkut[18], y también cabe destacar que Orkut también tuvo un lugar relevante en la India.

Nacida en el seno de Google, Orkut no recibió demasiada atención durante años y su desarrollo no avanzó significativamente, lo que le restó competitividad, desde un punto de vista de la comunicación corporativa.

Por ejemplo, ofrece la posibilidad de crear Comunidades, pero éstas contienen un número limitado de aplicaciones, sin demasiada interacción. Cuenta con juegos y aunque algunas aplicaciones puedan utilizarse con fines de comunicación, sobre todo en el ámbito político, en la promoción de artistas y equipos deportivos, organizaciones y marcas no brasileñas o hindúes es limitado lo que se puede hacer.

Peor suerte parece estar corriendo MySpace, ya que la percepción que se tiene sobre su relevancia a medio plazo está en entredicho e incluso su propia viabilidad.

De haber sido la pionera indiscutible en el ámbito de las redes sociales, MySpace se convirtió en un espacio en el que, fuera del ámbito musical, poco ha aportado a la revolución social que han significados plataformas como Facebook o Twitter.

Quizás la dificultad para gestionar con facilidad su interfaz y el spam masivo en los comentarios de los espacios de los usuarios fueron motivos suficientes para que esta insigne red social perdiera la enorme relevancia que tuvo durante años.

El nuevo enfoque, centrado en la música y el entretenimiento y la convergencia con otras redes, puede revitalizarla, pero difícilmente recuperará el carácter social con el que alguna vez contó.

A modo de resumen podemos decir que las redes sociales generalistas evolucionan constantemente y de sus innovaciones depende en gran medida su popularidad en su comunidad, relevancia para las organizaciones y viabilidad para sí mismas si quieren mantenerse en el tiempo.

---

[18] orkut.com (en línea). Actualizado el 29 de julio de 2012. http://www.orkut.com

También hay que insistir en la necesidad de establecer una estrategia para entrar en este ámbito, teniendo en consideración las nuevas relaciones entre las organizaciones y los miembros de las redes sociales, sin obviar la importancia de ser flexible y aprovechar tácticamente las posibilidades y buenas prácticas que van surgiendo día a día.

Así como se puede decir con grandilocuencia que hay redes sociales que, si fueran países, estarían entre los más grandes por población, también hay que remarcar que la atención es más volátil que la nacionalidad y que la relevancia de hoy no garantiza la importancia esta plataforma de comunicación online de manera permanente.

1.6.2. Redes sociales profesionales

Los usuarios utilizan las redes sociales según sus gustos y necesidades, lo que hace que estén en varias a la vez. Sin embargo, para las organizaciones tendrá sentido estar en unas u otras, pero con objetivos, mensajes y tecnologías distintas.

Las redes sociales profesionales, para los usuarios individuales, se han convertido en el escaparte ideal para darse a conocer de cara a avanzar en su carrera, conocer socios o posibles inversores, mantener el contacto con antiguos compañeros de trabajo, a la vez que fomentan el networking con otras personas a través de debates de temas de interés en los que son expertos.

Para las organizaciones, las redes sociales profesionales pueden ser un auténtico caladero de perfiles para sus necesidades de reclutamiento, a la vez que pueden ser ventanas para potenciar su imagen como empleador y como espacio de encuentro con sus empleados antiguos y actuales.

Para las empresas, las redes sociales profesionales también son una plataforma ideal para la promoción de productos y servicios entre una comunidad que, en un porcentaje interesante, toma decisiones sobre compras y contrataciones, por lo que los comerciales están utilizándolo para conseguir oportunidades de desarrollo de negocio.

1.6.2.1. Linkedin

Linkedin[19] es la red social profesional que ha conseguido posicionarse como líder indiscutible en España y otros países de Latinoamérica y el mundo. Tanto los profesionales de los recursos humanos, como los millones de usuarios que la utilizan todos los días, han encontrado en ésta una plataforma ideal para conseguir sus objetivos corporativos y profesionales.

19 linkedin.com (en línea). Actualizado el 1 de Agosto de 2012. http://www.linkedin.com/

Para fines de comunicación de las organizaciones, que son los relevantes para este libro, Linkedin ofrece las siguientes oportunidades de utilización:

- Páginas.
- Grupos.
- Empleos.
- Ventas.

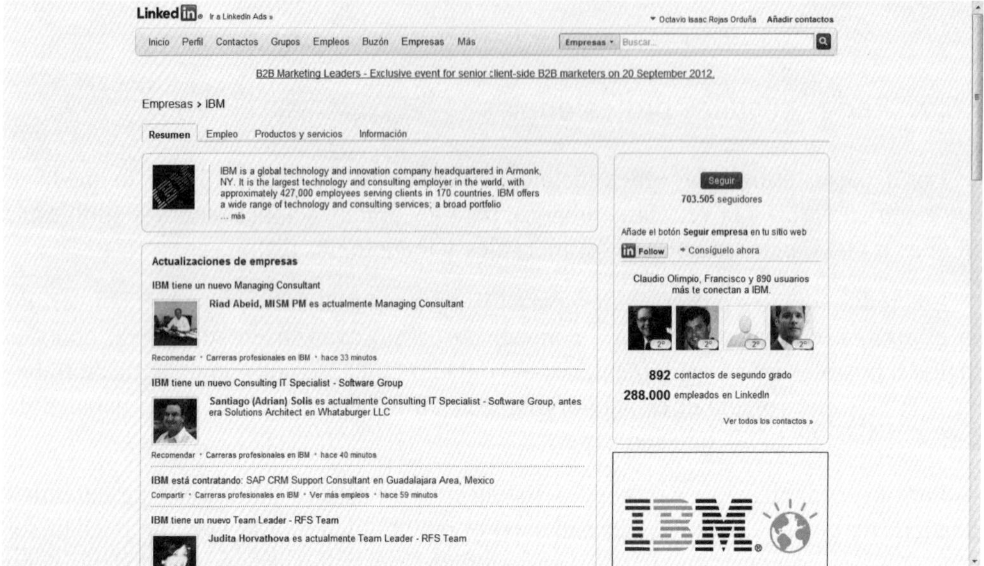

Las Páginas de IBM en Linkedin aprovecha todo el potencial de este espacio dentro de la red social profesional
(Imagen: http://www.linkedin.com/company/1009?trk=tyah)

Las Páginas permiten aunar en un solo espacio la comunidad que tiene o ha tenido alguna relación con una organización determinada, así como dotarla de información de interés como el tipo de empresa, tamaño, dirección web, sector y año de fundación, a la vez que permite geolocalizar sus oficinas centrales.

Las Páginas también permiten incluir información sobre productos y servicios, que pueden obtener recomendaciones de sus clientes que son publicadas para su consulta. Sin lugar a dudas, el espacio de empleo es una de las grandes bazas, aunque se trate de un servicio de pago, y es el que puede generar que los usuarios se conviertan en sus Seguidores.

Los administradores de las Páginas pueden obtener información relevante de sus Seguidores como sus características demográficas, el sector al que pertenecen, la función que desempeñan, su ubicación geográfica. Asimismo, tienen acceso a datos de analítica web, en concreto de visitantes únicos y visualizaciones de la página.

Las Páginas en Linkedin ofrecen una serie de funcionalidades que, bien aprovechadas, dan lugar a una presencia destacada dentro de la red social profesional líder.

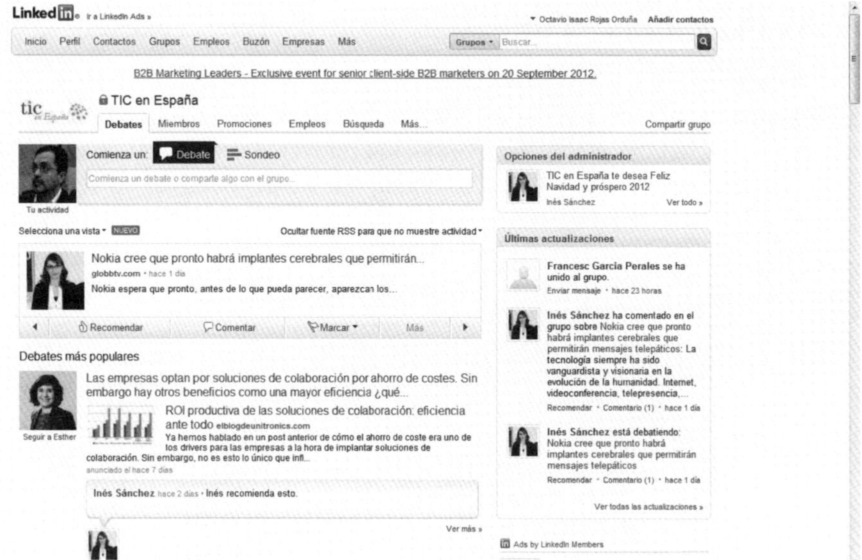

El Grupo TIC en España aúna a empleados y clientes de la empresa Unitronics (Imagen: http://www.linkedin.com/groups?home=&gid=2310533&trk=anet_ug_hm)

Por su parte, los Grupos ofrecen otra serie de posibilidades nada desdeñables para organizaciones e individuos, quienes tienen la oportunidad de gestionar un espacio de discusión que puede contribuir a diferentes objetivos:

- Posicionamiento como líder de opinión a través de espacios de discusión de temas profesionales y/o corporativos.
- Acercamientos comerciales.
- Reunión de empleados (actuales y antiguos).
- Apoyar las labores de reclutamiento y selección de personal.

Los Grupos tienen la capacidad de generar Debates que pueden ser gestionados por los administradores, mientras que pueden ser propuestos por todos sus miembros. Resulta importante establecer un criterio para mantener una temática determinada para que no derive en un espacio sin un perfil bien definido que ocasione abandono por parte de sus miembros o que le reste atractivo a posibles nuevos miembros.

Además, a través de los Grupos de Linkedin se pueden lanzar Promociones, promover Empleos entre sus miembros y generar Subgrupos, para, por ejemplo, establecer debates geográficos o de temáticas especializadas.

De cara a controlar la actividad y sus contenidos, los administradores de los Grupos también pueden filtrar a sus miembros y, si alguno se comporta de manera indebida, podrá borrar sus debates y comentarios, además de bloquearlo para que no pueda volver a ingresar. Esto nos recuerda que siempre es conveniente establecer unas Políticas de Uso del Grupo para que quede claro desde el primer momento lo que se puede y no hacer en este espacio.

Finalmente, una característica pública de los Grupos que puede resultar interesante son las Estadísticas, que dan información relevante sobre sus Características Demográficas, su Crecimiento, y de la Actividad que ha generado en la semana pasada.

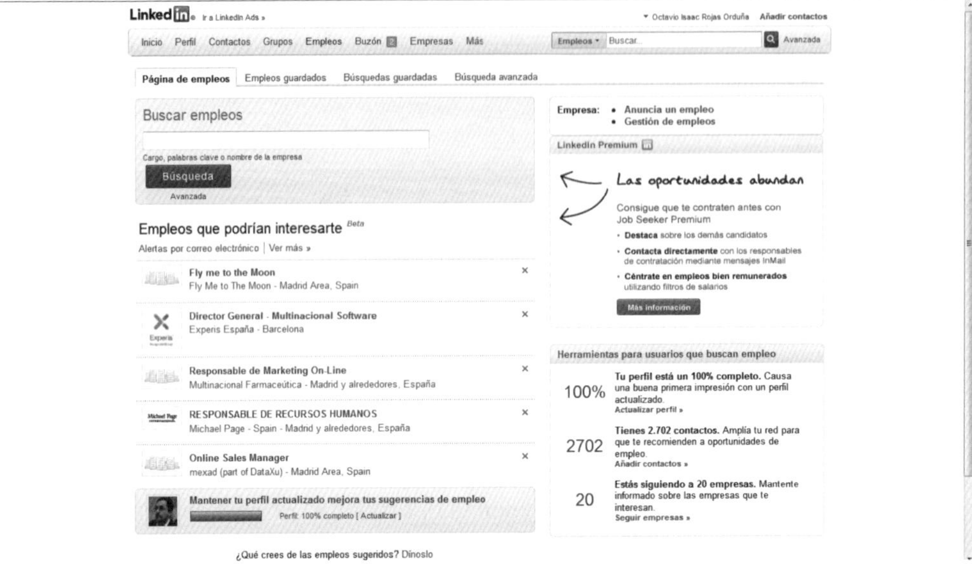

La necesidad de encontrar un empleo ha acelerado el crecimiento de las redes sociales profesionales (Imagen: http://www.linkedin.com/jobs?displayHome=&trk=hb_tab_jobs_top)

La crisis económica que afecta al mundo, y que se ha cebado especialmente con España, ha ocasionado que se acelere la adopción de las redes sociales profesionales, especialmente de Linkedin. Una de las razones más poderosas para que ocurra este fenómeno es la búsqueda de empleos por parte de sus miembros.

Si ya se ha mencionada con anterioridad que tanto las Páginas como los Grupos ofrecen la posibilidad de dar a conocer oportunidades laborales entre sus seguidores y miembros, en Linkedin hay un espacio especial para que los usuarios tengan acceso a ofertas de trabajo que pueden coincidir con sus expectativas, al tiempo que las organizaciones tienen acceso a un inmenso caudal de perfiles que pueden satisfacer sus necesidades de recursos humanos.

Para los usuarios, Linkedin ofrece la posibilidad de:

- Encontrar ofertas destacadas según nuestro perfil.
- Guardar empleos que puedan ser de interés.
- Realizar búsquedas específicas, en diferentes áreas, además que se pueden filtrar por países, funciones, experiencia, sectores de actividad de las organizaciones y antigüedad de la oferta anunciada.
- Estas búsquedas pueden ser guardadas para posteriores consultas.

Finalmente en este ámbito hay que destacar que Linkedin ofrece servicios Premium tanto a usuarios, para que éstos se destaquen ante los ojos de los posibles empleadores, como a organizaciones para que puedan promover las vacantes que tienen que cubrir.

Para los profesionales de las ventas, esta red social profesional ofrece opciones Premium para que los comerciales realicen su actividad de desarrollo de negocio al poder entrar en contacto con posibles clientes, cuyo acceso puede estar limitado en otros medios y plataformas.

Hay otras aplicaciones de interés que Linkedin también ofrece como la integración de RSS de blogs, Slideshare[20], un espacio de Respuestas, un servicio de Noticias, entre otras.

Para terminar, es oportuno decir que Linkedin ha logrado establecerse como la referencia entre las redes sociales profesionales, no sólo por el crecimiento de la búsqueda de empleo entre sus miembros, sino por la clara apuesta que las organizaciones están teniendo en esta plataforma en el momento de establecer una estrategia con fines de comunicación, comercial y reclutamiento.

1.6.2.2. Viadeo y Xing

Aunque sea de una forma más breve, merece la pena indicar que hay otras redes sociales profesionales que también pueden aportar valor en la estrategia de comunicación online de las organizaciones.

Xing y Viadeo son dos redes sociales profesionales líderes en diversas regiones del mundo (Imagen: http://www.soygik.com/entrevista-redes-sociales-profesionales-xing-linkedin-y-viadeo/)

[20] slideshare.net (en línea). Actualizado el 3 de Agosto de 2012. http://www.slideshare.net/

Se trata de Xing[21] y Viadeo[22].

Estas dos redes sociales profesionales coinciden en ser de innovadores europeos; Xing es alemana y Viadeo es francesa. Se les reconoce su cualidad de pioneras, que ha conseguido posicionarlas como líderes en diversas regiones del planeta, incluidos sus respectivos países de origen.

Resulta importante destacar que Xing promovía encuentros físicos para realizar networking entre sus miembros como uno de sus puntos fuertes, mientras que Viadeo siempre se quiso posicionar como un espacio de contacto online puramente enfocado a los negocios.

Xing y Viadeo ofrecen de forma genérica:

- Perfiles personales.
- Grupos.
- Eventos.
- Carrera.
- Empresas – esta funcionalidad es nueva en ambas redes.

Luego, cada una tiene un estilo específico para tratar estas funcionalidades y ofrecen otras como Clasificados, Preguntas, Blogs, Noticias, en el caso de Viadeo y Xing ofrece la posibilidad de probar sus nuevas funciones a través de su Beta Labs.

En ambos casos, se trata de redes sociales que en España intentan recobrar el liderazgo del que disfrutaron hace unos años y sus cambios posiblemente les otorguen una nueva oportunidad para que sea más relevante en el ámbito de la comunicación corporativa online como ya lo ha conseguido Linkedin, en el que muchas empresas están apostando para conseguir diferentes objetivos.

1.6.3. Redes sociales corporativas internas

Algunas empresas han visto en las redes sociales una oportunidad para alcanzar una serie de objetivos que se les resisten apoyándose en otras herramientas de comunicación interna o externa relacionada con los recursos humanos:

- Fortalecer la cultura corporativa.
- Potenciar la productividad.
- Gestionar el conocimiento.
- Fomentar el espíritu de pertenencia en la organización.

21 Xing.com (en línea). Actualizado el 3 de Agosto de 2012. http://www.xing.com/
22 viadeo.com (en línea). Actualizado el 3 de Agosto de 2012. http://www.viadeo.com/

– Generar espacios online de colaboración y co-creación, en un ambiente de innovación.
– Informar de manera ágil y eficaz sobre las actuaciones de la empresa, tanto internas como externas.
– Employer branding para atraer a talentos externos.

Para alcanzar o reforzar estos objetivos, las empresas están lanzando redes sociales corporativas internas.

No se trata de intranets 2.0, sino de espacios distintos, más abiertos, en los que tiene lugar una distribución horizontal de la información y cuyas posibilidades de actuación las determinan los propios usuarios a través de las aplicaciones incluidas en cada plataforma.

Hay redes sociales corporativas internas que se pueden implementar rápidamente a partir de algunas plataformas ya existentes en el mercado como:

– Yammer[23].
– Sharepoint[24].
– Ning[25], por mencionar algunas.

Asimismo, se pueden customizar al máximo mediante software que ya cuenta con algunas aplicaciones incorporadas por defecto como:

– Drupal[26].
– Elgg[27].
– Dolphin[28], entre otras.

Las aplicaciones públicas que se pueden incluir las redes sociales corporativas internas son:

– Perfil personal (con los datos de contacto que quiera facilitar el usuario).
– Grupos.
– Espacio de comunicación, ya sea en formato blog, microblog, como Twitter, o muro, al estilo Facebook, y que esté integrado en los perfiles y los grupos.

---

[23] yammer.com (en línea). Actualizado el 25 de Agosto de 2012. http://www.yammer.com/
[24] sharepoint.microsoft.com (en línea). Actualizado el 25 de agosto de 2012. http://sharepoint.microsoft.com/en-us/Pages/default.aspx
[25] ning.com (en línea). Actualizado el 25 de agosto de 2012. http://www.ning.com/
[26] drupal.org (en línea). Actualizado el 25 de agosto de 2012. http://drupal.org/
[27] elgg.org (en línea). Actualizado el 25 de agosto de 2012. http://elgg.org/
[28] dolphinsocialnetworking.com (en línea). Actualizado el 25 de agosto de 2012. http://www.dolphinsocialnetworking.com/

– Documentos.
– Tareas, que es quizás la utilidad más parecida a las que ofrece una intranet tradicional.

También es posible realizar integraciones de diversas aplicaciones externas como Twitter, Facebook, Linkedin, SAP, Salesforce, entre otras.

Para los administradores también es posible tener acceso a analíticas y/o informes de desempeño de los usuarios para ver cuál es su nivel de actividad en el entorno de la red social corporativa interna.

Para su implementación, se recomienda primero establecer una política de uso, líderes internos, que no necesariamente tienen que ser los máximos directivos, pero sí personas con una representatividad dentro de la compañía.

Asimismo, es deseable contar con un dinamizador o community manager que ayude a «romper el hielo», generando discusiones, debates y la transferencia de conocimientos e ideas para dar pie a que los miembros de la organización participen posteriormente de manera autónoma.

También es conveniente contar con versiones para dispositivos móviles, sobre todo pensando en que pueda ser accesible a los usuarios que se encuentren fuera de su lugar habitual de trabajo y quieran aprovecharse de las ventajas de la red social corporativa interna.

En suma, las redes sociales corporativas internas, que forman parte de los Internal Social Media, pueden ser valiosas herramientas para la consecución de objetivos, no sólo de comunicación, sino también para que puedan contribuir como herramienta al cumplimiento de las expectativas más ambiciosas de una organización determinada.

1.6.4. Redes sociales verticales

Otras redes sociales que pueden ser útiles para conseguir objetivos de comunicación corporativa, en este caso más a nivel externo, son aquellas que tienen una propuesta de valor muy clara en cuanto a que se especializan en un tipo de contenido específico y con ciertas características.

Nos referimos a las rede sociales verticales, que permiten el desarrollo o la potenciación del discurso audiovisual que las organizaciones venían haciendo en sus herramientas habituales de comunicación como celebración de eventos, publicidad y material impreso.

Las redes verticales, aunque coinciden en el carácter social de sus contenidos, poseen características propias que requieren de una atención especial para conseguir atraer y mantener la atención del público al que nos queremos dirigir, ya sean periodistas y líderes de opinión, o los clientes, que pueden contarse por multitudes.

1.6.4.1. Youtube

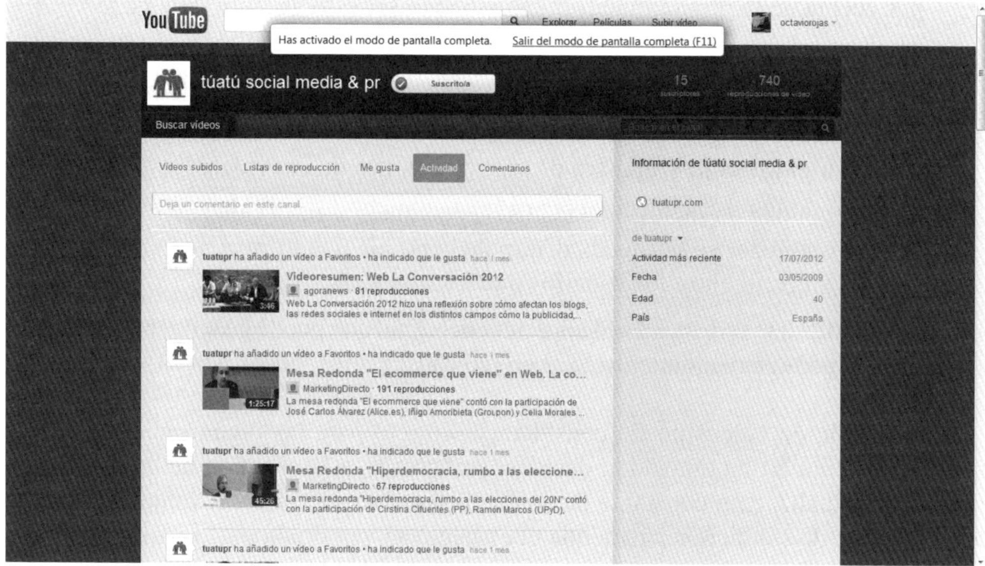

Los canales de Youtube son excelentes plataformas para generar un discurso audiovisual con características sociales
(Imagen: http://www.youtube.com/user/tuatupr)

Sin lugar a dudas, Youtube[29] es la red social vertical más conocida del mundo. De hecho, se trata de uno de los puntos de entrada para la gran mayoría de los usuarios, quienes la han convertido en el segundo sitio en donde más búsquedas realizan para encontrar contenidos audiovisuales que les son relevantes.

No sólo las cadenas de televisión de todo el mundo han reconocido la importancia de tener un espacio en Youtube para darle un impulso o nueva vida a sus producciones, sino que un variopinto grupo de organizaciones también han querido aprovechar esta plataforma, desde sellos musicales, pasando por organizaciones políticas, hasta personas que a nivel individual han alcanzado reconocimiento o fama gracias a sus incursiones videográficas caseras.

Para todo tipo de organizaciones, las características que Youtube ofrece son:

- Una audiencia potencial de millones de personas para los vídeos que genere y distribuya la organización, quienes también pueden interactuar con el propio contenido a través de las propias posibilidades de la plataforma o con otras aplicaciones como blogs, Twitter, Facebook, Google+[30] entre otras.

---

[29] youtube.com (en línea). Actualizado el 25 de agosto de 2012. http://www.youtube.com
[30] plus.google.com (en línea). Acutalizado el 25 de agosto de 2012. https://plus.google.com

- La posibilidad de generar un canal propio y customizado en el que se puedan presentar los vídeos de una organización, cuyo hosting y mantenimiento corre por cuenta de la propia plataforma, pudiendo ser éste gratuito o de pago.
- Conocer el desempeño de los vídeos a través de una herramienta de analítica muy completa que aporta información relevante sobre el perfil de los usuarios.
- Una sencilla programación de publicación de los contenidos que permitirá aumentar el impacto y número de visualizaciones de los vídeos.
- La oportunidad de incluir metadatos, anotaciones y geolocalización de los vídeos para optimizar su búsqueda dentro de la propia plataforma, aumentar el engagement y efecto entre los usuarios que los visionan.
- Un interfaz que ordena los vídeos dentro del canal que puede generar un efecto viral que le aporte mayor dinamismo al propio canal y a los vídeos a nivel individual.

La creación de vídeos puede considerarse un reto para las organizaciones, por lo que, una vez que se ha tomado la decisión de lanzarse a la creación de un canal propio con la actualización constante de contenidos nuevos, lo más conveniente es plantear una serie de condiciones para que el esfuerzo se vea finalmente recompensado:

- La duración de los vídeos no debe ser mayor a los 2 minutos y medio.
- Si el vídeo incluye locución ésta debe ser más importante que la música o el sonido ambiente.
- Presentar algo interesante en los primeros momentos de los vídeos para conseguir enganchar a los usuarios.
- Realizar vídeos sencillos de entender.
- No está de más incidir en que no se deben utilizar vídeos que estén protegidos por derechos de autor.
- Establecer una clara apuesta por la continuidad, con el fin de que los usuarios estén pendientes de próximos vídeos, incluso convirtiéndolos en suscriptores fieles al canal corporativo.
- Utilizar las posibilidades propias de la plataforma para enriquecer la experiencia y generar mayor visibilidad de los vídeos y el canal (anotaciones, metadatos, geolocalización, distribución del contenido a través de aplicaciones propias y de terceros).
- Aprovecharse de las herramientas para edición, tratamiento, mejora, subtitulación y musicalización que ofrece el editor de vídeos de la plataforma.

Aunque no necesariamente sea la finalidad de la mayoría de los canales corporativos en Youtube, es posible monetizar los contenidos si se aprovechan las posibilidades publicitarias que ofrece Google Adsense[31].

---

31 google.com/adsense (en línea). Actualizado el 25 de agosto de 2012. https://www.google.com/adsense

Para las organizaciones que puedan ir más allá, Youtube les ofrece la posibilidad de convertirse en Partners, un status que les ofrecerá con recursos y oportunidades para mejorar sus conocimientos y aumentar la audiencia de sus vídeos.

Además, se entrará a formar parte de la comunidad en la que participan destacados creadores de contenido con los que se pueden generar sinergias que pueden resultar interesantes para las organizaciones en sus fines de comunicación corporativa.

Finalmente, hay que tomar en cuenta la posibilidad que ofrece Youtube como plataforma para realizar emisiones en directo a través de streaming.

Youtube se trata de una de las redes sociales verticales en las que la distribución del material audiovisual es tan sólo el comienzo de un sinfín de posibilidades en las que la creatividad y la relevancia se convierten en las bazas para catapultar los contenidos de una organización en las pantallas de sus stakeholders.

Aunque pueda parecer que mantener un canal en Youtube es costoso e implica una gran labor, lo que es verdad que con una buena estrategia y los recursos adecuados se pueden conseguir unos objetivos de notoriedad nada despreciables para las organizaciones que hoy luchan en todos los medios por atraer y mantener la atención del público.

Hay quien dice que «la revolución no será televisada», pero lo que está claro es que Youtube ha contribuido de manera importante a que la revolución de los social media haya alcanzado a todos los rincones del planeta, con una rapidez y una profundidad imprevista y sorprendente.

Por todo esto, las organizaciones que quieran comunicar de manera eficaz deben de tener en cuenta en su estrategia a uno de los sitios más importantes de la web, la red social vertical Youtube.

1.6.4.2. Flickr, Pinterest e Instagram

Si con Youtube se tiene una ventana para mostrar contenidos audiovisuales al mundo, existen otras redes sociales verticales, una ya clásica, y otras novedosas y pujantes, que han abierto un espacio para la exposición del mejor material gráfico amateur, profesional y corporativo. Se trata de Flickr[32], Pinterest[33] e Instagram[34].

En el caso de Flickr, al tratarse de la plataforma pionera, atrajo a todo tipo de fotógrafos, tanto profesionales como aficionados, quienes se encargaron de generar una gran popularidad a esta red social vertical mediante sus fotografías más entrañables hasta auténticas obras de arte.

[32] flickr.com (en línea). Actualizado el 27 de agosto de 2012. http://www.flickr.com

[33] pinterest.com (en línea). Actualizado el 27 de agosto de 2012. http://pinterest.com/

[34] instagram.com (en línea). Actualizado a 30 de agosto de 2012. http://instagram.com/

Fotografía de la agencia túatú social media & pr en Flickr
(Imagen: http://www.flickr.com/photos/tuatu/6196932561/in/photostream)

A nivel corporativo, sobre todo en la época de su lanzamiento, Flickr ofrece la posibilidad de exponer las imágenes de las empresas en un espacio público en el que se dan cita aficionados de la imagen, de una manera sencilla, atractiva y gratuita.

Además tiene unas características de usabilidad excepcionales:

- Capacidad de interacción mediante comentarios y de redistribución a través de correo electrónico y en redes sociales de las imágenes, incluso subiéndolas al propio Pinterest.
- Organización de las imágenes en sets y participación en grupos, así como consulta de las ocasiones en que se han visto las imágenes.
- Presentación de las imágenes en diversos tamaños y formatos, así como edición a través del programa Aviary.
- Posibilidad de añadir notas, etiquetas de personas, datos de geolocalización y tags.
- Gestión de niveles de privacidad y de derechos de uso de las imágenes.
- Identificación de la cámara con la que se han tomado las imágenes.

Se insiste mucho en el término imágenes, ya que Flickr no sólo alberga fotografías, sino también diseño, pinturas, etc., y todo lo que pueda ser susceptible de ser digitalizado. También hay que señalar que esta red social vertical puede alojar vídeos, aunque Youtube es el líder indiscutible en su gestión y difusión.

A pesar de ofrecer todas estas posibilidades, el público amateur y con éste la inmensa mayoría de usuarios, ha migrado a otras redes sociales, sobre todo a Facebook y, recientemente, a Pinterest, por lo que Flickr sigue siendo viable para usos corporativos sabiendo que son usuarios avanzados de fotografía los que se podrán encontrar en esta red social vertical de imágenes.

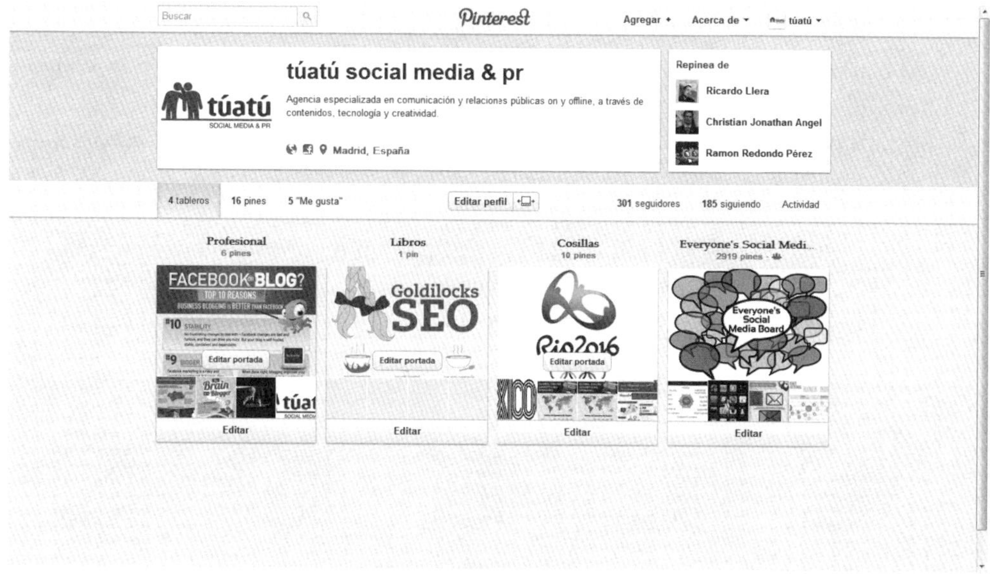

Perfil de túatú social media & pr en Pinterest
(Imagen: http://pinterest.com/tuatu/)

Por lo que respecta a Pinterest, su breve trayectoria ya ha generado a muchos seguidores, quienes se han lanzado a proponer decenas de usos en sectores tan distintos como la educación, la moda, el diseño, la fotografía, la pintura, la organización de eventos, los recursos humanos, el inmobiliario, el turístico, el gastronómico, entre otros.

La manera en que funciona es relativamente sencilla, ya que se publican imágenes y haciendo «Pin» o «Repin» en el contenido de algún otro usuario de manera ordenada en un espacio denominado como Tablón.

Además, cada contenido tiene características sociales, como la posibilidad de publicar el contenido en un blog o una web copiando fácilmente un código, enviarlo por correo, incluirle comentarios, etiquetar usuarios, usar hashtags o indicar que le gusta, así como interactuar con las redes sociales Twitter y Facebook.

Aunque algunos la consideren como una colección de marcadores sociales visuales, Pinterest se ha convertido en una red social vertical por derecho propio con sus ventajas propias:

- Promoción y marketing. Se puede convertir en un escaparate perfecto para mostrar todo tipo de productos, así como una herramienta para estrategias comerciales con la distribución de cupones de descuento o la organización de concursos.

- Interacción visual y social. Pinterest ofrece la posibilidad de realizar una interacción visual y social a la vez que desarrolla un discurso con los usuarios de una forma diferente.
- SEO. Los contenidos agregan links entrantes al sitio desde el que se incluyen los contenidos de Pinterest.
- Almacenamiento. Se pueden guardar enlaces hacia contenidos de una manera más intuitiva que con otros servicios tipo Delicious[35].
- Móvil. Es una red que debe parte de su éxito a una ágil utilización de sus apps para dispositivos móviles.

En suma, Pinterest es una red social vertical con un recorrido interesante, aunque aún falte por consolidarse, a la que ya se le pueden asignar una serie de usos que aporten valor a la comunicación de marketing de una organización determinada.

Página de entrada web en Instagram (Imagen: http://instagram.com)

Otra de las redes sociales verticales dignas de una breve reseña es Instagram.

Se trata de una aplicación nativa para móviles que ofrece a sus usuarios la posibilidad de editar las fotografías que realizan con sus dispositivos con efectos visuales que le dan un toque nostálgico.

Así como sucede con otras redes sociales, los usuarios pueden añadirle un hashtag, indicar que les gusta una fotografía o un comentario, entre otras posibilidades. Su gran

35 delicious.com (en línea). Actualizado el 2 de septiembre de 2012. http://delicious.com/

ventaja radica en su naturaleza móvil y su capacidad para interactuar con otras redes sociales, como Facebook, Twitter y el propio Pinterest, de manera directa y automática.

Al no estar ligado a un ordenador ubicado en un sitio fijo, Instagram apuesta por la itinerancia y la espontaneidad en la que la participación de los usuarios resulta fundamental.

Instagram reúne de manera natural tres ámbitos que le ayudan a generar una comunidad muy fiel y participativa, que son: su carácter nativo móvil, la fotografía y su capacidad de edición de manera muy sencilla con unos terminados muy atractivos para los usuarios.

De esta manera, las organizaciones pueden aprovechar todo su potencial como un canal idóneo para sus estrategias móviles.

Por ejemplo, el uso de Instagram se ha extendido rápidamente y algunas ideas para aprovechar sus posibilidades son:

- Eventos. Se puede desarrollar un discurso visual de un acontecimiento desde diferentes puntos de vista, tantos como personas con móviles que tengan la app de Instagram.
- Acciones de promoción y marketing en movimiento. Se pueden organizar concursos en los que los usuarios pueden estar de un sitio a otro y sus imágenes sean la forma de participar.
- Portafolio de imágenes social actualizado en tiempo real. Como ya se ha realizado antes con Flickr y Pinterest, Instagram ofrece la posibilidad de generar un portafolio de imágenes que se actualiza en tiempo real y que, por sus posibilidades de interacción social en internet, puede generar una interacción inmediata.

Es por todo lo anterior, que grandes marcas como Coca-Cola, Starbucks, Nike, Levi's, Vueling, entre otras han lanzado sus propias iniciativas apoyándose en Instagram.

No será de extrañar que en el futuro sean cada vez más las marcas, empresas y organizaciones que se sumen a esta red social vertical que, además, es eminentemente móvil.

1.6.4.3. Otras redes sociales verticales (Foursquare y Menéame)

Para terminar este apartado, haremos un breve resumen de tres redes sociales verticales que pueden considerarse útiles para conseguir objetivos en el ámbito de la comunicación corporativa y de marketing.

Foursquare[36]. Una aplicación móvil de geolocalización que se ha terminado convirtiendo en una red social vertical. Su característica principal la ha llevado a generar un

[36] foursquare.com (en línea). Actualizado el 14 de octubre de 2012. https://es.foursquare.com/

directorio compartido de ubicaciones muy amplio en el que se pueden encontrar todo tipo de establecimientos y oportunidades en éstos o en sitios cercanos como descuentos y/o regalos que los usuarios aprovechan dando lugar a una retroalimentación continua.

Menéame[37]. Aunque muchos no lo consideren una red social como tal, las fuertes características sociales de este sitio web español lo convierten en un referente en la comunicación corporativa. Su gran capacidad de difusión de contenidos y generación de opinión, aunado a un fuerte y estratégico poder para el SEO, la han posicionado como una herramienta a considerar seriamente en el momento de la establecer una completa integral de relaciones públicas online. También hay que indicar que su comunidad es muy celosa ante el uso que se le puede dar desde gabinetes de prensa y organizaciones, llegando a boicotear su participación en la red social, por lo que hay que seguir las reglas del sitio y participar como un usuario más.

Por todo lo anteriormente expuesto, las redes sociales, tanto las generalistas, como las profesionales y verticales, se han posicionado en muy poco tiempo como un espacio de actuación natural para los profesionales de las relaciones públicas, que han venido a impulsar su actividad, añadiéndole interesantes retos, no solamente tecnológicos, sino también de mentalidad y actitud.

Tener en cuenta a las redes sociales sólo como un sitio en donde se puede ver dañada la reputación de una organización es quedarse con una porción muy pequeña de las inmensas posibilidades que ofrecen a los responsables de comunicación y marketing de todo tipo de organizaciones.

Las redes sociales ofrecen la oportunidad de desarrollar un discurso audiovisual, en tiempo real y geolocalizado en el que la interacción de la comunidad de usuarios resulta fundamental para que sea auténticamente relevante.

Como recomendación genérica, habría que indicar que no sólo hay que conocer las novedades en el ámbito de las redes sociales antes de incursionar en éstas, sino hacerla en el marco de una estrategia de comunicación y relaciones públicas online, alinéandola con los objetivos de la misma en el ámbito offline. De esta manera, los recursos serán aprovechados al máximo y los resultados se potenciarán.

Las redes sociales no son una moda pasajera, sino que han llegado para quedarse y los profesionales de la comunicación y las relaciones públicas deben no sólo aprender a usarlas a nivel usuarios, sino hacerse expertos en un uso más avanzado para sacarles el mayor provecho para las organizaciones a las que prestan sus servicios.

Se trata pues de un reto doble que implica la urgente adquisición de conocimientos relacionados con las redes sociales, aunado con un cambio de mentalidad y actitud para afrontar de una manera distinta los cambios profundos que implican para el sector de la comunicación y las relaciones públicas.

37 meneame.net (en línea). Actualizado el 2 de septiembre de 2012. http://www.meneame.net/

De hecho, a manera de conclusión, habría que destacar que los profesionales de la comunicación y las relaciones públicas poseen los perfiles ideales para hacer frente a este reto, ya que están acostumbrados a mantener relaciones continuas con distintos perfiles de personas, con una temática variada y rica en matices.

Por todo lo anterior, la aparición de las redes sociales implica un reto a la vez que una oportunidad para un sector que debe identificarse por su flexibilidad y modernidad, el sector de la comunicación y las relaciones públicas.

2. Wiki

Un wiki es un espacio web colaborativo que no tiene un editor que centraliza las actualizaciones de los contenidos (Imagen: http://es.wikipedia.org/wiki/Nota_de_prensa)

Un *wiki* es un espacio web que utiliza una aplicación informática colaborativa que permite crear de forma colectiva y directa diversos contenidos, que pueden ser publicados sin necesidad de ser aceptados previamente por un editor[38].

La gran ventaja de un wiki es que usuarios sin conocimientos de internet pueden utilizarlo debido al sencillo lenguaje de programación en el que está basado.

Gracias al wiki es posible abrir la participación y su actualización a una comunidad, a diferencia de las páginas web tradicionales que dependen de un único webmaster o administrador.

[38] WIKIPEDIA: *Wiki*. Web Wikipedia. http://es.wikipedia.org/wiki/Wiki. 8 de abril de 2012.

Las posibilidades del wiki para la comunicación son muy grandes, tanto a nivel interno como externo:

- Creación de un espacio de contenidos gestionado por una comunidad.
- Gestión del conocimiento que recopila la experiencia de los miembros de la organización.
- Confección de obras colectivas de referencia. (Diccionarios, nuevas expresiones, etc.).
- Elaboración de una base de datos de contactos. (Periodistas, autoridades, líderes sindicales, etc.).

A pesar de ser una tecnología realmente nueva, los *wikis* ya han comenzado a mostrar su utilidad en diversas situaciones. Además, los medios de comunicación utilizan la información de los wikis como fuente de datos que después usan para la elaboración de sus noticias.

3. Comunicación a través de dispositivos móviles

Afirmar que la comunicación de las organizaciones puede saturar por su omnipresencia no es algo gratuito ni de poca importancia. La legitimidad de las organizaciones para difundir sus mensajes llega hasta donde el público, la ley y el bueno gusto se lo permiten.

Si parte del público está dispuesto a recibir información prácticamente a través de cualquier soporte, la organización podría hacer uso de éstos siempre y cuando atendiera a su perfil y al de los usuarios con los que necesita entrar en contacto.

Si bien algunos aparatos permiten que el público se mantenga siempre en comunicación, otra cosa es saber si usuarios individuales estén dispuestos a que una organización mantenga contacto con ellos a través de, por ejemplo, sus móviles. Si fuera así, se abre un mundo de posibles aplicaciones para las relaciones públicas.

Algunas posibilidades para comunicar a través de dispositivos móviles son:

- Suscripción de alertas de móviles para notificar sobre distintos temas. (Lanzamientos de nuevos productos, agenda de eventos, noticias de última hora, etc.).
- Realización de votaciones y concursos a través del teléfono móvil. (Para conocer la opinión y el nivel de conocimiento sobre determinados temas).
- Descarga de logotipos, tonos y juegos java al teléfono móvil. (Para los usuarios «evangelistas» que buscan tener una experiencia completa y personal con la organización).

- Campañas proactiva de envíos de información relevante (aunque esto puede ser una acción más de marketing que de relaciones públicas, también puede considerarse su utilización).
- Descarga de archivos en agendas electrónicas (análisis financieros, ebooks, newsletters, etc.).

Son muchas las ventajas de este tipo de acciones de comunicación:

- Se utilizan canales relevantes para cierto tipo de audiencia con el fin de sacar el mayor provecho gracias al recurso de la creatividad.
- El impacto es muy eficaz, puesto que llega directamente al dispositivo del usuario sin mediar ningún filtro.
- Tiene un coste relativamente bajo o incluso llega a autofinanciarse dependiendo del tipo de servicio que se ofrezca.
- Permite obtener una respuesta instantánea que aportará información clave de los usuarios, como ubicación, hábitos, movilidad, etc.
- Es flexible y adecuado en el momento de definir las características de la comunicación en cuanto al tipo de público, momento y personalización del mensaje.
- Susceptible de comenzar una campaña viral.

Además, puede servir para optimizar otras actividades de relaciones públicas y marketing, tanto en internet como en los medios tradicionales.

Desde la perspectiva de las relaciones públicas, la adopción de una correcta estrategia de comunicación en internet puede situar a la organización en una posición de ventaja competitiva, emplazándola en los mismos espacios en donde se encuentra su público con el que podrá establecer una comunicación en posición de igualdad, enriqueciendo su oferta –ya sea comercial o ideológica– con la participación de la gente, y cautivando a otras personas que, en principio, no se habrían acercado a ésta por prejuicios o por simple indiferencia.

Aunque más intrusiva, la comunicación a través de dispositivos móviles abre una serie de posibilidades para acercarse a colectivos que se están alejando de los medios de comunicación tradicionales, haciéndolo de una manera relevante para ellos, es decir, utilizando su canal y lenguajes preferidos.

4. Videojuegos

Para muchas organizaciones la utilización de los videojuegos para la difusión de sus mensajes puede ir desde un acuerdo de emplazamiento de producto en los escenarios del mismo, hasta la creación *ex profeso* de uno propio con fines de comunicación.

En los últimos años, los videojuegos para las diferentes consolas que ofrece el mercado se han convertido en una forma de contactar con el público joven de una manera relevante y divertida.

Aunque en España sólo el 25% de los hogares cuenten con algún tipo de consola[39], este sector facturó más que otras industrias, como la del cine y la música.

Los videojuegos se han convertido en una potente herramienta de comunicación por la versatilidad de sus contenidos, por la facilidad de personalización por parte de los usuarios y por su gran aceptación, sobre todo entre los jóvenes. Además, gracias al avance de la tecnología, se pueden producir juegos java para móviles.

El departamento de salud de Bélgica lanzó un videojuego para animar a las jovencitas a usar anticonceptivos mostrándoles las complicaciones de una madre joven (Imagen: http://www.vidaextra.com/)

Más allá de la discusión de los supuestos efectos negativos de los videojuegos entre niños y jóvenes, varios expertos han señalado su valor para trasmitir una serie de valores y su auténtica capacidad didáctica para todo tipo de conocimientos.

Su poder de influencia es tal que el sector público y entidades privadas de todo tipo los utilizan como una herramienta fundamental en su campaña de relaciones públicas. Por ejemplo, lo usan desde ministerios de salud que quieren enseñar a los pequeños a realizar una buena alimentación, a cuidarse de enfermedades venereas y embarazos no deseados, hasta iglesias que intentan formar en los valores de la religión a jóvenes y pequeños de una forma amena e interactiva.

---

39 IBLNEWS: *«Los videojuegos, ¿un negocio arriesgado?»*. Web IBLNEWS. http://iblnews.es/noticias/12/121312.html. 25 de marzo de 2005.

La empresa Digital Praise desarrolla videojuegos que difunden los valores de la religión cristiana (Imagen: http://www.digitalpraise.com/)

Para poder incluir a un videojuego como herramienta de RRPP es necesario considerar los tiempos de realización y los altos presupuestos que, por lo general, se requieren para su elaboración.

En primer lugar, el profesional de las relaciones públicas tiene que entrar en contacto con productores de videojuegos para conocer las posibilidades realización de esta herramienta. Posteriormente, se establece una planificación que incluya las fases de pre-producción, desarrollo, betas de prueba y lanzamiento del producto final.

En la realización de un videojuego participan decenas de personas (guionistas, diseñadores, programadores, músicos, etc.), incluso algunas veces más de las que tomarían parte en la realización de una película profesional, por lo que es imprescindible que todos tengan claro lo que la organización quiere transmitir a través del juego mediante un briefing correctamente elaborado y ampliamente discutido tanto por la organización, los profesionales de las relaciones públicas y la empresa desarrolladora.

De la originalidad del videojuego, de su capacidad para entretener, de que tenga una «jugabilidad» adecuada para el segmento del público al que va dirigido, depende que pueda tener éxito y cumplir sus objetivos de RRPP.

Capítulo 6
Evaluación de resultados

1. Lo que se puede evaluar.
2. Ejemplos de evaluación que han demostrado la contribución de las RRPP.
3. Parámetros para la evaluación de las RRPP.
4. Cómo implementar la evaluación de los resultados.
5. Ventajas que se obtienen de evaluar correctamente los resultados.

Anexo capítulo 6.

Resumen capítulo 6.

Uno de los mayores retos a los que se enfrenta el sector de las relaciones públicas es identificar claramente la contribución que realiza en la consecución de los objetivos de la organización, no únicamente en lo que se refiere al ámbito de la comunicación, sino a las propias metas orgánicas de la entidad.

La metodología utilizada hasta el momento para comprobar esta aportación no siempre llega a transmitir por completo la eficacia de los esfuerzos de RRPP y esta situación origina una percepción equivocada sobre los verdaderos logros que se alcanzan gracias a las relaciones públicas.

Muchos de los problemas para medir los resultados de RRPP se originan desde la misma concepción de la campaña y la elección de las herramientas más apropiadas para difundir eficazmente los mensajes de la organización. Pero también tienen que ver con las comparaciones equivocadas que se intentan establecer con otros esfuerzos de comunicación, especialmente con la publicidad.

Se tiene que decir con toda claridad que los bajos presupuestos, el conocimiento superficial de algunos altos responsables sobre las relaciones públicas y su falta de compromiso en el momento de lanzar una campaña de RRPP limitan seriamente el alcance de los resultados que se pueden obtener.

De cualquier manera, existe un consenso generalizado sobre el papel que las RRPP juegan y el valor fundamental que aportan para mejorar el desempeño de la organización, más allá del ámbito exclusivo de la comunicación, la confianza y la reputación.

Los responsables de las organizaciones no dudan en aumentar sus recursos, tanto financieros como humanos, cuando comprueban que el retorno de la inversión en RRPP compensa y más cuando son capaces de determinar su contribución en la consecución de los objetivos fijados.

La organización, dependiendo de su perfil, busca saber si las RRPP, además de los beneficios que a largo plazo le aportan, también logran ayudarle a incrementar las ventas, a contribuir activamente en la creación de valor para los accionistas, a atraer y fijar a los mejores talentos, o a conseguir votos a favor de un partido o un candidato.

Esta aspiración es comprensible, pero no hay que olvidar que existen otros aspectos que también influyen para potenciar o minar la eficacia de una campaña estratégica de relaciones públicas.

Las zonas de desastre tendrán problemas para promoverse a través de las RRPP como destinos turísticos (Imagen: http://www.gospel.com.net/)

Por ejemplo, sería imposible intentar hablar sobre el compromiso de una empresa con la sociedad en el marco de una profunda restructuración que esté dando pie a despidos masivos. Será poco lo que podrá hacer un profesional de las RRPP para promover el más bello destino turístico si la percepción de la gente es que se trata de un sitio peligroso o con problemas de infraestructura, por ejemplo.

Cabe destacar que, si bien es indispensable establecer objetivos asequibles de comunicación, lo que no puede hacer un profesional de las relaciones públicas es asegurar cobertura mediática en medios concretos. El que lo haga estará faltando a la ética y estará arriesgando su reputación personal así como la credibilidad del sector en su conjunto.

La información que facilite una organización, si es relevante y noticiosa, obtendrá con toda seguridad la atención de los medios. Pero no es correcto determinar de antemano los soportes que le dedicarán un espacio sin caer en una promesa arriesgada y, a priori, difícil de cumplir.

En relaciones públicas corporativas no se acostumbra realizar pre-tests de los mensajes que se han preparado para la campaña, por lo menos no como se hace en publicidad. Esto se debe a que los mensajes no se controlan por completo al tener que pasar por el filtro de los periodistas de los medios de comunicación.

El control es una aspiración y se puede tener gran influencia en el modo de difundir los mensajes en la medida que se realicen unas relaciones con los medios adecuadas, pero es imposible asegurarlo.

Las organizaciones tienen que ser conscientes de que el poder persuasorio de sus mensajes de relaciones públicas pasa por la credibilidad que justamente le da no controlarlos por completo.

En el caso de la comunicación política sí se realizan este tipo de pruebas, sobre todo en épocas electorales.

Aunque ya se haya dicho con insistencia anteriormente, resulta indispensable recalcar que sin el compromiso real de los responsables de la organización durante todas las fases de la campaña de RRPP será muy difícil que ésta salga adelante de manera satisfactoria. Esto incluye la concepción misma de la estrategia, la definición de los objetivos y los umbrales para determinar el éxito obtenido.

Si no se identifica claramente desde el principio lo que se espera obtener a través de las relaciones públicas, no se podrán ofrecer resultados satisfactorios nunca.

Una evaluación correctamente planteada debe cumplir los siguientes requisitos:

- No se debe hacer sólo al final de la campaña, sino que debe definirse desde el principio de la misma y darle seguimiento durante la implementación del programa.
- Incluye la consideración sobre el impacto de la cobertura mediática en la imagen de la organización.
- Mide la influencia de los cambios en la percepción, la actitud y el comportamiento del público.
- También toma en cuenta otros esfuerzos de comunicación integral y las posibles influencias externas.

1. Lo que se puede evaluar

Para poder medir el éxito de una campaña de RRPP existen diversos parámetros que determinarán si los objetivos establecidos desde la concepción de la campaña se han alcanzado al final satisfactoriamente.

Una de las medidas comúnmente aceptadas para intentar demostrar la eficacia de las RRPP en relación a su actuación con los medios de comunicación es el valor publicitario estimado o equivalente, que no es otra cosa que el dinero que la organización habría tenido que gastar en publicidad para ocupar el espacio editorial conseguido a través de relaciones públicas[1].

Este simple análisis cuantitativo refuerza el error de comparar a las relaciones públicas con la publicidad y deja fuera los esfuerzos de comunicación a través de otras

---

[1] Vázquez Burgos, Miguel Ángel: *El profesional de las relaciones externas.* Editorial Bosch, Barcelona, 2004, p. 85.

tácticas y herramientas, como relaciones institucionales y con líderes de opinión, encuentros con analistas, *speaking opportunities, grassroot campaigns,* etc. Además, no arroja luz sobre la eficacia de los mensajes, su poder persuasivo y los cambios actitudinales del público.

Puede ser importante conocer la extensión de un artículo, el tiempo que duró su transmisión, si se mencionó explicitamente el nombre de la organización, si ocupaba una página par o impar, pero en definitiva este análisis descriptivo no ofrece información vital para conocer la verdadera capacidad de influencia que tuvieron los mensajes difundidos a través de los medios de comunicación entre audiencias clave.

En este sentido, también se ha establecido un índice supuestamente basado en la capacidad de persuasión que un contenido editorial tiene frente a un anuncio pagado. Algunos teóricos indican que hay que multiplicar el valor y la audiencia de cada noticia que haya aparecido en los medios por 3. Sin embargo, este número ha creado controversia porque no ha podido sostenerse como un valor verificable y de aceptación generalizada por los profesionales de las RRPP y las organizaciones.

Existen análisis más complejos que atribuyen valores a cada noticia individual, en los que además se realiza un examen sobre el impacto positivo, neutro o negativo que cada clipping puede tener para la imagen de la organización. Pero se sigue echando en falta una revisión de la influencia de los mensajes, así como capacidad de efectuar una prospección que ayude a modular la campaña de RRPP sobre todo durante su realización, y no se tenga que esperar hasta el final, cuando ya sólo se podrá llevar a cabo un estudio a posteriori.

Si el análisis incluye una investigación sobre la influencia individualizada que cada información tiene entre el público objetivo, sobre todo en términos actitudinales, de percepción y de comportamiento, se despejará cualquier duda sobre la eficacia o el incumplimiento de las expectativas de una campaña de relaciones públicas.

CUADRO DE EVALUACIÓN DE COBERTURA MEDIÁTICA MEDIANTE LA ATRIBUCIÓN DE VALORES DEPENDIENDO DE LAS CARACTERÍSTICAS DE CADA NOTICIA

Noticia	Medio	Características	Valor
Nombramiento nuevo presidente	Heraldo	Foto (1), tono positivo (1), página impar (1), $^1/_4$ de página (1)	4
Apertura de nuevas instalaciones entrevista (1)	Hoy	Tono positivo (1), página par (0,5), $^1/_4$ de página (1)	3,5
Posible huelga en X localidad	Boletín	Tono negativo (–1), $^1/_2$ página (–2)	–3

Otros elementos a considerar en esta evaluación son el resto de los esfuerzos de comunicación que la organización realiza para ponerse en contacto con sus diferentes audiencias, como acciones above y below the line. Por ejemplo, comparando la inversión publicitaria entre dos períodos temporales similares y revisando las variaciones sobre distintos parámetros (reconocimiento de marca, intención de voto, etc.), se podrá conocer cuánto ha influido el desempeño de las RRPP.

Esto puede presentarse claramente de la siguiente manera:

Actividad	Inversión año 1 en porcentaje	Inversión año 2 en porcentaje
Publicidad	80	70
Marketing directo	15	15
Relaciones públicas	5	10
Reconocimiento de marca	100	100

	Año 1 en porcentaje	Año 2 en porcentaje
Contribución de las RRPP al reconocimiento de marca	5	15

Según este ejemplo, con una inversión menor en publicidad y con un incremento en el presupuesto de relaciones públicas se ha mantenido el reconocimiento de marca, pero la contribución de las RRPP en este aspecto se ha triplicado, mientras que le ha ahorrado a la organización un 5 por 100 de su inversión total.

2. Ejemplos de evaluación que han demostrado la contribución de las RRPP

A continuación se ofrecen una serie de ejemplos reales que demuestran cómo una correcta evaluación ha ayudado a demostrar el verdadero impacto de las RRPP en el cumplimiento de algunos de los objetivos de diversas empresas[2]:

- Volvo XC90 4x4, en Reino Unido, gracias al impacto generado por las RRPP logró reforzar la marca, diferenciar el coche de los competidores y posicionarse con ventaja en el público objetivo, el cual incrementó sus visitas a la web de la compañía y las visitas a los concesionarios, los cuales cubrieron holgadamente

---

2 Gregory, Anne: *Maximising the potential of PR*. Web Institute of Public Relations. http://www.ipr. org.uk/News/research/roi_speech_0504.htm. 19 de Diciembre de 2004.

Gracias a las RRPP, Volvo se ahorró más de 3 millones de euros en publicidad tradicional en el lanzamiento de su modelo XC90 4x4 (Imagen: http://www.washingtonmoroccanclub.org/)

los objetivos de venta. Gracias a la campaña de relaciones públicas, que tuvo una duración de 15 meses, Volvo se ahorró más de 3 millones de euros en publicidad tradicional.

- Otro caso es el de la cerveza Miller. Gracias a una investigación que se extendió dos años y medio en la que se estudió el impacto de las RRPP en las ventas en relación con otras formas de marketing, especialmente publicidad en televisión, se descubrió que las relaciones públicas generaron el 1,2 por 100 de la base de ventas y el 4 por 100 del incremento en las mismas. Aunque la publicidad aportaba el 17,3 por 100 del incremento de ventas, las relaciones públicas alcazaron su resultado con una fracción mínima comparada con el gasto en TV, por lo que la inversión en RRPP resultó ser más rentable.
- Timberland identificó que su marca se distanciaba de los consumidores de 18 a 24 años, un grupo clave para la empresa líder de calzado casual de montaña. Cuando lanzó su campaña de RRPP, se propuso posicionarse como una opción «actual, joven y que marca tendencia». Durante los meses de enero y febrero de 2002, Timberland se dirigió a los medios más influyentes para esta audiencia y obtuvo más de 107 OTS para este grupo de edad. El resultado fue un incremento del 26 por 100 de las ventas de la compañía, que se atribuyeron directamente a la labor de las relaciones públicas. El éxito fue aún mayor con las botas que se utilizaron como ejemplos para la campaña, ya que se vendieron por completo en cuestión de días.
- En Chile, la empresa líder de ropa deportiva Adidas tenía que superar el éxito cosechado en las pasadas ediciones del Maratón de la capital del país. A través de la estrategia de convertir el evento en «La gran fiesta deportiva de Santiago», se explotaron diversos ángulos informativos como participación ciudadana, vida

sana, novedades tecnológicas de las carreras, productos asociados, entre otros, con el fin de generar una comunicación positiva y masiva del evento. En el año 2009, se rompió el récord de participación con más de 22.000 deportistas, entre los que se contaron a políticos, artistas y empresarios.

Por otro lado, un reciente estudio realizado entre vendedores y profesionales de más de 100 empresas, tanto del Fortune 500 como pequeñas start-ups, resaltó la importancia de las relaciones públicas para originar ventas[3]:

- El 37 por 100 de los vendedores consultados creen que «originar ventas» es una función esencial de las RRPP. Sin embargo, sólo el 16 por 100 de los profesionales de marketing piensan que éste es un objetivo prioritarios para las relaciones públicas.
- El 74 por 100 de los encuestados cree que las RRPP y el «boca oreja» son más eficaces que la publicidad en el momento de originar ventas.
- Prácticamente todos los vendedores consultados creen que clippings son más importantes para su labor frente a otros materiales impresos, como folletos, catálogos, etc.
- El 42 por 100 de los vendedores cree que marketing está haciendo un mal trabajo facilitando «resultados de relaciones públicas para ayudar a sus esfuerzos de ventas».

El intento de establecer el retorno de la inversión en relaciones públicas tiene como objetivo tangibilizar su aportación en la cuenta de resultados de las organizaciones. Pero no hay que olvidar que los beneficios intangibles también pueden y tienen que ser medibles para conocer la verdadera contribución de las RRPP.

Obviamente será más sencillo cerrar un negocio u obtener mejores ofertas si se tiene una reputación de organización sólida y fiable. Se podrá atraer a los mejores talentos si la imagen que se proyecta es moderna e innovadora. Se reducirá el impacto de una crisis si se trata de una organización cercana y transparente.

También resulta valioso establecer el marco en el que se desarrolla la campaña en el que se incluyan, por ejemplo, las acciones de otras entidades dirigidas a las mismas audiencias, ya sean desde el mismo sector o desde otro diferente, y de situaciones que hayan podido afectar o beneficiar el desarrollo de las actividades del plan de RRPP desde cualquier frente.

Estas pueden ser desde un acontecimiento como la muerte de una celebridad internacional hasta la celebración de un evento deportivo de gran importancia y alcance global.

---

[3] Shift Communications: *When it comes to PR, a 'perception gap' exists between marketing & sales; SHIFT survey reveals split over PR's perceived value in sales lead generation.* TMCNET.COM. http://www.tmcnet.com/usubmit/2005/Jan/1106348.htm. 11 de enero de 2005.

Es innegable que en una sociedad en la que miles de organizaciones luchan por la atención del público, fijarse de manera exclusiva en los mensajes de un sector se antoja limitado, por lo que esta comparación debería quedar como un elemento de análisis exclusivamente cuantitativo[4].

Por ejemplo, sería desaconsejable planear un evento deportivo en el mismo período en el que se celebran unos Juegos Olímpicos, porque se competiría por la atención de los mismos medios. Si aun así la organización decide seguir adelante, esto debe quedar reflejado en la evaluación de manera objetiva, sin ánimo de justificar sino de explicar y conocer los motivos que han influido en los resultados de esta acción en concreto.

3. Parámetros para la evaluación de las RRPP

Se puede indicar que los parámetros específicos para la medición de los esfuerzos de relaciones públicas son[5]:

- Evaluación de medios (número de mensajes difundidos, cobertura mediática obtenida, OTS, comparación con la competencia, etc.).
- Investigación cualitativa y cuantitativa (mensajes recibidos y/o comprendidos por la audiencia, compartamientos nuevos y repetidos, etc.).
- Cambios actitudinales de las audiencias (en función de los mensajes –si son más o menos creíbles–, y frente a la competencia –si prefieren la oferta de la organización o la de otra entidad–).
- Cambios en la audiencia (cognitivos, afectivos y conativos).
- Calidad de las relaciones (conseguidas, mantenidas o protegidas, tanto por grupos de audiencia como en función de los mensajes).
- Reputación (análisis comparativo por grupos de audiencia, en función de los mensajes y competidores).
- Cambios culturales/sociales/políticos (diálogos con líderes emergentes, posibilidad para realizar determinadas acciones antes limitadas, cambios legislativos, etc.).
- Medidas financieras (precio de acción, volumen de ventas, etc.).
- Parámetros de respuesta directa (llamadas realizadas a una línea telefónica de atención al cliente, asistencia de personas a un evento, creación de base de datos de clientes potenciales, productos entregados –sampling–, redención de cupones promocionales en punto de venta, número de respuestas en promociones –vía SMS, correos electrónicos, visitas y páginas vistas en internet, etc.–).

---

4 Escuela de Relaciones Públicas - Facultad de Comunicaciones - Universidad del Pacífico: *Casos exitosos de relaciones públicas.* Santiago de Chile, 2009. pp. 11-17.

5 Gregory, Anne: Op. cit.

Algunos de estos parámetros son rápida y fácilmente identificables y medibles. Otros, en cambio, son producto de cambios más sutiles y ocurren en un espacio temporal prolongado, lo que obliga a realizar estudios, análisis e investigaciones especializadas.

Algunos de los parámetros aquí citados pertenecen naturalmente a otros sectores, pero son igualmente válidos para evaluar la eficacia de algunos esfuerzos de RRPP.

4. Cómo implementar la evaluación de los resultados

Varios expertos recomiendan invertir entre un siete y un diez por ciento adicional al presupuesto de RRPP para evaluar sus resultados[6].

Esto quiere decir que la evaluación requiere también un compromiso importante por parte de la organización, que debería ser la primera interesada en conocer la eficacia de sus esfuerzos de comunicación para justificar las inversiones que realiza.

Con este fin, se tiene que actuar de manera profesional con las herramientas disponibles que servirán de base para implementar la evaluación de los resultados. A saber[7]:

- Estudios de opinión.
- Seguimiento y análisis de medios.
- Informes de actividades y control de presupuesto.
- Resultados. Por proyectos (visitas a la web, llamadas, etc.), a nivel empresarial (ventas, valor de la acción), político (relaciones, votos obtenidos, etc.).

Los informes de actividades y de control presupuestario son herramientas imprescindibles para dar un seguimiento detallado a la campaña, para mantener el orden y cuidar la gestión de los recursos invertidos.

Todo esto subraya la necesidad de que los profesionales de las relaciones públicas cuenten con conocimientos que les permitan gestionar el dinero de las organizaciones de forma ágil y transparente.

Los pasos para implementar la evaluación de los resultados en una campaña de relaciones públicas son los siguientes[8]:

[6] Public Relations Consultants Association: *Top tips.* http://www.prca.org.uk/sites/ prca.nsf/PagesBySection/PReview_New_Eval_Tips. 19 de diciembre de 2004.

[7] Gregory, Anne: Op. cit.

[8] Association of Media Evaluation Companies: *Guide to media evaluation.* http://www.amec.org.uk/ guide.htm. 19 de diciembre de 2004.

- Obtener conocimiento basado en la evidencia (a través de estudios, auditorías, etc.) sobre la situación actual de la organización que ayudará a conocer claramente el público objetivo y la manera más eficaz de acercarse a éste.
- Aprobación de la estrategia y el programa de RRPP.
- Definición conjunta de objetivos de relaciones públicas en la que participen tanto los máximos responsables de la organización como los profesionales de RRPP.
- Planificación estratégica del programa estableciendo las tácticas y su tiempo de realización, así como las formas de realizar el seguimiento de sus avances (reuniones, informes presupuestarios, etc.).
- Monitorización de la eficacia del programa, fijándose en el uso de las herramientas y en el desarrollo de las tácticas de RRPP (seguimiento de medios, aumento de ventas, respuestas directas, etc.), lo que dará la oportunidad para realizar las modificaciones que se consideren oportunas para aumentar las posibilidades de éxito.
- Medición de la eficacia en comparación con los objetivos definidos y con la utilización de parámetros establecidos (investigación, cambios actitudinales, medidas financieras, etc.).
- Revisión de la contribución de las relaciones públicas en el contexto de otros esfuerzos de comunicación (aportación de publicidad, de servicio al cliente, de innovación en los productos, etc.) e incluyendo elementos de externos que hayan podido influir en la campaña.

(Ver anexo Informe de reunión).

5. Ventajas que se obtienen de evaluar correctamente los resultados

Si se conocen y evalúan apropiadamente los resultados de relaciones públicas y su contribución para los objetivos de la organización, tanto a nivel de comunicación como en términos orgánicos, se podrán identificar buenas prácticas para continuar explotándolas con éxito, así como elementos problemáticos que necesitan ser abordados a tiempo.

Asimismo, gracias a esta evaluación se obtiene un mayor conocimiento sobre el público y los medios que ayudará a saber exactamente la forma como los mensajes fueron difundidos y percibidos, así como su influencia y los posibles cambios que se originaron en el comportamiento de estos grupos.

Gracias a la evaluación se puede determinar que tácticas funcionaron bien y cuáles no cumplieron con su cometido, así como las razones para el éxito y el fracaso de cada una. De esta manera se detectarán las mejores prácticas que servirán como conocimiento útil y trasmisible para las futuras actuaciones de la organización.

El sector de las relaciones públicas tiene que liderar un cambio significativo en la cultura de evaluación y análisis de sus resultados, estableciendo parámetros que sean susceptibles de ser medidos a través de un proceso más o menos complejo en el que la investigación constante es imprescindible. No hay fórmulas mágicas porque cada campaña tiene sus propias características, pero por lo menos se debe apuntar un marco evaluatorio que sea reconocido por todos los profesionales para presentar resultados homologables.

Gracias a la evaluación se puede determinar verdaderamente si la campaña de RRPP tuvo éxito (Imagen: http://www.pracc.org/)

La primera lucha que debe establecer el sector consiste en erradicar la comparación con la publicidad, puesto que esto desemboca en la idea errónea de que las RRPP son una forma de obtener publicidad gratuita. Por eso, la recopilación de resultados fijándose exclusivamente en parámetros como el valor publicitario equivalente es errónea.

Esto no quiere decir que este tipo de valores y otros, como audiencia, OTS, etc., no se puedan utilizar, pero nunca como únicas medidas de los resultados de RRPP. Pero también se tendrían que incluir parámetros como incremento de ventas, del valor de la acción y de otros elementos tangibles que pueden marcar la diferencia en el momento de otorgar la verdadera contribución de una campaña de relaciones públicas para una organización[9].

La sistematización de los procedimientos de evaluación de resultados tiene que acompañar a la modernización del sector de las relaciones públicas, que debe aumentar la presentación de evidencia comprobable sobre su papel en la confianza, la percepción, la influencia, la reputación y el comportamiento del público. Estos son campos naturales de acción de las RRPP y donde radica realmente su valor.

De no hacerlo, las relaciones públicas estarán condenadas a seguir sujetas a consideraciones volátiles que las releguen a un segundo plano, en detrimento no sólo del propio sector sino de las organizaciones, que verán mermada su capacidad para comunicarse eficazmente con todas sus audiencias. Un lujo que más que nunca nadie puede permitirse.

---

[9] SPENCER, Claire: *Thought leader: Knowledge is key to measurement.* PR Week. 19 de noviembre de 2004.

Anexo capítulo 6

Ejemplo de informe de reunión

Fecha y hora:	15 de marzo. 11 h.
Lugar:	Creaciones X Pº del Puerto, 49 Madrid
Participantes:	Juan Pérez, Consejero Delegado de Creaciones X Benito López, Director de relaciones institucionales de Creaciones X Luis Vélez, Consultor RRPP María Sánchez, Consultora RRPP
Temas tratados:	• Presentación de los resultados de la auditoría de comunicación y reflexión sobre los estudios de opinión de una muestra del público objetivo. • Definición de mensajes clave y PyR. • Revision de borrador dossier de prensa. • Definición de base de datos de periodistas. • Restructuración del calendario de la campaña. • Decisión sobre contratación de asesor externo. • Revisión sobre boceto de folleto científico. • Briefing para la realización de una exposición de pintura y salud. • Consideración de presupuestos para actividades complementarias. Próximos pasos: 1. Contratación de seguimiento de prensa. 2. Envío de contenidos y bocetos pendientes de revisión. 3. Próxima reunión: 22 de marzo, 11 horas, en Creaciones X.

RESUMEN CAPÍTULO 6

El sector de las RRPP tiene que hacer un esfuerzo para dejar patente su contribución en la conquista de los objetivos de la organización, porque la metodología utilizada actualmente para poder comprobar esta aportación no es la más eficaz para demostrar con claridad el verdadero poder de las relaciones públicas.

La evaluación de las relaciones públicas tiene que echar mano de parámetros de varias disciplinas, como estudios de mercado, valor de la acción, OTS, visitas a páginas web, etc.

Fijarse exclusivamente en la cantidad de recortes de prensa o en el valor publicitario equivalente se nos antoja limitado y hasta es contraproducente para las RRPP, porque se refuerza la idea errónea de que las relaciones públicas son una manera de obtener «publicidad gratuita».

Cuando se han realizado evaluaciones verdaderamente multidisciplinares sobre la eficacia de las RRPP se ha detectado su importante contribución y hasta se ha demostrado que gracias a estas diversas organizaciones se han ahorrado grandes presupuestos.

La evaluación comienza desde la concepción misma de la campaña de RRPP y no sólo permite hacer una revisión a posteriori, sino que también es un elemento fundamental para corregir errores que surjan durante la implementación del plan de relaciones públicas.

Una justa evaluación debe tener en cuenta diversos esfuerzos de comunicación que hayan podido ayudar o distorsionar la implementación de la campaña de RRPP, porque, al fin y al cabo, una misma audiencia recibe millones de mensajes de miles de organizaciones de manera continua.

Capítulo 7
¿Cómo contratar un servicio externo de RRPP?

1. ¿Cuánto puede costar una campaña de relaciones públicas?
2. ¿Quiénes gestionarán la campaña?
3. Tipos de contratación de un servicio de relaciones públicas.

Anexo capítulo 7.

Resumen capítulo 7.

Hay varias formas de encontrar un servicio de RRPP. En principio, al tratarse de un tema tan delicado como es el manejo de la comunicación, la reputación y la imagen de una organización, la contratación de este servicio sigue estando bastante ligada a referencias y relaciones personales, aunque cada vez se realizan más contrataciones directas y algunas debido a presentaciones comerciales[1].

Otras organizaciones prefieren acercarse a las asociaciones sectoriales para buscar entre sus miembros la agencia que puede brindarle el mejor servicio.

Otra forma habitual para la contratación de una campaña de RRPP es mediante la convocatoria de un concurso[2], que consiste en la distribución de una descripción de las necesidades de un posible cliente, también conocida como *briefing*, a un cierto número de agencias. Dichas consultoras tienen que proponer una campaña con la que pretenden alcanzar los objetivos propuestos por la organización convocante.

Son sobre todo grandes empresas o entidades que manejan dinero público las que tienen que convocar a concursos para hacer transparentes sus decisiones ante sus oficinas centrales y a los ojos de los contribuyentes.

Una descripción de las necesidades de un cliente puede contener una serie de aspectos como los siguientes:

- Descripción genérica del producto, servicio o idea a promover.
- Tiempo y lugar de realización de la campaña (si es a nivel nacional o internacional; si dura meses o años renovables, etc.).
- Condiciones para el acceso a las bases del concurso (no concurrencia con otros clientes de la competencia, necesidad de inscripción previa, compra de bases, etc.).

---

1 ADECEC y Sigma Dos: *La comunicación y relaciones públicas. Radiografía de un sector. 2004. Las empresas*, p. 33.

2 ADECEC y Sigma Dos: Op. cit.

- Moneda, cotización y forma de pago (el primero y segundo puntos sobre todo cuando se trata de campañas internacionales. El tercero se refiere a si se trata de pagos por proyecto, con honorarios mensuales, etc.).
- Presupuesto (aunque hay organizaciones que no quieren que una cantidad determinada limite las propuestas de los concursantes y, por tanto, la mayoría de las veces prefieren no desvelarla previamente).
- Reglas generales para la realización de los actos del concurso (participación de representantes, domicilio donde se realizarán los actos, etc.).
- Indicaciones sobre formato de las presentaciones (oral, estableciendo duración y portavoces; y escrita, refiriéndose al soporte, a la extensión, y en ambos casos el idioma en el que serán realizadas. Esto último aplica sobre todo a concursos internacionales).
- Capacidad financiera de la agencia (esto no es muy común, aunque se da sobre todo en campañas de altos presupuestos en las que las dos partes tienen que alcanzar acuerdos financieros).
- Parámetros de decisión (menor presupuesto, calidad de la propuesta, etc.).
- Situaciones por las que se descalifican a los participantes (haber ocultado información importante o falsificado documentos, etc.).
- Celebración del contrato para la agencia ganadora (indicando fechas de formalización, requisitos para su modificación, situaciones de su rescisión, etc.).
- Personal dedicado a la campaña (incluso se llega a establecer el perfil de cada consultor dependiendo de sus necesidades: años de experiencia, idiomas, etc.).
- Necesidades técnicas (se refiere a la capacidad en cuanto a medios como ordenadores, programas informáticos y otros dispositivos de comunicación como acceso a internet de alta velocidad, teleconferencia, etc.).

Asimismo, la organización convocante tiene que ofrecer una descripción de sus necesidades estratégicas, que tendrán que ser tomadas en cuenta para la realización de la campaña:

- Objetivos genéricos de la organización.
- Objetivos específicos de relaciones públicas.
- Puntos estratégicos a tener en cuenta.
- Cómo se insertan las RRPP en una campaña integral en la que se incluyen otras actividades (publicidad, marketing directo, telemarketing, campañas de promoción en punto de venta, etc.).
- Audiencias específicas a las que se dirige la campaña (medios especializados y generalistas, autoridades, asociaciones, empresarios, consumidores, etc.).
- Necesidades específicas que la agencia ganadora tendrá que cubrir (en cuanto a servicios, cómo mantener relaciones con los medios y otros contactos clave,

montar eventos y exposiciones, etc. Aunque la organización puede dar información genérica para invitar a que las agencias hagan sus propias propuestas).

- Mecánica de trabajo (contacto en la organización, reuniones, seguimiento de los avances, etc.).
- Formas de evaluación de resultados (informes, metodología, etc.).

Es indispensable que una vez que se presente la descripción de necesidades a todas las agencias que participan en el concurso se realice una reunión de aclaraciones en la que estén representantes de todas las consultoras. En ella, se despejarán todas las dudas que surjan a partir de la revisión del briefing. Así, ningún concursante obtendrá información privilegiada de la organización convocante que puede beneficiarle alevosamente.

Para las agencias, la recogida e interpretación del briefing y la posterior preparación de la propuesta conlleva mucho trabajo y grandes gastos. Incluso hay una discusión abierta sobre si las organizaciones deberían retribuir a las consultoras que participan en los concursos que convocan.

Para evitar malos entendidos, es recomendable establecer parámetros claros desde el principio del concurso para que se conozcan de antemano los elementos que tendrá en cuenta el cliente para otorgarle la cuenta a una u otra agencia.

Ha habido ocasiones en que la descripción de necesidades establece objetivos imposibles de cumplir por lo que las agencias no acuden a la convocatoria y el cliente tiene que declarar desierto su concurso.

La propia organización tiene que hacer una reflexión anterior a la elaboración del briefing para establecer de una manera clara y concisa lo que quiere alcanzar con ayuda de las relaciones públicas, de tal forma que los resultados sean realistas y verdaderamente relevantes para sus intereses.

De un mal briefing no puede salir una buena campaña de RRPP. Por eso la organización debe ser muy cuidadosa, realista y específica en su elaboración, eso sin menoscabo de su derecho a ser ambiciosa para plantear unos objetivos cuya consecución signifiquen un verdadero valor.

Una vez designada la agencia ganadora, la organización tiene que comprometerse a no utilizar las propuestas presentadas por el resto de los aspirantes, porque estaría incurriendo en un comportamiento poco ético. Si insistiera en hacerlo tendría que presionar a la consultora que se ha llevado su cuenta para que compartiera su irresponsabilidad. De más está decir que ambos estarían cometiendo un «robo intelectual».

Una situación así lesionaría gravemente la relación entre ambos, lo que daría lugar a una desconfianza y a una mutua falta de respeto desde antes de comenzar a trabajar juntos.

1. ¿Cuánto puede costar una campaña de relaciones públicas?

No existe un parámetro homologado que indique el presupuesto que se debe destinar para llevar adelante una campaña de RRPP. En España se puede comentar que en el 2000 la facturación media por cliente entre las empresas afiliadas a la Asociación de Empresas Consultoras en Relaciones Públicas y Comunicación (ADECEC) fue de 3.444 euros mensuales[3].

Por otro lado, en un estudio informal realizado entre emprendedores, PYMES e investigadores norteamericanos[4], se descubrió que entre quienes desean realizar una campaña de relaciones públicas existen ideas bastante dispares sobre cuanto tendrían que invertir:

- 11 por 100 indicaron que más de 10.00 dólares al mes.
- 32 por 100 dijeron que entre 5.000 y 10.000 dólares al mes.
- 39 por 100 indicaron que entre 3.000 y 5.000 dólares al mes.
- 12 por 100 señalaron que entre 1.000 y 3.000 dólares al mes.
- 6 por 100 dijeron que menos de 1.000 dólares al mes.

No está de más decir que un presupuesto de RRPP dependerá de lo ambiciosa que quiera plantearse una campaña. Merece la pena destacar que en los últimos años se han destinado presupuestos millonarios a varios programas de relaciones públicas a nivel internacional.

Un consejo genérico puede ser que antes de cerrar un trato la organización debe estudiar todas las posibilidades que le ofrece el mercado, situación que podría llevarle a entrar en contacto con grandes consultoras o incluso con profesionales independientes que pueden llevar a cabo su campaña.

La forma de saber el perfil de la agencia consiste en preguntar por la cartera de clientes. Es muy probable que una consultora multinacional gestione las cuentas de empresas internacionales que cuentan con altos presupuestos. También habrá empresas especializadas que aporten conocimiento y experiencia en sectores específicos.

Conviene asegurarse de que todas las agencias pueden ofrecer los mismos servicios a través de herramientas similares. Por ejemplo, hay que pedir que se muestren los resultados que se hayan obtenido para otros clientes, hacer algunas preguntas sobre el conocimiento del sector y de la organización, y pedir que se realicen algunas propuestas genéricas que aporten una idea de la experiencia y capacidad de la consultora.

---

3 ADECEC, IESE y PRICEWATERHOUSECOOPERS: *La comunicación y relaciones públicas en España.* Madrid. 2002, p. 78.

4 BRABENDER, Todd: *Can I afford a publicity/public relations campaign?* PowerHomeBiz.com. http://www.powerhomebiz.com/vol48/affordpr.htm. 4 de Marzo de 2012.

Hay que saber qué se puede esperar de los servicios de una agencia. Los buenos profesionales de RRPP podrán decir cuáles serán las expectativas razonables de éxito para una campaña.

Pagar menos no significa que se tengan que esperar resultados mediocres, pero nunca está de más recibir el consejo de expertos para poner los pies en la tierra, conocer las posibilidades de alcanzar los objetivos deseados y evitarse disgustos innecesarios.

Incluso es conveniente que se establezca previamente con seriedad y profesionalidad si los recursos que se piensan aportar son suficientes para alcanzar los objetivos de la organización. No se trata de pagar más porque sí, sino de invertir mejor. De un presupuesto insuficiente sólo se pueden esperar resultados insuficientes.

Las grandes agencias dan confianza por su cartera de clientes, su probada experiencia y su capacidad instalada, pero quizás una pequeña consultora o incluso un *freelance* resulten más flexibles a la hora de adecuarse a necesidades concretas y presupuestos limitados.

Evidentemente a todos les gustaría que su organización ocupara la primera plana en los periódicos de circulación nacional o que los telediarios incluyeran su noticia, pero las cosas no siempre pueden ser así.

Como ya se ha mencionado antes, los malos RRPP son los que prometen una cobertura asegurada en medios concretos o aquellos que dicen que conocen a personas «del mundillo» a quienes pueden llamar para influir sobre ellas y lograr que la noticia de la organización obtenga cobertura mediática asegurada.

No hay que perder el tiempo ni el dinero. Por muy económicos que parezcan sus presupuestos o por más seguro que se muestren estos RRPP, al final difícilmente se obtendrán los resultados deseados. Llegado ese momento se habrá perdido toda la inversión y las semanas o meses que hayan ocupado en la preparación e implementación de la fallida campaña.

Es más, hay que huir de la agencias que prometen «el paraíso» con tal de ganar clientes, no sólo porque quizás nunca obtengan éxito, sino porque si son irresponsables en la oferta de sus servicios es bastante probable que también lo sean en la gestión de la comunicación con las organizaciones que las contratan.

Para una organización que por primera vez intenta salir a la palestra apoyada en las relaciones públicas, la primera impresión cuenta mucho y lo que menos se desea es que los medios u otras audiencias clave tengan una percepción equivocada. Y eso es precisamente lo que provocan los malos RRPP.

Pero también hay que apelar a la autocrítica de los dirigentes de las organizaciones para que se exijan a sí mismos en la misma medida que presionan a sus agencias.

Es imprescindible que las personas que sean designadas como interlocutores de la relación con las agencias tengan un conocimiento claro de las necesidades de las consultoras, sobre todo en lo que se refiere a tiempo y recursos. Los plazos «imposibles de cumplir» atentan contra la calidad del trabajo de RRPP y, al final, terminarán afectando a sus resultados[5].

Es fundamental que sean profesionales que valoren las aportaciones estratégicas de sus consultores y que aúnen esfuerzos como verdaderos colaboradores y no como simples proveedores.

Por esta misma razón, lo más conveniente es que estos interlocutores sean ellos mismos profesionales de las relaciones públicas, con poder decisorio y acceso fácil a las altas instancias de la organización, si ellos mismos no forman parte de la cúpula directiva.

El dinero empleado para la contratación de una agencia destinada a realizar mecánica y acríticamente las órdenes de los dirigentes de la organización es una mala inversión.

Si la organización quiere dar un paso más e involucrar a la consultora como un verdadero colaborador, puede proponer modelos de retribución que incluyan una parte variable en función de los resultados, pero estos contratos no pueden ser impuestos y tienen que ser negociados previamente, además de ser lo suficientemente atractivos para que le merezca la pena a la agencia asumir el riesgo.

Si se busca combatir la pasividad y promover la proactividad de la consultora, la organización debe actuar de una forma realmente transparente y hacer efectivas sus promesas en el momento de compartir los beneficios del servicio recibido.

No se puede pensar que las consultoras tienen que exponerse sin contraprestación alguna. Así como exigen de las agencias un mayor compromiso, las organizaciones deberían flexibilizar sus posiciones y enriquecerlas con las recomendaciones estratégicas que reciben.

Responsabilidad compartida y asociación estratégica deben ser las bases de la relación entre las agencias y las organizaciones.

Si se quiere más, se tiene que aportar más, pero no exclusivamente recursos económicos, sino confianza y compromiso. Confianza en las propuestas que hacen los profesionales de RRPP con el fin de llevar a cabo una campaña de la mejor manera posible, y compromiso para otorgarle el tiempo y la atención necesarios hasta la consecución de los objetivos.

Una retribución adecuada, un conocimiento y capacidad de interlocución con poder de decisión sobre los temas de la campaña de RRPP, así como una responsabilidad compartida y una confianza a toda prueba, tienen que ser los ingredientes de una productiva, eficaz y duradera relación entre la organización y su agencia de relaciones públicas.

---

5 Benavent, Miguel: *La gestión empresarial en el sector de la comunicación.* PR Noticias. (España). http://www.prnoticias.com/prn/hojas/noticias/detallenoticia.jsp?noticia=2200&repositorio=0&pagina= 1&idapr=4__esp_1__. 11 de enero de 2005.

2. ¿Quiénes gestionarán la campaña?

Esta es una cuestión importante en el momento de decidir entre varias agencias que establecen cantidades similares por sus servicios.

Si la organización que necesita las RRPP se dedica a temas relacionados con la salud, lo más lógico es que una persona con una formación sanitaria se hiciera cargo de la campaña. Sin embargo, el perfil mayoritario de los profesionales de las agencias es otro, al tratarse, por lo general, de profesionales especializados en las áreas de periodismo, comunicación y marketing.

Esto no quiere decir que no se encuentren personas que posean una sólida preparación en el sector sanitario, de tal manera que pueden entender, analizar y comunicar una información tan delicada como la relativa a los medicamentos y a la salud de las personas.

De la misma forma, habrá especialistas forjados en la experiencia en temas tecnológicos, corporativos, de productos de consumo, etc. Para dar un buen servicio, los profesionales de las RRPP deben tener un conocimiento práctico basado en la experiencia y una formación continua para hacer frente a los retos que le impone cada nueva cuenta.

Es probable que una formación específica de los responsables de la cuenta haría sentir más seguras a las organizaciones para confiarles su comunicación, pero hay que recordar que ahí radica precisamente una gran ventaja de este servicio, en que estos profesionales tienen una visión más abierta de los temas de un sector y, al estar desprejuiciados, encuentran ángulos que explotar a través de las RRPP que otros no verían o pasarían por alto.

Por lo general, las agencias están organizadas de la siguiente manera:

- Presidente/consejero delegado/director general.
- Director de servicios al cliente/de marketing/de grandes cuentas/de comunicación.
- Director de práctica/de división/de área.
- Director de cuentas/supervisor de cuentas.
- Consultores senior/ejecutivos de cuentas senior.
- Consultores/ejecutivos de cuentas/responsables de proyecto.

Los nombres pueden cambiar de una agencia a otra, aunque las funciones que realizan unos y otros serán parecidas.

Como en el caso de otros servicios de consultoría, las agencias de RRPP aplicarán tarifas diferentes dependiendo de la involucración de los equipos en la gestión de la campaña. Es decir, si una organización requiere los servicios de los consultores más *senior* tendrá que saber que los honorarios serán mayores y estar dispuesta a pagar por ello.

Asimismo, las agencias pueden apostar por un cliente y comprometerse que en el equipo que gestionará su cuenta estarán personas de alto rango. Algunas consultoras poco fiables presentan al equipo directivo como un «anzuelo» para ganar al cliente. Esta es una actitud poco ética que tiene que evitarse por la credibilidad del sector de las RRPP en su conjunto.

Por lo general, los clientes tendrán contacto para el día a día con un director o supervisor de cuentas y sobre todo con los ejecutivos designados en su equipo.

Este grupo podrá tener dedicación exclusiva o repartir su tiempo en atender otras cuentas. El cliente que quiera un equipo que se dedique sólo a los asuntos de su organización tiene que comprender que tendrá que pagar más por este servicio.

Es conveniente solicitar periódicamente la presencia de los altos dirigentes de la agencia para informarles de los avances de la campaña, pero sobre todo para que puedan aportar su mayor conocimiento y experiencia, así como ajustar detalles que puedan estar quedándose pendientes.

De hecho, es necesario que los dirigentes de la agencia conozcan de primera mano la situación de las campañas para que puedan tomar decisiones ágiles en situaciones que rebasan el ámbito de decisión del equipo habitual, como asignación de más recursos, aumento de honorarios, etc.

De ninguna manera se trata de desautorizar y menos de despreciar la labor del equipo con el que se tiene interlocución diaria, sino que esto se realiza con la intención de asegurar una respuesta rápida cuando se requiera.

No hay que olvidar que las relaciones públicas son un servicio que depende básicamente del conocimiento, la experiencia, el compromiso y el tiempo que le dedique el equipo designado. Por este motivo, hay que crear un ambiente de «complicidad profesional» entre el cliente y la agencia que dé paso a la creatividad, que permita crear un vínculo sólido y que reconozca la labor como un trabajo de conjunto.

3. Tipos de contratación de un servicio de relaciones públicas

Hay que indicar que existen varios tipos de contratos de relaciones públicas. Los tres más comunes son:

- Por proyecto (habitual para atender la necesidad concreta de una organización para comunicar un tema específico en un momento determinado).
- Por honorarios o «fees» mensuales (cuando se tienen contratados los servicios completos de RRPP por un espacio de tiempo importante).
- Por horas (se facturan la dedicación de algunos miembros de la agencia con una tarifa determinada de antemano).

También hay algunas ocasiones en que se llega a un acuerdo por comisiones, pero representa un porcentaje casi anecdótico del total de las relaciones contractuales entre las agencias y sus clientes.

Asimismo, el número de empresas que llega a acuerdos de pagar un «*success fee*» a la consultora por los resultados obtenidos es aún limitado, aunque esto puede ir a más en en el futuro en la medida que las organizaciones estén dispuestas a compartir sus beneficios y a tener a las agencias como verdaderas colaboradoras.

La formalización a través de un contrato de las relaciones profesionales entre las consultoras y las organizaciones denotan la consolidación y madurez del sector de las RRPP, y son, sin duda, una base fundamental para dejar constancia por escrito de los servicios, duración, forma de pago e, incluso, las expectativas que se tienen de la prestación de las relaciones públicas.

Si bien todo empieza por un briefing planteado adecuadamente a partir de las necesidades de la organización, de sus recursos y su conocimiento sobre las posibilidades y el poder de las RRPP, la relación entre una organización y su agencia de relaciones públicas debe realizarse en un marco profesional que origine una colaboración plena, estratégica y comprometida por ambas partes.

Sólo de esta manera se obtendrán los mejores resultados que aporten un valor fundamental para alcanzar los objetivos de la organización, ya sean tangibles, como un aumento de las ventas, aportación de valor al accionista, etc., o intangibles, en términos de su reputación, imagen, confianza y credibilidad.

Todos estos son elementos básicos para que una organización se diferencie, sobreviva y aspire al éxito en un mundo que le propone continuamente enormes retos.

Un mundo en el que las personas, en su condición de consumidores, usuarios, empleados o ciudadanos, se relacionan e interactúan con las organizaciones de manera muy distinta a como lo hacían en el pasado. Un mundo en el que las organizaciones, cualesquiera que sean sus fines, deben tener a la comunicación como un eje fundamental de su diario quehacer.

RESUMEN CAPÍTULO 7

Las organizaciones tienen varias maneras de encontrar el servicio de RRPP más adecuado a sus necesidades. Al tratarse de un tema delicado, como la comunicación y la reputación, las referencias y relaciones personales siguen siendo muy importantes en el momento de buscar una agencia de relaciones públicas.

Otra forma habitual, y la más profesional de hacerlo, es mediante la convocatoria de un concurso, que consiste en la distribución de un briefing en el que se detallan las necesidades de la organización para que diversas agencias presenten sus propuestas con las que pretenden convencer al posible cliente de su idoneidad para obtener el contrato.

El briefing tiene que ser realmente exhaustivo y puede ser tan genérico como específico para responder a las preguntas de las agencias sobre diversos aspectos de la convocatoria, pero sin determinar previamente las actividades a realizar, porque justamente ahí radica el valor de consultoría de los servicios de RRPP.

No hay un parámetro homologado que indique las cantidades que se tienen que dedicar para llevar adelante una campaña de relaciones públicas, ya que normalmente los servicios se realizan ad hoc para atender las necesidades específicas de cada cliente.

Es muy importante que una organización haga un sondeo entre varias consultoras antes de decidirse por la más adecuada para sus necesidades. Hay diversas recomendaciones para saber más sobre cada opción, como revisar la cartera de clientes, pedir ver los resultados de otras campañas, preguntar sobre la organización y el sector en el que desarrolla la actividad.

Es importante saber quiénes serán los interlocutores dentro de la agencia para evitar malos entendidos y llevar a cabo la campaña de la manera más eficaz, aunque también se puede solicitar la presencia de las altas instancias de la consultora para tomar algunas decisiones de cierto alcance.

Anexo capítulo 7. Ejemplo resumido de briefing

Nombre del Proyecto:	
Cliente:	
Datos de contacto del cliente:	(Nombre, teléfono, correo electrónico)
Fecha:	
Situación actual y actividades a dar seguimiento	Incluir: • Campañas anteriores • Problemas y oportunidades en torno a la nueva campaña • Resultados alcanzados hasta la fecha (ventas, reconocimiento de marca, intención de voto, etc. • Elementos básicos que tienen que ser tomados en cuenta durante la campaña (marcas, política de portavoces, etc.)
Criterio de adjudicación	(Por ejemplo: Comprensión del briefing, experiencia del personal, mejor precio)
Objetivos de la campaña:	Descripción de los objetivos (incrementar la notoriedad de la organización, modificar la percepción de algunas audiencias, movilizar al electorado indeciso, etc.)
Audiencias primarias:	Incluir: • Datos sociodemográficos (mujeres urbanas, entre 25 y 45 años, de clase media-media alta, etc.) • Percepción actual y su comportamiento y qué se querría reforzar, matizar o cambiar de ambos. (Ejemplo: usuaria intensiva de un servicio, cliente ocasional, etc.)
Audiencias secundarias:	Enumerarlas sin entrar en detalles.
Calendario	Incluir: • Fecha de presentación al cliente • Fecha de decision del concurso • Fecha de inicio de la campaña • Fecha final de la campaña
Productos esperados	(Por ejemplo: Folletos, página web, dossier de prensa, bases de datos, etc.)
Otra información relevante	(Por ejemplo: Investigación: resultados de estudios de opinión, etc.; hitos que podrán servir para actividades de RRPP, etc.)
Presupuesto	Incluir: • Presupuesto general • Honorarios • Producción • (Indicar si incluye IVA)
Requerimientos:	Incluir: • Especificar lineamientos que la agencia tendrá que considerar (utilización de marcas, colores, política de portavoces, etc.).

Casos de éxito

Gabinete de Prensa Corporativo de Digital Assets Deployment (España).

Lanzamiento de Pantene Pro-V (Costa Rica-Guatemala).

Campaña de Seguridad de Información y Contribución al Combate del Delito Cibernético-Symantec (México).

Campaña de Relaciones Públicas «Hagamos nuestra parte» (Argentina).

Organización: Digital Assets Deployment
Acción: Gabinete de prensa corporativo
Agencia: túatú social media & pr
Ámbito de actuación: España

Digital Assets Deployment (DaD), una de las Incubadoras Seed Capital (Capital Semilla) de Negocios de internet y tecnología de referencia en España y con presencia en Asia, América y Europa del Este, tenía el reto de dar a conocer sus proyectos en un momento en el que, si bien ya había pasado lo más grave del estallido de la llamada «burbuja tecnológica», las empresas de internet españolas aún no eran percibidas como alternativas reales que pudieran ser viables ni rentables.

Capitaneada por Rodolfo Carpintier, uno de los llamados «gurús» de la web ibérica, DaD había recibido la atención de algunos medios de comunicación, pero no de una manera continuada y con un hilo argumental determinado.

Como reto añadido, antes de comenzar la campaña de comunicación y relaciones públicas, los periodistas se mostraban escépticos ante el volumen de inversión que DaD gestionaba y, más aún, al no haber logrado un éxito en sus empresas participadas en tierras españolas.

Si bien la presencia y relevancia de DaD en la comunicación online estaba asegurada, la incubadora requería de la credibilidad y la relevancia que otorgan las apariciones en medios más tradicionales para atraer la atención de posibles inversores e instituciones.

Así pues, había varios objetivos que cumplir con la comunicación de DaD:

- Aumentar el conocimiento de Digital Assets Deployment (DaD) entre periodistas y medios de comunicación líderes.

- Generar una imagen de relevancia y credibilidad de la incubadora a través de los medios de comunicación para impactar a posibles inversores e instituciones.
- Colocar a los portavoces de DaD en espacios locales para poder generar oportunidades informativas.

Los medios a los que se dirigía la comunicación de Digital Assets Deployment eran:

- Periódicos económicos.
- Secciones de economía de periódicos nacionales y locales.
- Secciones de tecnología e internet de periódicos nacionales y locales.
- Revistas de emprendedores.
- Programas de radio de emprendedores.
- Programas de radio de tecnología e internet.
- Reportajes sobre emprendedores en televisión.
- Reportajes sobre tecnología e internet en televisión.
- Reportajes sobre tecnología e internet en suplementos semanales.

Campaña de relaciones públicas

De cara a mostrar un ángulo novedoso e impactante de la incubadora, se optó por posicionar a su presidente, Rodolfo Carpintier, como «El Padre de los Negocios de Internet», personalizando la comunicación de DaD, haciéndola más asequible a los medios.

Una vez planteado este posicionamiento, se procedió a generar una serie de encuentros personales entre los periodistas y el portavoz de la incubadora. En un primer momento, el objetivo de estas reuniones no siempre fue generar cobertura en los medios, sino dar a conocer la historia de DaD de la boca de su líder para mostrar todas las posibilidades que ésta tendría en los medios.

Sin embargo, una vez conocida la historia de DaD, los periodistas la encontraban interesante e iban generando una cobertura mediática relevante, lo que ayudaba a que el posicionamiento propuesto fuera calando poco a poco.

Entrevistas para semblanzas, preguntas para amplios reportajes, invitado en programas de radio y televisión… Rodolfo Carpintier, y la incubadora DaD iban cada vez siendo más conocidos en España.

De cara a generar impactos en diversas localidades, se aprovechaban las invitaciones que Rodolfo Carpintier recibía para dar charlas y conferencias, gestionando entrevistas exclusivas con los medios líderes de cada ciudad.

Asimismo, cuando la incubadora necesitaba tener una presencia en algún sitio particular, túatú se encargaba de gestionar la presencia de un portavoz para poder así generar el impacto mediático deseado.

Cabe destacar que apenas se lanzaron dos notas de prensa en los más de dos años que duró la campaña de comunicación y relaciones públicas llevada a cabo por túatú para DaD.

Con la estrategia antes señalada y con la reacción oportuna ante las necesidades tácticas, se consiguieron los objetivos que Digital Assets Deployment tuvo para darse a conocer y posicionarse como una incubadora de empresas del siglo XXI.

Rodolfo Carpintier durante su participación en el programa «Cierre de Mercados» de BusinessTV - Intereconomía

Distinta cobertura en medios de DaD

túatú

Tirada: 17.137	HOY		
Difusión: 14.671 (O.J.D)		Superficie: 1.003,00 cm²	
Audiencia: 51.348 (E.G.M)	Extremadura Diaria	Ocupación: 82.63%	
	General	Valor: 1.810,96	
Ref: 4027126	1ª Edición 22/01/2012	Página: 44	2 / 2

«El español tiende a emprender con amigos»

Rodolfo Carpintier
Experto en negocios en Internet

Su sociedad de capital riesgo busca emprendedores por todo el mundo para ofrecerles su asesoría y financiación

PEPE GIRANTOS

«Es mejor un proyecto mediano con un buen equipo que un gran proyecto con un mal equipo»

«En Internet la gente paga por las cosas que tienen valor añadido, un valor percibido»

LANZA UN MENSAJE DE OPTIMISMO A LOS LORQUINOS EMPRENDEDORES

El empresario encargado de 'incubar' Tuenti insta a crear nuevas empresas del siglo XXI, de las que solo hay 10.000

MURCIA, 18 Oct. (EUROPA PRESS) -

El empresario Rodolfo Carpintier, máximo responsable de la incubadora de proyectos tecnológicos Digital Assets Deployment (DAD) que ha permitido el nacimiento de Tuenti o BuyVip, ha instado a los murcianos y lorquinos a poner en marcha nuevas empresas "del siglo XXI", de las que apenas hay 10.000 en España, y de las que se necesitan "muchas más".

Para ejemplificar las oportunidades con que cuentan estas nuevas empresas, empresario ha comparado su escaso núm con los dos millones de pymes que hay en XVIII, XIX y XX, según ha afirmado en decl de ofrecer una conferencia en Lorca.

Carpintier ha señalado que las empresas Internet de su parte, y se hacen globale empleados en muchos países y éxito rápid personas y pronto se convierten en er internacional.

"Es un entorno en el que está todo por h que tendrían que haber "mil empresas com gente que "realmente crea y crea empres invierte en 25 empresas y en estos momer 5.000".

EL PAÍS.com Tecnología

CiberP@ís

De profesión, emprendedor

Rodolfo Carpintier, máximo responsable de la incubadora de proyectos tecnológicos DAD, puso un anuncio en su blog buscando emprendedores. A su correo electrónico llegaron cientos de mensajes de personas que "lo que buscaban realmente era un trabajo, pero no ser emprendedor". Rodolfo no busca asalariados, sino emprendedores, con todo lo que esto conlleva. Jaime Sanmartín pasó el filtro del currículum y se presentó en la sede de DAD. Su caso no Ingeniero de Caminos, excelente formación, idioma profesional en grandes empresas del sector de la construc penalizados por la crisis. Resultado: no hay hueco para t una gran compañía, Jaime podía elegir entre seguir en proyectos internacionales de su empresa o buscar algo reconvirtiéndose. Y entonces apareció DAD con la pro empresa de Internet.

Jaime no trabajaría para DAD, sino que empezaría un asumiendo todos los riesgos y competencias. De la bús fundador y dueño de CinemaVip.com (red de profesionales a ser el dueño de una empresa es un cambio radical. Pagar el sueldo, idear el producto, diseñar la estrategia... ¡Pasarlo años después, Jaime Sanmartín cuenta con 124.000 u

Emprendedores.es

YA EN TU QUIOSCO NÚMERO de OCTUBRE con la compra opcional del software Gastos Personales y Agenda Personal, por 1,50 euros

20/09/2011

Entrevistamos a Rodolfo Carpintier, fundador y presidente de Dad, incubadora de internet

"El 95% de las empresas no son del siglo XXI"

"Todo está por hacer en internet", afirma una de las personas que más sabe sobre negocios en la Red. Pronostica que todos los sectores se internetizarán tarde o temprano desde el punto de vista de la producción, de la distribución, del acceso global a la toma de decisiones, de las contrataciones...

Javier Escudero

Comentar Enviar Imprimir Valoración: ★★★★★ Vota pulsando: ★★★★★

De un vistazo

Rodolfo Carpintier afirma: "Si el emprendedor tuviera que tener una sola cualidad, sería la resistencia a la caída, si le "tiran" al suelo, levantarse una y otra vez"

Edad: *67 años.*
Lugar: *Madrid.*
Experiencia: *Más de 25 años en la utilización de sistemas online.*
Hitos: *Ha participado en tres de los cinco grandes éxitos de internet de España: BuyVip, Tuenti y Xplane.*

Tiene más de 25 años de experiencia en la utilización de sistemas on line, antes incluso de que le pusieran puertas a lo que hoy conocemos como Internet. Entre sus creaciones está DaD, una incubadora de proyectos de Internet.

EMPRENDEDORES: Se puede decir que eres el decano de los emprendedores on line. ¿Hueles los negocios que serán viables de los que no?

RODOLFO CARPINTIER: Si hablamos de los últimos 5 grandes éxitos del Internet español en los últimos 10 años he estado en tres: BuyVip (comprada por Amazon), Tuenti (adquirida por Telefónica) y Xplane (vendida a la multinacional Dachis Group). Llevar mucho tiempo te da la ventaja de tener una experiencia en diferenciar proyectos y proyectos. Ves unos que intuyes que pueden ser muy buenos desde el inicio y apuestas, sobre todo, porque te gusta el emprendedor y el equipo que es capaz de configurar. Pero éste es un negocio de alto riesgo y hay que saber apostar por gente que se la está jugando y que, por lo tanto, va a hacer lo imposible por sacar adelante un gran proyecto.

EMP. ¿Qué requisitos debe cumplir un proyecto para apostar por él?

R.C. Diferenciamos entre lo que son proyectos viables y los que son escalables o invertibles. Los primeros son proyectos donde un emprendedor está empezando a facturar y quiere hacer un negocio que, en tres o cuatro años, facturará un millón o millón y medio de euros, ganará 200.000 o 300.00 euros y dará trabajo a 5 o 10 personas. Probablemente, será un proyecto muy viable. Y los segundos son aquellos proyectos que realmente tienen potencial para convertirse en una empresa que valga 100 o 200 millones de euros a cinco o seis años vista. Y la diferencia entre unos y otros es que para apostar, desde el punto de vista de un inversor de capital semilla, buscamos proyectos en los que veamos un gran recorrido. A aquellos proyectos que son viables les ayudamos a mentalizarse de que lo pueden hacer solos, que no necesitan inversión y que lo que tienen que hacer es buscar clientes.

EMP.. Una parte muy importante de un proyecto es el emprendedor y su equipo, ¿qué perfil deben cumplir?

R.C. El emprendedor en España está cambiando mucho. Hay jóvenes con muchas ganas de cambiar las cosas. Y eso lo vemos con mucha frecuencia. Y también vemos profesionales que quieren reciclarse, que poseen experiencia en gestión importante, que están viendo que Internet es el mundo del futuro y quieren reciclarse. Para ello, aplican sus conocimientos de gestión a otros entornos. Así, cada vez vemos más profesionales, mejor preparados y dispuestos a liderar proyectos importantes en Internet, que vienen de otros mundos completamente distintos.

EMP.. Cuando creaste DaD, en 2006, eso de una incubadora de Internet debía sonar a chino. ¿Que te llevó a ponerla en marcha y cuál es su filosofía?

Producto: Procter & Gamble PANTENE PRO-V

Acción: Lanzamiento de productos Pantene para el cuidado del cabello

Agencia: Comunicación Corporativa Ketchum

Ámbito de actuación: Costa Rica y Guatemala

Investigaciones llevadas a cabo por Procter & Gamble demostraron que más del 70 por 100 de las mujeres no están completamente satisfechas con la apariencia de su cabello por lo menos 1 día por semana, y más del 50 por 100 juzgan incorrectamente cuál es su tipo de cabello, por lo que no utilizan los productos que requieren.

Con el objetivo de ofrecer una opción especializada e individualizada a las consumidoras, Pantene Pro-V desarrolló una línea de productos que revolucionaron los métodos tradicionales para el cuidado del cabello y que les brinda a las mujeres la posibilidad de obtener los resultados que desean. Para lanzar esta nueva línea en Costa Rica y Guatemala, Pantene contrató a Comunicación Corporativa para desarrollar una campaña de relaciones públicas.

Comunicación Corporativa Ketchum tuvo como reto el relanzamiento de Pantene en el competitivo mercado del cuidado del cabello como una marca revolucionaria que brinda productos diferenciados para cada tipo de consumidora.

Los principales objetivos planteados por la agencia y Pantene fueron:

- Relanzar exitosamente la marca en los dos países centroamericanos.
- Lanzar una nueva línea de los productos Pantene Pro-V.
- Obtener la confianza del consumidor hacia la nueva línea, con el objetivo de promover las ventas de los productos Pantene.

Los siguientes grupos fueron identificados como las audiencia clave para la campaña de RRPP:

- Consumidores: Mujeres de 12 a 39 años de edad.
- Líderes de opinión: periodistas de temas de salud y belleza y estilistas profesionales.

Campaña de relaciones públicas

La primera etapa consistió en unas relaciones con los medios con las que se buscó generar interés en la línea de productos para el cuidado del cabello Pantene Pro-V antes incluso de su lanzamiento.

Para ello, la agencia se aprovechó de la oportunidad informativa que ofrecían los resultados del estudio de Procter & Gamble y envió notas de prensa en las que se presentaron los resultados de dicha investigación, destacando y cuantificando la satisfacción de las consumidoras respecto al cuidado de su cabello y los productos que utilizaban.

La segunda parte de la campaña fue una campaña teaser denominada «Marcha de las mujeres calvas», una especie de *Smart Mob* que consistió en que modelos femeninas simulaban padecer calvicie ocultando su cabello con gorras de látex, mientras que distribuían folletos y portaban pancartas frente a diversos centros comerciales, llamando la atención y creando expectación en torno al tema del cabello.

Tiempo después, las mismas mujeres, esta vez mostrando su cabello, visitaron los mismos centros comerciales, donde repartieron folletos y material promocional de Pantene y recopilaron información del público para realizar posteriormente acciones de marketing directo.

La última etapa de la campaña se centró en lograr la atención de los periodistas que cubrían las secciones de salud y belleza, para lo que contó con la participación y el apoyo de reconocidos estilistas locales. Se organizó una presentación especial para periodistas en la que se mostraron los beneficios de la nueva línea de productos de la mano de distinguidos especialistas en el cuidado del cabello.

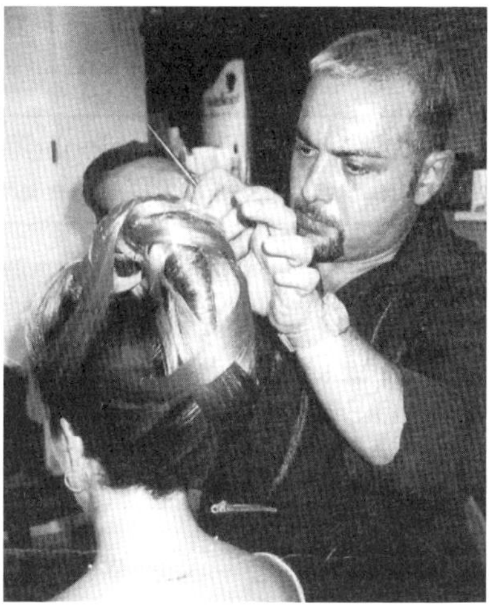

Resultados

Gracias a esta original campaña de relaciones públicas, se alcanzaron los siguientes resultados:

- La marca Pantene y su nueva línea Pro-V obtuvieron una gran presencia en medios de comunicación, a través la publicación 25 artículos en la prensa costarricense y guatemalteca.
- Pantene obtuvo el apoyo incondicional de los estilistas centroamericanos, quienes recomendaron la utilización de los productos Pantene y su nueva línea Pro-V.
- Los objetivos de ventas planteadas antes de la implementación de la campaña de relaciones públicas fueron superados por las ventas reales.

Organización: SYMANTEC

Acción: Campaña de Seguridad de Información y Contribución al Combate del Delito Cibernético.

Agencia: IPunto

Ámbito: México

Con el objetivo de reforzar su imagen corporativa y convertirse en el líder absoluto del mercado de seguridad en Internet, pasando de ser una empresa de «programas antivirus» a una compañía de soluciones de seguridad integral para empresas y usuarios particulares, Symantec lanzó la campaña de relaciones públicas «Seguridad de Información y Contribución al Combate del Delito Cibernético».

Symantec se planteó la necesidad de diversificar la información de manera horizontal para ampliar su ámbito de actuación, más allá del estrictamente ligado a la tecnología. De esta manera, tocando aspectos como el impacto económico para las empresas, el perjuicio en la imagen para los portales y servicios en línea, las características de los riesgos por sector, la clasificación de las amenazas, las políticas de seguridad empresarial, etc., alcanzó su objetivo.

La estrategia de Symantec se basó en el posicionamiento de sus especialistas como fuente obligada para los medios de comunicación y usuarios, tanto empresariales como usuarios particulares, en todo lo relativo a la seguridad en internet.

De forma paralela y coordinada se realizó una intensa labor de relaciones institucionales que ayudaron a posicionar a Symantec como líder en seguridad de la información en la red entre líderes de opinión universitarios, analistas de producto, asociaciones de internet y comercio electrónico, así como entre autoridades de gobierno, fuerzas policiales e investigadores sobre políticas de seguridad online para empresas y usuarios particulares.

En el marco de la estrategia de RRPP se realizaron las siguientes acciones:

- **Campaña temática de difusión**. Dirigida a usuarios particulares, empresas, instituciones, autoridades y asociaciones. Consistió en la edición de materiales impresos (glosarios de términos sobre virus informáticos; consejos sobre compras seguras, privacidad en línea, cómo comportarse durante la mensajería instantánea; la seguridad de información como tema de negocios y no de tecnología, protección de la seguridad de funcionarios y proyectos confidenciales, etc.).
- **Relaciones institucionales:** Dirigida a representantes del gobierno, cámaras empresariales y otras asociaciones, investigadores y líderes de opinión. Consitió en la organización de encuentros bimestrales sobre políticas de seguridad en la red, detección de oportunidades de investigación y en la coordinación de diversos grupos en el combate contra el delito cibernético. Entre las instituciones con las que se entró en contacto destacaron la Policía Federal Preventiva; el Sistema Nacional e-México, organismo que depende de la Secretaría (Ministerio) de Comunicaciones y Transportes; el Equipo de Respuesta a Incidentes de Seguridad en Cómputo de la Universidad Nacional Autónoma de México (UNAM); la Universidad Autónoma Metropolitana, la Secretaría (Ministerio) de la Función Pública; Asociación Mexicana de Internet; Banco Banorte; Comisión Federal de Electricidad y diversos proveedores de conexión a internet.
- **Relaciones con los medios**. Llevada a cabo a través de la realización de ruedas de prensa, lanzamiento de notas de prensa sobre las principales amenazas a la seguridad en la red, transacciones seguras en línea, etc. Asimismo, se organizaron entrevistas con los portavoces de Symantec para que hablaran sobre diversos temas (la necesidad de la tipificar el delito cibernético, la obligación de proteger la seguridad en la red como un activo nacional, el requerimiento de la detección de amenazas, etc.). Se montó un servicio de «Alertas de Virus» para avisar de forma oportuna, extraordinaria y urgente sobre el comportamiento de ciertos virus, sus características, principales vías de ataque, tipo de infección, así como las medidas de prevención y desinfección de los ordenadores. Además, semestralmente se presentaba el Reporte de Amenazas en Línea, con lo que se pretendía crear una cultura de seguridad en internet, destacando las amenazas más destacadas en la red para los sectores financieros, energéticos, académicos, etc., y las medidas de prevención adoptadas para combatirlas.

Resultados

- El incremento en la notoriedad de Symantec a través del crecimiento de las apariciones en prensa fue exponencial. De la misma forma, aumentó el reconocimiento de sus portavoces como especialistas en seguridad en internet, generando de manera automática la demanda de su participación en diversas speaking opportunities, como foros, mesas de discusión y eventos especializados.

- Symantec obtuvo un promedio de 10 a 15 publicaciones semanales en revistas especializadas en negocios, política y tecnología, así como en portales de internet, medios semanales, periódicos y programas radiofónicos y de televisión.
- Con respecto a ejercicios anteriores, aumentaron tanto las visitas al servicio de diagnóstico en línea de Symantec como las ventas en las dos divisiones de negocio: Consumo y Enterprise.

El Economista

México entre los 10 países

Amenazados por ataques informáticos

INFOBITS

Voto mayoritario

Eligen a María Teresa Carrillo como presidenta de la Canieti

Seguridad en la Red

Informe de las amenazas de ataques a Internet

Programa ecológico

A cambio de un cartucho de tinta se recibirá una entrada gratis al cine

Video móvil

Lanzan la versión Mobile Video 6.0 dirigida a celulares

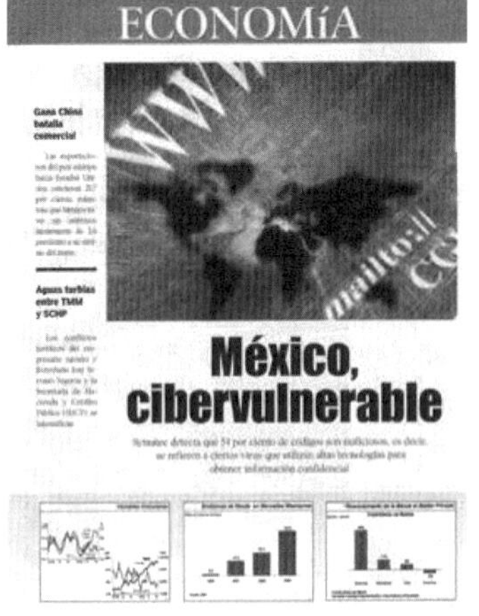

ECONOMíA

México, cibervulnerable

COORDENADAS

Tendencias de los negocios

Organización: Hospital Municipal de Wilde y Unidades Sanitarias del partido de Avellaneda. Municipalidad de Avellaneda.

Acción: Campaña de Relaciones Públicas «Hagamos Nuestra Parte».

Agencia: Consejo Profesional de Relaciones Públicas de la Provincia de Buenos Aires.

Ámbito: Argentina.

El Consejo Profesional de Relaciones Públicas de la Provincia de Buenos Aires promovió la realización de la campaña integral de relaciones públicas «Hagamos Nuestra Parte» con el objetivo de concienciar a la población para que realizara donativos de medicamentos e insumos sanitarios para el Hospital Municipal de Wilde y las Unidades Médicas de la Municipalidad de Avellaneda, que pertenece a la jurisdicción del Consejo.

Por desgracia, esta campaña tuvo un carácter urgente ante la crítica situación sanitaria por la que atravesaba el país en general y la mencionada municipalidad en particular. Se partía de una situación de necesidad extrema, por lo que se buscó transmitir el mensaje de que cualquier aporte, por pequeño que fuera, resultaría positivo, y que, aunque la situación era difícil, tenían algo para aportar.

La implementación de la campaña se realizó en un contexto peculiar, ante una sociedad desesperanzada, asustada y preocupada, pero decidida a ser protagonista de un momento histórico. Los por entonces comunes «cacerolazos» y «apagones», o los institucionalizados «piquetes» y «asambleas populares» ponían de manifiesto la necesidad de la gente de tomar en sus manos la concreción del cambio y modificar por sus propios medios una realidad que le era hostil.

Hay que destacar que la campaña fue desarrollada íntegramente por un grupo de voluntarios conformado por jóvenes profesionales y estudiantes de relaciones públicas, muchos de los cuales se enfrentaron por primera vez a un reto de este calibre, quienes tuvieron que utilizar su imaginación y maximizar sus escasos recursos, ya que no contaban con ningún presupuesto para el desarrollo de la campaña, salvo el apoyo en producción de algún material gráfico por parte de la municipalidad de Avellaneda.

Hay que destacar que tampoco se recibía dinero como donación, sino únicamente medicamentos e insumos sanitarios.

Se realizó un trabajo de campo previo, consistente en encuestas, entrevistas, visitas al Hospital y las Unidades Sanitarias, charlas con médicos, pacientes y vecinos, así como también con autoridades y funcionarios municipales, con el que se confirmó que no existían antecedentes de acciones similares en la región y se corroboró la situación de urgencia ya mencionada.

Para medir la efectividad de la acción, se puso como meta recaudar un monto equivalente a $10.000 pesos argentinos en materiales, medicamentos e insumos sanitarios.

La estrategia era aprovechar al máximo la capacidad de movilización de los jóvenes voluntarios, su compromiso y voluntad; apoyarse en los medios de comunicación para la difusión de la campaña y maximizar el uso de todos los recursos.

En el marco de la estrategia de RRPP se realizaron las siguientes acciones:

- **Grassroots campaign.** La campaña se basó en el tendido de redes. Por un lado, redes de estudiantes y profesionales voluntarios, quienes se encargaron de confeccionar los materiales de difusión, visitar a las instituciones, laboratorios y empresas, realizar llamadas telefónicas a empresas, etc. Por otro lado, redes de instituciones que se sumaron al apoyo a la campaña, que no sólo la difundieron entre sus miembros y asociados, cediendo espacios en sus medios de comunicación internos, sino que también pusieron a disposición sus sedes y personal administrativo para la recepción de las donaciones.
- **Relaciones con medios.** Se llevó a cabo una intensa actividad mediática a través de notas de prensa, publicidad institucional, participación en programas de teléfono abierto y entrevistas en diversos medios.
- **Relaciones institucionales.** Se logró una notable presencia institucional entre los socios del Consejo, quienes eran mantenidos al tanto de las novedades mediante comunicaciones periódicas vía correo electrónico. También se generó un importante vínculo con el municipio de Avellaneda y, consecuentemente, con la comunidad afectada.
- **Elaboración y distribución de materiales impresos:** Los materiales utilizados fueron trípticos, octavillas, carpetas de presentación y pasacalles.
- **Elaboración y mantenimiento de una página web.** Se confeccionó una página web propia (www.hagamosnuestraparte.com.ar), que fue alojada en un hosting gratuito. Esta web cumplía dos funciones:
  - Ofrecía información actualizada de la campaña sobre distintos temas relevantes (instituciones que se adherían a la misma, direcciones de los centros de recepción de las donaciones, listado de los materiales recolectados hasta el momento, seguimiento de los recortes de prensa en los que se hacía mención a la campaña, etc.).
  - Se convirtió en un importante soporte y herramienta para el trabajo de los voluntarios, ya que servía como una auténtica intranet a través de la cual se tenía acce-

so a bases de datos, información y material de difusión (todas las piezas de comunicación utilizadas en la campaña estaban disponibles en la web, de tal modo que todo el que lo necesitara podía obtener una copia desde cualquier ordenador con acceso a internet). Esto generó una importantísima ventaja en la implementación, ya que lo que se buscaba era optimizar los tiempos de los participantes y facilitar su trabajo para aprovechar al máximo su rendimiento.

- **Establecimiento de línea telefónica gratuita.** Se habilitó una línea telefónica gratuita cedida por el municipio, a la que los interesados podían llamar para consultar cuáles eran los insumos más necesarios y los centros de recepción más cercanos a su domicilio.
- **Participación en ferias profesionales.** Se participó con un stand en la muestra realizada en la Plaza Alsina de Avellaneda, con motivo de la celebración el 5 de diciembre del Día Internacional del Voluntario, y de otra jornada llevada a cabo en el Parque Presidente Sarmiento, de Buenos Aires.

Hagamos Nuestra Parte

Campaña de Bien Público para Obtener Insumos Hospitalarios a Beneficio del Hospital de Wilde y Unidades Sanitarias de Avellaneda

El Consejo de Relaciones Públicas de la provincia de Buenos Aires convoca, a partir del 1 de Noviembre, a una campaña solidaria en el partido de Avellaneda para juntar medicamentos e insumos hospitalarios destinados a diferentes centros de salud de la zona.

El objetivo es proveer de insumos (material descartable, medicamentos, jeringas, gasas, algodón, etc.) al hospital Municipal de Wilde y a 27 unidades sanitarias de la zona. La convocatoria está dirigida a la comuna de Avellaneda así como a las diferentes organizaciones locales y nacionales que adhieran a este proyecto.

La campaña "HAGAMOS NUESTRA PARTE" ha sido declarada de interés Municipal y colaboran como adherentes el Colegio de Kinesiólogos de la Provincia de Buenos Aires Delegación Región II, el Centro Comercial e Industrial de Avellaneda, el Colegio de Abogados y Procuradores de Avellaneda, el Centro de Comerciantes, Industriales y Propietarios de Wilde y el Colegio de Arquitectos de la Provincia de Buenos Aires.

El cierre de la campaña está previsto para el 15 de Diciembre.

Vos también podes hacer tu parte

Para saber que donar y donde acercar las donaciones esta a disposición esta linea gratuita

0800-222-4368

También se puede obtener información en cualquiera de estos teléfonos: Subsecretaria de atención al vecino: 4222-3135 Cooperadora del Hospital Wilde: 4217-1307 - Consejo de Relaciones Públicas de la Prov. de Bs. As.: 4292-8749

www.hagamosnuestraparte.com.ar

En cuanto al funcionamiento del grupo de trabajo, se programaron reuniones periódicas para informar sobre las actividades ya ejecutadas y la distribución de nuevas tareas. Esto era complementado por un permanente contacto telefónico o vía correo electrónico.

Resultados

Sin lugar a dudas, los beneficiarios directos de esta acción fueron los médicos y pacientes que, de uno u otro modo, hicieron uso de los materiales reunidos.

"Hagamos nuestra parte"

La profundización de la crisis que atraviesa el país hizo que, en muchos casos, se potenciara el espíritu solidario de los argentinos. Un ejemplo de ello ha sido el resultado de la campaña de bien público "Hagamos nuestra parte", para obtener insumos hospitalarios a beneficio del Hospital de Wilde y unidades sanitarias de Avellaneda: desde el 7 de noviembre recaudaron 16.000 pesos en donaciones.

La iniciativa del Consejo Profesional de Relaciones Públicas de la Provincia de Buenos Aires, en convenio con la Municipalidad de Avellaneda, tuvo como objetivo no sólo la entrega de las donaciones, sino también la necesidad social de destacar valores como la solidaridad, el compromiso y, sobre todo, la responsabilidad social. Para ello se convocó a entidades, públicas y privadas, cuya actividad se desarrolla en el partido de Avellaneda, entre ellas colegios profesionales, cámaras empresarias, laboratorios, clubes sociales y deportivos y asociaciones civiles.

Además, se generó un importante espacio para los profesionales de las relaciones públicas en el ámbito público local al quedar evidenciadas una serie de tareas relativas a la profesión que tanto los organismos gubernamentales como las ONGs no habían advertido o ignoraban.

- El objetivo principal, que consistía en generar una conciencia solidaria que invitara a la población a realizar donativos, se alcanzó con éxito con la recaudación de insumos, cuyo valor superó ampliamente las expectativas, alcanzando una cifra mayor a los $16.500 pesos argentinos, es decir, un 65 por 100 por encima de lo esperado. Su cuantificación se realizó mediante la confección de un inventario final y el posterior pedido de presupuesto por dichas cantidades a distintas farmacias de la zona.
- En cuanto a las instituciones que fueron contactadas para contar con su apoyo a la campaña, aceptaron formar parte de esta iniciativa veintisiete de las treinta y cinco visitadas, lo que significa un porcentaje superior al 77 por 100 de adhesión.
- La cobertura de la campaña en los medios fue muy amplia. Ya que se generaron artículos en medios impresos tanto locales como de ámbito nacional, dos de ellos en portada y otros dos en el diario de mayor circulación, y se realizaron entrevistas a las responsables de la campaña en varios canales y radios locales y nacionales.

- Asimismo, se logró que un spot de publicidad institucional fuera emitido gratuitamente por diversas radios locales.
- Por otro lado, el número de llamados a la línea de atención telefónica gratuita significó otro importante índice para la medición de la repercusión de la campaña.
- A partir del éxito logrado por esta campaña, el Consejo Profesional de Relaciones Públicas de la Provincia de Buenos Aires se está planteando la posibilidad de sistematizar este tipo de acciones.
- También se generó un importante vínculo con el municipio de Avellaneda, con el que se firmó un convenio marco con una vigencia de tres años. Dado el grado de satisfacción por parte de las autoridades municipales con respecto a los resultados obtenidos, existe la posibilidad de implementar un nuevo programa a corto plazo.
- Esta campaña sentó un precedente a nivel local. Municipios vecinos (Lanús, Quilmes) manifestaron su voluntad de implementar acciones similares.

Anexos generales

Glosario de términos sobre relaciones públicas, social media y marketing.

Páginas web sobre relaciones públicas, comunicación, periodismo y marketing.

Bibliografía recomendada.

Cláusula de responsabilidad.

Novedades.